国家出版基金项目
NATIONAL PUBLICATION FOUNDATION

中国语文教育研究丛书
顾之川　主编

顾之川　著

语文工具论

YUWEN GONGJULUN

GEP 广西教育出版社
南宁

序

中国教育正在加速推进现代化，立德树人成为教育改革总任务，完善中华优秀传统文化教育成为共识，新课标已陆续颁布，小学、初中语文教材已重新回归国家统编时代，高中语文新课标教材已在北京、天津、上海、辽宁、山东、海南开始试用，新高考改革方案正在稳步推进，语文教育的重要地位日益凸显。我国语文教育改革迎来新的发展机遇。我们必须清醒地看到，我国语文教育取得了举世公认的成就，同时也面临着诸多困难和问题。如何站在历史的高度，以严谨求实的科学态度，总结梳理中国语文教育教学改革所取得的成就，直面存在的困难和问题，深入剖析原因，为语文教育改革与发展献计献策，推进语文教育现代化，成为新一代语文教育工作者的神圣使命和义不容辞的责任。

2013 年 10 月，中国教育学会中学语文教学专业委员会召开第十届年会，选举产生了新一届理事会。新一届理事会成立后，我们研究制订了《中国教育学会中学语文教学专业委员会事业发展规划（2013—2018）》，其中有一项重要内容，就是要“策划一套图书”。具体设想是：这套图书应分理论与实践两部分，前者重在全面系统地总结改革开放 30 多年来我国语文教育的经验教训，作为今后发展的借鉴；后者重在归纳梳理我国当代语文名师的教育教学思想，深入挖掘 20 世纪 80 年代语文名师的当代价值，同时推出一批当代语文名师，为新生代名师擂鼓助威。我们这一设想，与时任广西教育出版社副总编辑黄力平编审的想法不谋而合。他邀我们组织编撰“中国语文教育研究丛书”，纳入他们正在组织实施的中国学科教育研究系列图书的出版计划。

编辑这套“中国语文教育研究丛书”的基本思路是：

把握时代脉搏，聚焦立德树人。

这套丛书着眼于推进语文教育现代化，把握时代脉搏，聚焦立德树人。围绕语文教育改革创新，推出一批反映、代表乃至引领我国语文教育现代化的研究成果，具有鲜明的中国当代特色。从时间上说，以改革开放到新世纪的发展历程为主，尤其注重反映我国实行新课改以来的语文教育研究；从内容上说，则力求反映我国语文教育理论与实践研究成果。

树立整体观念，开展综合研究。

这套丛书力求树立整体观念，开展语文教育教学的综合研究，全面深入系统地梳理总结我国语文教育改革成就和存在的问题。既有语文教育语用观、传统文化教育、语文工具论、语文教育民族化等理论层面的深入剖析，又有语文教材编制、语文教师专业发展、语文教学创新设计、语文考试评价改革等实践层面的研究。

拓展研究视野，实现互联互通。

这套丛书强调语文教育整体观念，整体观照中国语文教育各领域。纵向上，打通小学、中学与大学，努力挖掘语文教育的共同价值，避免过去那种“铁路警察，各管一段”的情况；横向上，涵盖中小学语文教育、汉语国际教育及华文教育等，并以宽广的国际视野，从中华文化圈的角度，审视我国语文教育教学改革的成就与突出问题。

理论联系实际，研究注重实效。

本丛书注重沟通语文教育理论研究与语文教育教学各组成要素的实践，包括教材编写实践、教学实践、考试命题实践以及教师培训与专业发展实践，努力克服过去学科理论研究与教育教学实践“两张皮”，教育理论研究“不接地气”等缺陷，既注意反映我国语文教育理论研究的新成果，也注重将一线语文教师的教学经验、教学智慧进行理论上的梳理与提升。研究尤重建设性，以建设性思维为统领，着眼于解决我国语文教学领域存在的实际问题。

坚持守正创新，强调原创研究。

这套丛书坚持守正创新，注重权威性与代表性，继承我国语文教育优良传统，借鉴国外先进的母语教育理念和方法，注重吸收各种语文教育理论和各个教学流派的研究成果，反映作者最新的原创性研究成果。弘扬改革创新主旋律，传递语文教育教学正能量，在保证科学性的基础上，注意可读性。内容新颖，资料翔实，数据齐全，为以后的语文教育研究留下可资参考借鉴的理论成果。

我们这一设想，得到我国语文教育界专家同仁的积极响应和大力支持，他们同意将其最新研究成果惠赐给我们，列入本丛书。

广西教育出版社是我国很有影响的教育出版社之一，在教育理论、教材教辅及文化艺术等方面，均出版了不少影响深远的系列图书。尤其是出版于20世纪90年代的“学科现代教育理论书系”，曾极大地推进了我国教育改革，实现了社会效益与经济效益的双丰收。进入新时期以来，该社审时度势，又策划出版学科教育研究书系，立足于中国本土，以独特敏锐的眼光，打造具有中国特色的学科教育理论体系。这不仅是教育创新的要求，也是新时代的呼唤。

目前，这套丛书正在陆续出版，作为丛书主编，我既有欣喜，也有不安，深恐由于自己的浅陋和粗疏而使各位作者的佳构留下缺憾，更期待着广大读者尤其是语文教育界同仁的批评、指教。令人欣喜的是，在广西教育出版社诸位同仁的努力下，经国家出版基金管理委员会批准，“中国语文教育研究丛书”（第一辑）被确定为2017年度国家出版基金项目，获得经费资助。这也是对我们这套丛书的学术价值与出版意义的肯定。在此，我不仅要对黄力平编审、广西教育出版社相关编辑等同仁表达谢意，更要对北京大学中文系温儒敏、曹文轩两位教授的热情推荐表示感谢。

值此新中国成立70周年，中国教育学会中学语文教学专业委员会成立40周年之际，南国传佳音，我得到一个好消息，说这套丛书已出版的8种，经过教育部组织专家评审，全部列入全国中小学图书馆馆配目录，即将重印。这再次证明这套“中国语文教育研究丛书”的学术价值与出版意义。

学术总是薪火相传，研究贵在创新发展。牛顿说他站在巨人肩膀上，杜甫说“转益多师是汝师”。我们进入一个大众创业、万众创新的时代，改革创新成为当今中国的时代主题。建设创新型国家，培养创新型人才，语文教育工作者肩负着神圣使命。语文百年，众多语文人默默耕耘，浇灌出语文学科生态园的参天大树；百年语文，无数语文人直面问题，探寻语文教育改革创新之路。我们策划、组织这套丛书，就是想为实现中华民族伟大复兴的中国梦略尽语文人的绵薄之力。我们的愿望如此，至于效果怎样，那就要由实践来检验了。

顾之川

于京东大运河畔两不厌居
2016 年 3 月 23 日初稿
2017 年 4 月 18 日第一次修改
2019 年 9 月 24 日第二次修改

顾之川简介：浙江师范大学教授，人民教育出版社编审。兼任中国教育学会中学语文教学专业委员会理事长，国家社科基金评审专家，教育部考试中心特聘专家，教育部“国培计划”首批专家，国家统编义务教育语文（七至九年级）教科书主编。主要从事语文教育研究和语文教材编写工作，主编人教版多套初中、高中语文教材。著有《语文工具论》《顾之川语文教育新论》《顾之川语文教育论》《语文论稿》《明代汉语词汇研究》《顾之川语文人生随笔》等，并有古籍整理著作多种。

目　录

绪 论

语文是工具，运用于人们的交际交流、学习发展；语文是桥梁，沟通古今中外文化，传承精神血脉;语文是载体，承载公民人文素养，提供审美体验。语文的基本属性决定了语文是人们学习、工作和生活的基础工具,语文学科是学生学习其他各门学科的基础。学好语文，不但对于学好其他学科十分重要，而且对于将来的继续学习、工作和生活影响深远。语文教学就是要培养学生学习掌握祖国语言文字这一基础工具，培养其听、说、读、写的能力，使学生正确理解和熟练运用我们的中华母语。这是因为，语言文字是人类文明代代相传的载体，是打开沟通理解之门的钥匙，是促进文明交流互鉴的纽带，越来越成为促进人的全面发展和社会进步的重要力量。正如陆俭明在《语言能力事关国家综合实力提升》一文中所说:“语言能力对个人、国家和整个人类意义重大,提升语言能力事关国家综合实力提升。”[1]一个人的语文素养关系到自身的综合素养与终身发展。社会语文素养，体现着国家软实力与文化自信，是国家形象、国家尊严和国家战略的重要组成部分。作为母语教育的语文教育，历来被世界各国政府高度重视，也是社会和媒体关注的热点。中国语文教育的根本任务，就是引领新一代公民认端方典雅的中国字，读文采飞扬的中国书，说铿锵有力的中国话，写声情并茂的中国文，做顶天立地的中国人。当前，实现中华民族伟大复兴的中国梦是全体国民的理想

[1] 陆俭明. 语言能力事关国家综合实力提升[N]. 人民日报，2016-02-17.

与愿景，需要中华儿女自强不息，继往开来，团结奋斗，共襄盛举。

教育承载着梦想与希望。作为语文教育工作者，笔者也有着自己的追求和梦想。笔者的语文教育梦想，具体说来，包括以下几个方面。

第一，学好语文成为全社会的共识，改革语文教育成为社会各界的共同愿景。语文既是学习、工作和生活的基础工具，也是立德树人的重要渠道。学语文同时学做人是中华民族历久不衰的优良传统。作为母语教育的语文教育，既要给学生打下听、说、读、写等语文学习的基础，又要给学生打下中华民族优秀精神文化的底子，为学生的全面发展、自主发展、和谐发展奠基。但是，长期以来，由于教育外部因素的制约、学科发展过程中的不均衡，以及语文教育教学自身存在的问题等原因，语文教育现状却很不乐观。具体表现在：理论研究不够深入，而且常与教学实践相脱节，一些语文老师疲于奔命却又缺乏成就感，有的学生陷入应试与分数的误区，甚至一些老师和家长不愿让学生在阅读写作上投入过多的时间和精力，语文教育偏离了自古以来通过读书丰富完善自己的正道。要改变这种现状，语文教育工作者固然责无旁贷，但是仅此还远远不够。语文教育需要全社会的关注、关心和关爱，需要有识之士投入时间和精力，贡献学识智慧，发表真知灼见，经过交流、协商、讨论、碰撞甚至争论，找到语文教育的最大公约数，激发广大语文教育工作者的改革创新热情，创造一种生动活泼的教学新生面，让学生热爱我们的母语，对汉语言文字心存敬畏，饶有兴致地识字、写字、读书、作文，充满自信地运用祖国语文，分享阅读鉴赏、表达交流的喜悦，享受语文学习的成功，引领素质教育，从而使语文教学回归到立德树人的康庄大道上来。

第二，加强语文教育研究，使我国语文教育的丰厚遗产得到充分的整理和继承，使语文教育的优良传统得到发扬光大，不忘本来，吸收外来，面向未来。语文教育既属于基础教育，又是母语教育，是中华文化的重要组成部分。中国语文教育具有丰厚的积淀，从先秦时期的童蒙识字到科举考试，从《三字经》《百家姓》《千字文》《千家诗》到《古文观止》《唐诗三百首》，从语文教材的“一纲一本”“多纲多本”到统编教材，从八股取士、应试教育到新高考，从教育理论到教学实践，从宏观设计到微观课堂，从孔子、孟子、颜之推、朱熹、王守仁到现代语文教育“三老”

（即叶圣陶、吕叔湘、张志公），从汉语汉字教学到少数民族双语多语教学，语文教育界都还缺乏精细研究，应该进一步深入研究，进行艰苦细致的工作，摸清我们的家底，找准语文教育的脉络，同时借鉴吸收国外母语教育的成功经验，归纳学科特点，总结发展规律，明确前进方向，指导语文实践。

第三，加强语文教育顶层设计，统一规划语文教育改革蓝图。由于种种原因，以往的语文教育条块分割，缺乏沟通。课程设计、教材编写、教师培训、教学指导、考试评价等环节各自为政，有时甚至壁垒森严；学前教育、小学教育、初中教育、高中教育、大学教育、研究生教育、成人职业教育，基本上是“铁路警察，各管一段”。比如，小学语文教师不清楚初中、高中的语文教学，中小学语文教师不清楚大学生需要什么样的语文核心素养，大学语文教师不清楚大学生毕业后在实际工作中会用到什么样的语文、会遇到什么样的语文问题，所以语文教师只能按照传统的思维方式确定自己的教学方式方法，不仅彼此之间缺乏衔接照应，而且学生用非所学，导致社会语文水平整体滑坡，严重影响学生日后的生活与工作。近年来，《汉字英雄》《中国汉字听写大会》《中国诗词大会》《朗读者》《经典咏流传》等节目热播，网上呼吁语文中考、高考加分等，就是这种现状的折射，反映了全社会希望加强语文教育的期盼。因此，必须加强语文教育顶层设计，统一规划语文教育改革蓝图。

第四，语文教材着眼于培养学生的阅读能力和写作能力，符合语文训练的规律和程序。兼收并蓄中国传统语文教材和国外母语教材的优点和长处，同时与时俱进，推陈出新，为我所用，为当下所用，打造具有中国特色和中国气派的现代语文教材体系。通过文质兼美的课文、别具匠心的导语、丰富多样的练习、考究得体的装帧设计，表现汉语言文字的亲切、优美与典雅。内容上着眼于童蒙养正，固本培元，潜移默化，润物无声，堪为学生说话、作文、做人的模范，奠定学生修身、养德、处世、创造的基础，传递汉语言文学的无穷魅力；形式上，尽量避免枯燥说教，切合学前、小学、初中、高中、大学不同年级、不同水平学生的年龄特点和心理特点，质朴自然，充满童真童趣，活泼灵动，意趣盎然，寓语文核心素养于生活情景之中，与立德树人的教育根本任务相得益彰。

让学生一翻开语文课本，便能感觉到一股中国气韵扑面而来，能够感受到汉语汉字的声音美、节奏美与阳刚美，呼吸到一股清新蓬勃的气息。

第五，语文教师教书育人，情有独钟，因材施教，甘为人梯，并能有尊严地生活。百年大计，教育为本。教育大计，教师为本。语文教师使命光荣、责任重大、任务艰巨。全社会都能充分尊重语文教师的人生选择，支持他们的专业发展，关心他们的工作生活，使他们能够以饱满的热情、坚定的意志、坚强的决心，专心从事语文教育事业，追求知识智慧，演绎精彩人生。年轻教师充满热情，积极进取，义无反顾，勇往直前；中年教师日渐成熟勇敢，坚守核心价值，勇于责任担当，丰富精神内涵；老年教师春风化雨，奖掖后进，滋兰树蕙，桃李天下。幸福人生，无怨无悔。语文同仁，名师辈出。语文教育，星汉灿烂。

第六，语文教学生动活泼，丰富多彩，每个学生都能学到适合自己的语文。教学有法，教无定法。教学内容有别，学生学情各异，语文教学百花齐放、百家争鸣。一花独放不是春。没有最好，只有更好。合适的语文教育才是最好的语文教育。教育重在点燃火焰，激发兴趣，引发激情。不管黑猫白猫，逮住老鼠就是好猫。无论采用精读还是略读、听说还是读写，只要能够使学生热爱语文、享受语文的方法就是好的教学方法；只要能够全面提高学生的语文核心素养和关键能力，就是好的语文教育。至于应对语文中考或高考，自然不在话下。

第七，语文考试更加人性化，让不同的考生参加不同的考试。考试不过是检验考生学习效果的一种方式，不同的考试有不同的检验目的，理应有不同的考试内容与考查形式。考试分水平性考试和选拔性考试，在学前、小学、初中、高中甚至成人职业教育阶段，主要以水平性考试为主，选拔性考试为辅。即使竞争十分激烈、不得不选拔的高考，也不应“一刀切”“齐步走”，而应实行差别化、人性化的制度设计，既能甄别选拔，又能激励成长。党的十八届三中全会指出：“逐步推行普通高校基于统一高考和高中学业水平考试成绩的综合评价多元录取机制。探索全国统考减少科目、不分文理科、外语等科目社会化考试一年多考。”[1] 2014 年，

[1] 中共中央关于全面深化改革若干重大问题的决定［J］. 求是，2013（22）.

国务院发布《关于深化考试招生制度改革的实施意见》，并决定上海、浙江两地率先实施新高考方案。2017 年上海、浙江两地已按新高考方案录取新生。2017 年又有北京、天津、山东、海南四省市开始实施新高考方案。按照教育部规划，到 2020 年，我国将初步建立起有中国特色的高考评价体系。根据上海、浙江两地试点情况，未来高校招生将主要实行“两依据、一参考”的录取方式，即以高考成绩和高中学业水平考试成绩作为基本依据，同时参考学生的综合素质评价。部分高校在试点依据三种不同层次的考试成绩录取新生，即普通高考、学业水平考试、基于综合素质评价的自主招生考试或“三位一体”招生考试。普通高考只考语文、数学和外语三门基础课，外语实行一年两考，试题将在现有基础上降低难度，同时增加宽度与广度，尽可能涵盖文理科的相关内容，但又不是文综或理综的考试，重在考查考生的基础知识、关键能力、学科素养和核心价值，尤其注重考查学生独立思考、创新创造与未来学习的潜质，其成绩只作为一本院校的录取依据。学业水平考试面向全体高中毕业生，是在过去高中毕业会考基础上的进一步提升、完善与规范，考试内容为高中阶段学生所学过的所有科目，考生成绩将作为高职高专甚至部分二本院校的录取依据。自主招生则是一本高校的专业考试，应尽可能发挥高校招生的主动性与自主性，包括笔试和面试。这样，通过高考，实现考生的自然分流，使不同的考生选择不同的课程、学科、考试。当然，高考涉及千家万户，改革既要积极推进，又要慎重稳妥。在上海、浙江两地已经先行试点的基础上，进一步总结完善后，再逐步推广。

中国教育正在加速推进现代化，立德树人成为教育改革总目标，完善中华优秀传统文化教育成为共识，新高考改革方案的先行先试，语文教育的重要地位日益凸显。我国语文教育改革迎来新的发展机遇。我们必须清醒地看到，我国语文教育取得了举世公认的成就，同时也面临诸多困难和问题。如何站在历史的高度，以严谨求实的科学态度，总结梳理中国语文教育教学改革所取得的成就，直面存在的困难和问题，深入剖析原因，为语文教育改革发展献计献策，推进中国语文教育现代化，成为新一代语文教育工作者的神圣使命和义不容辞的责任。

学术总是薪火相传，研究贵在创新发展。已经过去的沟沟坎坎，未来我们还要经历；不曾走过的急流险滩，未来我们也将遇到。未来的道路还很长，因为我们怀抱语文教育梦想；未来的时间又很紧迫，因为我们肩负着教育报国的使命。语文人从不畏葸退缩，更不会轻言放弃，唯有自强不息、奋发向上，才能为中国乃至世界教育事业贡献自己的智慧和力量。笔者相信，只要我们齐心协力，努力奋进，未来的语文教育事业必定更精彩，新时代语文人定能梦想成真。

第一章 何为语文工具论

吕叔湘在《关于语文教学的两点基本认识》(1963)中说:“第一,我认为每一个从事教学工作的人必须首先认清他教的是什么。从事语文教学就必须认清语言和文字的性质,从事汉语文教学就必须认清汉语各种形式——普通话和方言、现代汉语和古代汉语——的分别和它们的相互关系。第二,我认为从事语文教学必须认清人们学会一种语文的过程。”[1]语文教育工作者无疑要认清语文课教的是什么,认清语言和文字的性质,准确把握语文的工具性质。

[1] 吕叔湘. 关于语文教学的两点基本认识[M]//吕叔湘. 吕叔湘全集:第11卷. 沈阳:辽宁教育出版社,2002:15.

第一节 语文工具论的内涵

一、工具性是语文学科的基本属性

语文工具论的立论基础是语言文字，所谓口头为语，书面为文，合在一起，就是“语文”。通过语文课，学生学习、掌握我们中华民族的母语。语言文字是人们在社会生活中最重要的交际工具，也是彼此相互交流思想感情、表情达意的工具。而语文课的主要目的，就是使学生通过听、说、读、写运用实践，学会使用中华民族共同语这一交际、交流工具。在世界各国的基础教育中，语文学科都是一门非常重要的学科。通过语文课，指导学生正确理解和熟练运用祖国语言文字，培养提高他们听、说、读、写的语文核心素养，帮助他们养成学习语文、运用语文的良好习惯。在传授语文知识、训练学生的语文能力的过程中，使学生开阔视野，发展智力，培养学生健康的审美情趣和高尚的道德品质，激发学生热爱祖国语文的感情和爱国主义精神。语文教学的基本任务，就是要教会学生如何掌握语文这一工具，为他们日后的学习、工作和生活打下扎实的语文基础。也就是说，语文不仅是人与人之间交际、交流的工具，也是思维、生活的工具，更是提高文化品位、提升人文素养、丰富精神世界，进而实现终身学习、自主发展的工具。正所谓“文道统一”“文中有道”“道中有文”，这是语文学科的基本特点，也是语文教学的根本任务。

语文工具论，源自语文教学的基本任务是学习祖国语言文字这个基本认识。根据笔者目前所掌握的资料，人们对汉语言文字具有工具性这一特点的认识至少已有百余年历史。也就是说，这一认识是伴随着中国现代语文教育的建立而逐渐形成的。这里，不妨按时代先后加以胪列，以见语文工具论与中国现代语文教育的关系，可见其渊源有自。

1. 工具论源于人们对语言文字的认识。

19 世纪末，上海的《申报》和《时务报》发表了清末汉语拼音运动杰出的理论家和宣传家沈学的《盛世元音》（1896）。据费锦昌主编的《中国语文现代化百年记事（1892—1995）》考证：

（沈学）他强调文字的工具性，强调文字必须便利。“字也者，志也，所以助人省记者也。古字寓形，今字寓音；欲利于记诵，笔愈省为愈便，音愈原为愈正。”[1]

胡适在《非留学篇》（1912）一文中，论述了留学生学好祖国语言文字的重要性，认为祖国文字是留学生传播中华文明的利器：

祖国文字，乃留学生传播文明之利器，吾所谓帆舵篙橹者是也。今之不能汉文之留学生，既不能以国文教授，又不能以国语著书，则其所学，虽极高深精微，于莽莽国人，有何益乎？其影响所及，终不能出于一课堂之外也。[2]

胡适在《再论中学的国文教学》（1922）中进一步论述了这一观点：

我们认定一个中学生至少要有一个自由发表思想的工具，故用“能作国语文”为第一个标准。[3]

后来胡适在谈到中学生的修养时，明确指出语言文字具有工具性（1952）：

第一种工具是言语文字。不论就业升学，以我个人的经验和观察所得，语言文字是最需要的工具。在中学里不仅应该学好本国的语言文字，最好能多学一二种外国的语言文字。它是就业升学的钥匙，能为我们打开知识的门。多学得一种语言，等于辟开一个新的花园、新的世界。语言文字，可以说是中学时期应该求得的工具当中非常重要的了。[4]

徐特立在《小学各科教授法》（1914）中说：

国语要旨，在使儿童知普通言语及日常须知之文字，而养其表达思想之能力，兼启发其知德者也。盖国语为国民思想交换之要具，由无形之言语及有形之文字、文章而成……又国语于形式方面，为思想交换之工具；此外，尚有实质方面，为思想发表（误为“达”）之工具，即知识之

[1] 费锦昌. 中国语文现代化百年记事（1892—1995）[M]. 北京. 语文出版社，1997：4.
[2] 胡适. 胡适学术文集：教育[M]. 北京. 中华书局，1998：11.
[3] 胡适. 再论中学的国文教学[M]//李杏保，方有林，徐林祥. 国文国语教育论典（上）. 北京：语文出版社，2014：187.
[4] 同[2] 182.

收得，德行之涵养，趣味之养成是也。[1]

傅斯年在《汉语改用拼音文字的初步谈》（1919）中认为："语言是表现思想的器具，文字又是表现语言的器具。惟其都是器具，所以都要求个方便，都不要因陋就简，安于不方便。我们主张废止文言，改用国语，只因为文言代表思想是不方便的，国语是比较的方便的。汉字改用拼音的道理也是如此。"[2]

杜佐周在《国文教学的几个问题》（1923）中说："因为文字是求知识的工具，无论何种科学，非他不可。我们是中国人，当然以中国文字为基础。一般学生，若是中文精通，则学习别种功课，自必非常便宜；否则，终不免觉得有种种困难。"[3]

吴承仕在《语言文字之演进过程与社会意识形态》（1934）一文中说："因需要共同工作而有语言，因需要扩大与延长语言而有文字，因语言文字之发生发展变迁生灭，而使我们得着研究历史过程及社会意识形态最可宝贵的材料：这好像是比较有绝对性的一条原则……语言不但是发表思想的工具，而且是构成思想的工具。"[4]

罗常培在《语言学的对象和任务》（1952）一文中曾引用斯大林的话说："语言之替社会服务，乃是作为人们交际的工具，作为社会交流思想的工具，作为使人们相互了解并使人们在其一切活动范围中调整其共同工作的工具。"[5]在其他文章中，他还比较了语言文字作为工具与生产工具的不同。他认为："文字是语言的记号，是人们交际的工具。"[6]"文字跟语言不同的地方，就因为它是人为的工具，也像其他生产工具一样，

[1] 徐特立. 小学各科教授法[M]//李杏保，方有林，徐林祥. 国文国语教育论典（上）. 北京：语文出版社，2014：32-33.
[2] 傅斯年. 汉语改用拼音文字的初步谈[M]//欧阳哲生. 傅斯年全集：第1卷. 长沙：湖南教育出版社，2003：161.
[3] 杜佐周. 国文教学的几个问题[M]//李杏保，方有林，徐林祥. 国文国语教育论典（上）. 北京：语文出版社，2014：324.
[4] 吴承仕. 语言文字之演进过程与社会意识形态[M]//李杏保，方有林，徐林祥. 国文国语教育论典（下）. 北京：语文出版社，2014：535.
[5] 罗常培. 语言学的对象和任务[M]//《罗常培文集》编委会. 罗常培文集：第9卷. 济南：山东教育出版社，2008：3.
[6] 罗常培. 从历史上看中国文字改革的条件[M]//《罗常培文集》编委会. 罗常培文集：第9卷. 济南：山东教育出版社，2008：53.

可变性比较大，不像语言的基本词汇和基本文法结构那样不容易改变。笨重的生产工具既然可以改造，繁难的文字当然也可以改革；拖拉机既然可以代替用人力、畜力推动的锄、犁，拼音文字为什么不能代替象形、表意的汉字？”[1]

2. 语文界对工具论的探索。

最早认识到语文具有工具性的是叶圣陶，他在《对于小学作文教授之意见》（1919）中说：

学生遂以为作文乃国文科中独有之事，其作用但在虚理缴绕，修词琢句，而于应用转不甚措意。迨夫事物当前，宜有所撰录，斯正应用之机会矣，而欲求应用之具竟不可得。庸讵知向以为独有之事者，正普通应用之利器耶？[2]

叶圣陶在这里说作文作为“普通应用之利器”已有明显的工具意味。叶圣陶在《说话训练》（1924）里谈到儿童的说话训练时，指出：“儿童的情感正被培养，同时要使他们能利用适当的工具来表于外，感受满足的快适……所谓适当的工具，当然语文独占重要，因为它最能把人与人的心联锁起来。”“训练儿童说话实在是一个总枢纽，要他们内面产生得出，又要向外面拿得出来。外界的事势虽是万变，而这是一种应付事势的万应的工具。获得了这工具，而且会使用，岂不是已满足了普通教育的期望了么？”[3]

叶圣陶在《认识国文教学——〈国文杂志〉发刊辞》（1943）中更进一步明确了语文的工具性质。他说：

国文，在学校里是基本科目中的一项，在生活上是必要工具中的一种……作文不能通顺的，就是摸索不通或是根本没有去摸索的人。他们不能运用生活上的一种必要工具，自然是直接吃亏。[4]

1956 年 7 月，叶圣陶在全国语文教学会议上所做的《改进语文教学，

[1] 罗常培. 从斯大林的语言学说谈中国语言学上的几个问题[M]//《罗常培文集》编委会. 罗常培文集：第9卷. 济南：山东教育出版社，2008：40.
[2] 叶圣陶. 对于小学作文教授之意见[M]//商金林. 叶圣陶甪直文集. 北京：人民教育出版社，2017：292.
[3] 叶圣陶. 说话训练[M]//刘国正. 叶圣陶教育文集：第3卷. 北京：人民教育出版社，1994：22，125.
[4] 刘国正. 叶圣陶教育文集：第3卷[M]. 北京：人民教育出版社，1994：91-92.

提高语文教学的质量》报告中说：

语文科是带有综合性和基础性的一门。语文科的教学包括三个方面。（一）指导学生阅读有典范性的文章——特别是文学作品。（二）指导学生学习语言。（三）培养学生运用语言——包括口头语言和书面语言——表达思想的能力，也就是培养学生作文的能力。[1]

叶圣陶在《认真学习语文》（1963）中说：

我们说语言是一种工具，就个人说，是想心思的工具，是表达思想的工具；就人与人之间说，是交际和交流思想的工具。[2]

30多年之后，叶圣陶对语文的工具性质认识更加明确和具体了。他在《大力研究语文教学，尽快改进语文教学》（1978）中说：

语文是工具，自然科学方面的天文、地理、生物、数、理、化，社会科学方面的文、史、哲、经，学习、表达和交流都要使用这个工具。要做到个个学生善于使用这个工具（说多数学生善于使用这个工具还不够），语文教学才算对极大地提高整个中华民族的科学文化水平尽了分内的责任，才算对实现四个现代化尽了分内的责任。[3]

吕叔湘在《谈语言的学习和教学》（1962）中说：

文字是书面语的工具，书面语代表口语，同时对口语起促进作用，使语言更丰富。文化高的民族总是有文字的。没有文字的语言，一般说来是比较不丰富的。[4]

吕叔湘在《关于语文教学问题》（1964）中说：

语文课的主要任务是培养学生使用语文的技能，所以一般称为工具课。[5]

吕叔湘在为《叶圣陶语文教育论集》所写的序（1980）中说：

通观圣陶先生的语文教育思想，最重要的有两点。其一是关于语文

[1] 何东昌. 中华人民共和国重要教育文献（1949年~1997年）[M]. 海口：海南出版社，1998：648.
[2] 刘国正. 叶圣陶教育文集：第3卷[M]. 北京：人民教育出版社，1994：183.
[3] 同[2] 202.
[4] 吕叔湘. 谈语言的学习和教学[M]//吕叔湘. 吕叔湘全集：第11卷. 沈阳：辽宁教育出版社，2002：8.
[5] 吕叔湘. 关于语文教学问题[M]//吕叔湘. 吕叔湘全集：第11卷. 沈阳：辽宁教育出版社，2002：29.

学科的性质：语文是工具，是人生日用不可缺少的工具。其二是关于语文教学的任务：教语文是帮助学生养成使用语文的良好习惯……语言文字本来只是一种工具，日常生活中少不了它，学习以及交流各科知识也少不了它。这样一个简单的事实，为什么很多教语文的人和学语文的人会认识不清呢？是因为有传统的看法作梗。[1]

张志公在《说工具》（1963）中认为：

语文是个工具，进行思维和交流思想的工具，因而是学习文化知识和科学技术的工具，是进行各项工作的工具……语文这个工具和生产上用的一些工具，比如除草用的锄头，平整木料用的刨子等，有同有异。同在都是工具。各种工具总有某些共同的特点，否则它们就不会叫作工具。异在它们的作用。语文有语文的用处，生产工具有生产工具的用处。必须看到那个同，也必须看到那个异，才能比较全面地理解语文的性质，才能比较准确地找到掌握它的办法。

先说同。从大处来说，工具的本身没有阶级性，掌握在谁的手里就为谁服务。在这一点上，语文和其他工具是一样的……凡属工具，最重要的是准确地操纵它，熟练地运用它，只有这样，它才好好地为我们服务。在这一点上，语文跟别的工具也是一样的……语文也一样，要紧的是能听，能说，能读，能写。要是看见个字不认识，有个什么意思写不出来，大道理讲得再多，知识记得再熟，即使道理和知识都不错，也还是没有掌握语文这个工具，它还是不肯好好地为我们服务。

那么，怎样才能达到准确地操纵和熟练地运用，也就是达到充分地掌握呢？凡属工具，要掌握它就要到使用它的现场里去学。在这一点上，语文和其他的工具也没有两样……掌握语文这个工具也一样，也得到使用语文工具的现场去学习。使用语文工具的现场在哪里呢？这就涉及语文工具和其他工具异的方面了。

再说异。生产上用的各种工具，都是生产物质资料的。语文这个工具不生产物质资料，它不是生产工具，而是人们用来思维和交流思想的工具，学习科学文化知识和进行工作的工具。这就是说，语文这个工具

[1] 中央教育科学研究所. 叶圣陶语文教育论集[M]. 北京：教育科学出版社，1980：序.

和各种生产工具的作用不同……语文这个工具跟其他工具有相同的一面，这就决定了语文教学必须教学生切切实实地在训练中学会操纵和使用语文工具，也就是着眼于掌握字、词、句和篇章的运用能力，不容许离开这种训练去空讲大道理，空讲理论知识；它跟其他工具又有相异的一面，这又决定了语文教学必须把训练学生运用字、词、句、篇章的能力和训练学生理解语言所表达的思想的能力结合起来，不容许把二者割裂开来，对立起来。这样看来，语文教学强调基本功，强调多读多练，强调"文道统一"，这正是由语文这个工具的性质决定的。[1]

张志公在《语文学科的现代化问题》（1981）一文中说：

要对"语言是交际工具"这个话有现代意义的更具体的理解。所谓交际，指的已经不是个人与个人之间，小集体与小集体之间的交际，而是指全国范围的以至世界范围的交际。我们的语言是国际通用语言之一。在国际事务中，在国际的文化科学交流之中，我们的语言是重要的交际工具。另一方面，语言已经不仅仅是人同人之间的交际工具，已经开始成为人和机器的"交际"工具。从这两个意义上说，教给下一代掌握的语言，必须是全国通用的、在国际上通用的、规范化的标准语言，笼统一点说，就是我们所说的普通话。特别是在现代社会，运用口头语言的机会越来越多，对口头语言能力的要求越来越高。因此要求学生充分熟练地掌握普通话，已经远远不是为了个人之间交往的便利，而是一个时代的要求，现代化的要求。[2]

洪宗礼在《论语文是基础工具》（1978）中认为："三百六十行，行行有工具。而行业不同，工具各异。但是，有一种工具却被三百六十行所广泛运用，不论农、工、商、学、兵，行行用得着，这就是'语文'。""语文，归根结底是一种'基本'的'基础'的工具。"[3] 他在《我的"五说"语文教育观》（1995）中又做了进一步阐释：

我在1978年发表的《试论语文的工具性》中这样阐述语文的性质：

[1] 张志公. 说工具[M]//张志公. 张志公语文教育论集. 北京：人民教育出版社，1994：21-25.

[2] 张志公. 语文学科的现代化问题[M]//张志公. 张志公语文教育论集. 北京：人民教育出版社，1994：219.

[3] 洪宗礼. 论语文是基础工具[J]. 语文函授，1978（12）.

语文就是语言文字（语，指口头语言；文，指书面语言），它是人们交流思想，进行思维的工具，又是学习其他各门学科和从事现代化建设各项工作的工具，也是储存、传递、交流信息的工具。归根结底是一种“基本”的、“基础”的工具，它不是上层建筑，不是社会存在的反映，因而它是属于全民族、全社会的，这种工具掌握在谁手里，就可以为谁服务。

确认语文的基础工具性质，是语文教学的基点，也是语文教学改革的根本点和出发点……不管语文教学内容如何纷繁复杂，作为语言文字，它是工具；而作为语文课，则理所当然兼及思想性、文学性和知识性。但语文学科的基本属性应是工具性。

语文这个工具，它与一般生产工具不同之处，在于它不能生产物质产品，它是学习、工作、思维和交际的工具。但是，所有工具的共同点是：只有在使用中才能掌握。这就是它的实践性、应用性。[1]

蒋仲仁在《指导学生多读书是语文教学的一项重要工作》（1980）中说：

语文是一种工具。语文教学就是教学生学会运用这个工具。

大凡一种工具，总要在运用中它的作用才能够显现。语文这个工具的运用就是听、说、读、写。就说者写者说，用语文这个工具来表达一定的思想内容；就听者读者说，凭语文这个工具来接受说者写者所表达的思想内容。在运用过程中，语文这个工具和它所表达的内容，亦即语文和思想，是紧紧地联系在一起的。[2]

蒋仲仁在《语言是工具——语文教学的一个基本观念》（1982）中说：

语言是工具。设置语文这个学科为的是教导学生运用语言这个工具。语文科的任务是由语言是工具这个性质所规定的。

这个学科的名称是“语文”，“语”指口头语言，听和说，“文”指书面语言，读和写。听和读是自外而内地吸取，说和写是自内而外地表达。说运用语言这个工具，说的就是运用这个工具来听、说、读、写。说教导学生运用这个工具，说的就是培养学生听、说、读、写的能力。具备

[1] 洪宗礼. 我的“五说”语文教育观[J]. 中学语文教学，1995（1）：8-11.
[2] 蒋仲仁. 指导学生多读书是语文教学的一项重要工作[M]//中学语文教学研究会会刊编委会. 语文教学研究——中学语文教学研究会会刊：第一辑. 北京：教育科学出版社，1980：26.

了这个能力，无论自外而内的吸收，自内而外的表达，都能够运用自如，这就完成了语文科的教学任务。

这个任务太重要了。就社会说，就个人说，无时无地不需要语言，无时无地不需要具备运用语言这个工具的能力。因此，我们说，语文是一门重要的学科，对其他各科的教学来说，语文又是一门基础的学科。

……

语言是工具，这是语文教学的一个基本观念。进行语文教学，改进语文教学，都要拿这个基本观念作前提。[1]

刘国正（又名"刘征"）在《试谈中学语文教学改革的几个问题》（1981）中指出：

人们都说，语文是发展学生知识和技能的工具，语文课有很强的工具性。还应该进一步指明，语文课不仅要使学生获得关于语言工具的知识，而且更重要的，要使学生获得掌握语言工具的能力。[2]

刘国正在《阅读教学管窥——学习叶圣陶先生语文教育思想一得》中说：

回顾1977年以来，我们抛弃了以思想政治教育为纲的"左"的观念，鲜明地提出了语文教学的工具性，拨乱反正，是完全必要的，在教学改革的实践中起了积极的作用。但是，教学改革的深化，要求进一步论证语文作为一种工具的特殊性，以期进一步揭示语文教学工具性的深层的内涵。[3]

刘国正在《我的语文工具观》（1996）一文中认为："十多年来，语文教学改革的一个重要理论收获是肯定了语文学科的工具性。""语文学科的工具性，是由语言是一种工具来决定的。"[4]这具体表现为，语言是人类自身具有的工具，是适应全民使用的工具，是与生活密切相连的工具，是与人的思维和思想感情不可分割的工具，是技能性很强的工具。他在《展开双翼才能腾飞——宜昌市课内外衔接语文能力训练的状况和思考》（1998）中说："粉碎'四人帮'后制定的新的大纲，恢复了语文课的工

[1] 蒋仲仁. 语言是工具——语文教学的一个基本观念[J]. 教育研究，1982（2）：25-30.
[2] 刘征. 刘征文集：第1卷[M]. 北京：人民教育出版社，2000：82.
[3] 同[2] 282.
[4] 刘国正. 我的语文工具观[J]. 课程·教材·教法，1996（7）：25-27.

具性，起到了拨乱反正的作用。工具性的提出，规定了语文教学的性质，给了语文教学正确的导向。”[1]在《作文教学的实和活——在井冈山作文教学研讨会上的发言》（2003）中，刘国正说：“是否承认语文课有工具性，曾是长期争论的一个焦点，近一时期又很有争议……承认语文教学有工具性，是我们和‘左’的错误进行斗争的成果，得来不易。”[2]这也是刘国正对语文工具论的一贯立场。

张传宗在《语文教学的基本任务和其他任务》（1984）中说：

语文学科的基本性质是工具性，从工具性出发，主要解决使用语言文字工具的问题，因此语文教学的基本任务，就是培养听、说、读、写的能力。所谓基本任务，具有三层意思。一是表明这是语文学科特有的任务，区别于其他学科的任务。二是表明这是首先必须完成的任务，整个语文教学必须着眼于基本任务，从基本任务出发，也要从基本任务着手。三是表明还有其他任务，基本任务是和其他任务紧密联系、相辅相成的，其他任务都以基本任务为基础，并且丰富和发展了基本任务。因此，明确语文教学的基本任务，是正确体现语文学科性质的关键。[3]

王世堪在《人文性、工具性及其他》（2009）中说：

工具论者何？工具论是人们用简约的比喻，来表达自己对语文课的认识的一种想法。工具论者认为，语文课是以培养学生的阅读能力、写作能力、听话与说话能力为主要目标和主要内容的文化基础课。其核心是要学生掌握好语文交际工具，以利于学好其他各门功课，以利于一生的生存和发展。[4]

王宁在《语文教学与提高语言运用能力》（2005）中说：

语文教学不论如何改革，语文教材不论改换多少篇目，有一个根本的目的是不能取消的，那就是必须通过语文教学提高学生语言的运用能力。语言是人际交往的工具，是传播信息的不可取代的媒介，而且对信

[1] 刘征. 刘征文集：第1卷[M]. 北京：人民教育出版社，2000：386.
[2] 刘国正. 作文教学的实和活——在井冈山作文教学研讨会上的发言[J]. 中学语文教学，2003（1）：7-10.
[3] 张传宗. 语文教学的基本任务和其他任务[M]//《新中国中学语文教育大典》编写组. 新中国中学语文教育大典. 北京：语文出版社，2001：246.
[4] 王世堪. 人文性、工具性及其他[J]. 课程·教材·教法，2009（6）：42-45.

息贮存加工有直接影响。[1]

王宁把语言运用能力具体分解为四个方面，分别是：理解与分辨能力、综合与加工能力、调节与宣泄能力、复述与表达能力。她强调："会想是会听读与会说写的前提。语文课如果只顾追求表面的读写，甚至把听说的技巧看得过于重要，而不深入到'想'这个层面，是无法从根本上达到提高语言运用能力的目的的。"[2]她在《语文核心素养与语文课程的特质》（2016）中说：

语文课究竟是什么？它的目标是什么？解决这个问题需要对语文素养所包括的语言、思维、审美和文化之间的相互关系加以阐释。首先，母语的建构与应用是语文课独特的课程素养，也是其他要素的基础。只有这一项是唯一或主要属于语文的。它和思维是什么关系？任何学科都要培养思维能力与品格，但语言是思维的工具，又是思想的直接现实，语言是思维的外化形式，一切学科培养思维能力都要以语言为载体……语文学科是以口语和书面语来负载文化信息的，语言文字不仅仅是文化的载体，是文化传播的基础工具。[3]

可见，我国语文界一直是把工具论作为语文教育的主要特点和基本特征的。

3. 语文界对工具论的重新审视。

90 多岁的语文界前辈张传宗在《论语文学科如何深化改革》（2017）中认为：

明确语文学科的基本性质是工具性，这是学科深化改革的关键。从工具性出发，语文教学的基本任务是进行读写听说系统的语言教学。语言教学是整个学科的基础和核心。

研究和改革语文学科，首先应明确语文学科的性质和教学任务。语文是一门综合性的基础学科，语文教材选有各类文章作为范文，诸如议论文、文学作品、科学创新文章等。文章内容的性质各不相同，但有个共同点，就是都是以语言文字作为工具来表达的。语文学科主要就是要教会学生正确理解和运用祖国的语言文字工具，并实际应用到其他各科

[1][2] 王宁. 语文教学与提高语言运用能力[J]. 中学语文教学，2005（8）：58-61.
[3] 王宁. 语文核心素养与语文课程的特质[J]. 中学语文教学，2016（11）：4-8.

学习，从事各种职业，以及适应日常生活需要和参加各种社交活动等。总起来说，语文学科是以培养学生理解和运用语言文字工具为本质属性，它的基本性质是工具性。学科从工具性出发，进行读写听说系统的语言教学，培养正确理解和运用语言文字的能力和知识，这又进一步明确进行读写听说系统的语言教学是语文教学的基本任务。[1]

张传宗在《语文学科理论的两个“基本”和三个“带动”》(2017)中说：

两个“基本”指语文学科的基本性质和语文教学的基本任务。语文学科的基本性质是工具性。(一)语文的概念一般理解为语言文字，也有的理解为语言文章或者语言文学，但主要是语言文字，文章和文学都是用语言文字来表达的。语言文字作为记人叙事和表情达意的基础工具，因此语文学科的基本性质具有工具性。(二)国家在中小学阶段设置语文学科，主要目的是培养学生正确理解和具体运用祖国语言文字工具的能力，也是以工具性作为学科的基本性质。(三)小学阶段的语文课也确认“语文是最基本的工具”，从识字和写字开始，为培养初步的阅读能力和写作能力打下基础。(四)中学阶段语文课强调读写听说的语言教学，又是在小学的基础上对理解和运用祖国语言文字工具的能力做进一步有系统的培养……语文学科的基本任务是进行读写听说的语言教学。语文学科就具有基本性质工具性和由工具性决定的基本任务进行读写听说的语言教学这两个“基本”。[2]

前辈学者对语文课这一基本特点和基本任务的表述，虽然在不同的时期侧重点有所不同，但是总的来看，并没有实质性的变化。这是中国现代语文教育建立百余年来，经过几代人的努力，包括叶圣陶、吕叔湘、张志公、刘国正、张传宗、于漪、顾黄初、洪宗礼等一大批专家学者在内的广大语文教育工作者形成的共识。

二、工具论是语文教育的指导思想

当然，所谓“共识”，也不是说就没有争论。事实上，围绕着语文工具论，语文教育界也一直存在争议。其实，如果我们换一个角度来看这

[1] 张传宗. 论语文学科如何深化改革[J]. 中学语文教学，2017(4)：4-9.

[2] 张传宗. 语文学科理论的两个“基本”和三个“带动”[J]. 课程·教材·教法，2017(4)：55-59.

个问题，存在争议恰恰是好事，正说明语文教育本身具有强大的生命力，说明语文学科在不断向前发展。一个学科如果完全没有争论，形同一潭死水，势必难以向前发展。事实上，不仅语文工具论，关于语文学科的性质和地位、教学内容、教学方法、考试评价等，语文教育界乃至知识界也一直存在争论，而且不断涌现出新的说法、新的看法、新的观点。这正是语文教育充满生命力、充满活力的表现，标志着语文教育生生不息，不断向前发展。特别是语文教育的理论和理念、语文教学的设计和方法等，可以说相当活跃，时有变化，乃至发生重大改革。尽管存在种种争议，语文工具论却始终没有遇到过太大的挑战。人们对语文的工具属性，在各个不同的历史时期，从不同的方面进行发展和完善，从而使其成为我国中小学语文教学的指导思想。

1. 工具论体现了语文教育的特点。

“语文”二字最初的含义，就是指口语和书面语，工具论就体现了这一基本特点。吕叔湘曾回忆说：

语文作为一门功课的名称，是解放后[1]才有的。同志们觉得很奇怪，解放前[2]不讲语文？解放前有的，它不叫语文课，小学里叫国语，中学里叫国文，两个名字实际上是一样东西。那么，怎么有语文这个名称呢？解放初期[3]有一个出版总署，底下有一个编审局，就是现在人民教育出版社的前身，主要任务是编教科书。这就碰到了一个问题，就是语文这门课，是老办法小学叫国语、中学叫国文好呢，还是想法统一起来？当时有一位在里头工作的同志提议说，我们就叫它语文行不行？语也在里头，文也在里头。后来就决定用语文这个名称了。但是，语文这两个字连在一起来讲，可以有两个讲法：一种可理解为语言和文字，也就是说口头的语言和书面的语言；另一种也可理解为语言和文学，那就不一样了。中小学这个课程的名字叫语文，原来的意思可能是语言文字，但是很多人把它理解为语言文学，因此，在小学里且不说，中学里头就有很多老师把这门课当作文学

[1] 即1949年后。
[2] 即1949年前。
[3] 即中华人民共和国成立初期。

来教了。[1]

张志公在《说“语文”》(1979)中也说：

一九四九年六月，全国大陆已经大部分解放，华北人民政府教育部教科书编审委员会着手研究在全国范围内使用的各种教材的问题。关于原来的“国语”和“国文”，经过研究，认为小学和中学都应当以学习白话文为主，中学逐渐加学一点文言文；至于作文，则一律写白话文。总之，在普通教育阶段，这门功课应当教学生在口头上和书面上掌握切近生活实际、切合日常应用的语言能力。根据这样的看法，按照叶圣陶先生的建议，不再用“国语”“国文”两个名称，小学和中学一律称为“语文”。这就是这门功课叫作“语文”的来由。这个“语文”就是“语言”的意思，包括口头语言和书面语言，在口头谓之语，在书面谓之文，合起来称为“语文”。[2]

叶圣陶在《语文是一门怎样的功课——在小学语文教学研究会成立大会上的发言》(1980)中回忆说：

“语文”作为学校功课的名称，是一九四九年开始的。解放以前[3]，这门功课在小学叫“国语”，在中学叫“国文”。为什么有这个区别？因为小学的课文全都是语体文，到了中学，语体文逐步减少，文言文逐步加多，直到把语体文彻底挤掉。可见小学“国语”的“语”是从“语体文”取来的，中学“国文”的“文”是从文言文取来的。

一九四九年改用“语文”这个名称，因为这门功课是学习运用语言的本领的。既然是学习运用语言的本领的，为什么不叫“语言”呢？口头说的是“语”，笔下写的是“文”，二者手段不同，其实是一回事。功课不叫“语言”而叫“语文”，表明口头语言和书面语言都要在这门功课里学习的意思。“语文”这个名称并不是把过去的“国语”和“国文”合并起来，也不是“语”指语言，“文”指文学(虽然教材里有不少文学作品)。[4]

[1] 吕叔湘. 中小学语文教学问题[M]//吕叔湘. 吕叔湘全集：第11卷. 沈阳：辽宁教育出版社，2002：42-43.

[2] 张志公. 说“语文”[M]//张志公. 张志公语文教育论集. 北京：人民教育出版社，1994：69.

[3] 即1949年前。

[4] 叶圣陶. 语文是一门怎样的功课——在小学语文教学研究会成立大会上的发言[M]//刘国正. 叶圣陶教育文集：第3卷. 北京：人民教育出版社，1994：217.

1950年6月，由中央人民政府出版总署编审局组织编辑出版了《初级中学语文课本》和《高级中学语文课本》，审订者为罗常培、魏建功、吕叔湘、王泗原等。其“编辑大意”中说：

说出来是语言，写出来是文章，文章依据语言，“语”和“文”是分不开的。语文教学应该包括听话、说话、阅读、写作四项。因此，这套课本不再用“国文”或“国语”的旧名称，改称“语文课本”。[1]

语文本来是指语言文字，即口语和书面语，后来，“语文”二字究竟何所指，人们逐渐有了不同的看法，这才使语文工具论这一话题复杂化了。

张志公的《说工具》（1963）认为：

语文是个工具，进行思维和交流思想的工具，因而是学习文化知识和科学技术的工具，是进行各项工作的工具……语文这个工具和生产上用的一些工具，比如除草用的锄头，平整木料用的刨子等，有同有异。同在都是工具。各种工具总有某些共同的特点，否则它们就不会叫作工具。异在它们的作用。语文有语文的用处，生产工具有生产工具的用处。必须看到那个同，也必须看到那个异，才能比较全面地理解语文的性质，才能比较准确地找到掌握它的办法。[2]

董旭午在《“工具说”的科学内涵及其意义》（1997）一文中说：“叶圣陶、吕叔湘、张志公诸先生最大的功勋就在于确立、巩固、发展了‘工具说’……‘工具说’是语文教学的纲，纲不举目则乱，要摆脱中学语文教学效率不高的困境，只有坚持‘工具说’，发展‘工具说’，才能大有作为，大有希望。”[3]

2. 工具论并不排斥人文性。

有人认为，如果坚持语文工具论，就必然排斥人文性。其实，这是对语文工具论的一种误解，是长期以来受所谓非此即彼、二元对立思想影响的结果。事实上，工具论不仅不排斥思想与人文素质教育，而且一直坚持语言文字与思想道德教育的统一。中国古代有“文道统一”的说

[1] 中央人民政府出版总署编审局. 初级中学语文课本：第1册[M]. 北京：人民教育出版社，1950：1.

[2] 张志公. 张志公语文教育论集[M]. 北京：人民教育出版社，1994：21，23.

[3] 董旭午. “工具说”的科学内涵及其意义[J]. 语文学习，1997（3）：5-8.

法，文中有道，道中有文，浑然一体，不可分开。清初学者张伯行在《朱子语类辑略》的序中说：

论道而专求诸语言文字之间，则道晦矣；抑论学而不求之语言文字之间，则道亦泯矣。[1]

张伯行肯定了要“求诸语言文字之间”，同时又指出，如果以此束缚了手脚，“道”也就不一定能说清楚。换句话说，“道”（思想感情）与“文”（语言文字）谁也离不开谁。这就启示我们，在学习掌握语言文字这个工具和学习用语言来交流思想感情时，也在学习语言所表达的思想感情，二者是紧密地结合在一起的。张志公在《说工具》（1963）中谈到“文道统一”：

语文教学里的“文道统一”就表现在教材和教学这两个方面。因此，就整个的语文教学来说，还是不能不把教学生掌握语文工具这个目的明确地、突出地提出来。学生学不好字、词、句、篇，他就掌握不了语文工具，这样，他怎么能读懂有积极的思想内容的文章？读不懂那些文章，怎么能从文章里受到教育？……总之，注意了思想内容而忽视或者降低了语文工具本身的重要性，其结果非但完成不了教学生掌握语文工具的目的，更将“事与愿违”，连自己所重视的思想教育也会受到妨害；反之，把语言文字同文章的思想内容割裂开来，孤立地去搞字、词、句、篇，非但放弃了进行思想教育的很大的可能性，反而连自己所重视的掌握语文工具的目的也达不到，一句话：文道统一！[2]

3. 语文作为工具的特殊性。

语文界使用“工具”一词，说语文是工具，原本是一种比喻，是一种形象的说法。意思是说，语文是学习文化知识和科学技术的工具，是进行各项工作的工具。语文这个工具不同于别的工具，因为运用语言文字的是人，是人就必有他的喜怒哀乐，有他的思想观点、看法主张。人们要掌握语言文字这个工具，同掌握其他工具一样，需要练习。语言是交流思想的工具，但由于思想和语言有着不解之缘，不同于杂草和锄头的关系，所以在进行语文教育时，必然离不开语言材料所包含的思想内容。

[1] 张伯行. 朱子语类辑略[M]. 上海：商务印书馆，1936：1.
[2] 张志公. 说工具[M]//张志公. 张志公语文教育论集. 北京：人民教育出版社，1994：27-29.

首先，语文这个工具，与木匠手中的斧、刨、锯、凿不同。斧、刨、锯、凿是制作桌椅板凳的工具，桌椅板凳是运用上述木工工具制成的作品，作品一旦被制成，工具就得收进工具箱。语文这个工具则不同，它既是工具，又是材料，还是制成品（部件或整件）。工具、材料、制成品集于一身，不可分割，语文学科的教学内容绝不是或者说主要不是作为符号、作为工具的语文，而是集工具、材料、制成品为一体的语文。其次，语文这个工具，作为信息的载体，它在实际运用中总是承载着人们所要表达的情、理、意、趣的。在语文学科中学习语文，主要是学习承载着人们情、理、意、趣的语文，而不是孤立的、静止的、不表现任何实际内容的语文。因此，学习语文同时也学到了古今中外作者们所要表现的情、理、意、趣。这是语文学科中学习语文的显著特点。[1]

张中行说："语文是工具课，首先应该让学生学会运用语言。""语文课的主要任务是教会学生用笔表情达意，语文应该做到什么（怎样做是另外的问题）就容易说，总的是让学生真能够多读多写。"[2]张厚感认为："运用语文是一种技能，要求准确、熟练，才能形成语文能力。形成语文能力又是个慢功，需要反复实践，一点一点积累，养成习惯……如果掌握了3500个常用字，扩大词语积累，就可整合成无比丰富的语言材料。再经过消化吸收，融会贯通，很可以派上用场。其实，就高一个层次而言，积累篇章结构、写作方法也是一步一步来的。至于人文素养的提高，也要经历一个熏陶感染、潜移默化的过程，不可能一次完成，更没有终极的关怀。"[3]

后来，人们对"语文"二字的含义，逐渐有了不同的看法。大致说来，有"语言和文字""语言和文章""语言和文学""语言和文化""语言和文字、文学、文化""口头语和书面语""现代语和文言文"等多种理解。也就是说，"语"指语言，大家都没有分歧，关键是对"文"的理解不一致。对此，叶圣陶曾有过详细说明：

"语文"一名，始用于一九四九年华北人民政府教科书编审委员会选

[1] 顾黄初. 语文学科性质之我见[J]. 语文学习，1997（1）：6-36.
[2] 张中行. 流年碎影[M]. 哈尔滨：北方文艺出版社，2012：229-231.
[3] 张厚感. 归来兮！识字，读书，作文[N]. 中华读书报，2005-10-19.

用中小学课本之时。前此中学称“国文”,小学称“国语”,至是乃统而一之。彼时同人之意，以为口头为“语”，书面为“文”，文本于语，不可偏指，故合言之。亦见此学科“听”“说”“读”“写”宜并重，诵习课本，练习作文，因为读写之事，而苟忽于听说，不注意训练，则读写之成效将减损。原意如是，兹承询及，特以奉告。其后有人释为“语言”“文字”，有人释为“语言”“文学”，皆非立此名之原意。第二种解释与原意为近，唯“文”字之含意较“文学”为广，缘书面之“文”不尽属于“文学”也。课本中有文学作品，有非文学之各体文章，可以证之。第一种解释之“文字”，如理解为成篇之书面语，则亦与原意合矣。[1]

语言学界有一个为大家所公认的观点，即语言是人们交际、交流的工具。斯大林在《马克思主义和语言学问题》中说：

语言是手段、工具，人们利用它来彼此交际，交流思想，达到互相了解……语言既是交际工具，又是社会斗争和发展的工具。[2]

因为语文与语言的天然联系，人们当然有理由认为，语文也是人们交际、交流的工具。1961 年 12 月 3 日《文汇报》社论《试论语文教学的目的任务》一文谈到关于语文知识和思想政治教育的关系时说：

语文，归根结蒂是一种工具，是阶级斗争的工具，是生产斗争的工具，是交流思想和感情的工具，是传播知识的工具，是学习马克思列宁主义和攀登文化科学高峰的工具，一句话，是人们用以认识世界和改造世界的一个重要工具……就语文的性质来说，它既是工具，就有作用的对象，正如木匠的工具作用的对象是木头一样。可是语文这个工具不同于任何物质生产的工具,它所作用的对象是人的思想,它是表达思想的工具。一接触到这个工具的时候，立刻要接触到这样的或那样的思想。

张志公在《工具 · 实用 · 现代化》(1996)中说：

语文教学既不能“喧宾夺主”，也不能“唯主独尊”。培养运用语文的能力，这是语文课的“主”，必须完成好。由于语文本身的综合性，捎

[1] 叶圣陶. 语文教育书简[M]//中央教育科学研究所. 叶圣陶语文教育论集（下册）. 北京：教育科学出版社，1980：730.
[2] 斯大林. 马克思主义和语言学问题[M]//斯大林. 斯大林选集（下卷）. 北京：人民出版社，1979：515.

捎带带还能办不少事，比如思想的感染陶冶，联想力、想象力的发展，思考力、推理力的发展，等等。何不也顺手管管呢？……现代化要求全面的文化素质。主张两个“全面发展”，一是德、智、体全面发展，一个是自然科学、应用科学、人文学全面发展。[1]

洛寒（人民教育出版社副总编辑刘松涛的笔名）在《不要把语文课教成文学课》（1963）一文中指出：“语文是学好各门知识的基础和从事各种工作的重要工具。语文教学的目的无非是教学生能正确地理解和运用祖国语言文字，达到能读会写，以适应继续学习和将来从事工作的需要。”[2]“语文是一种工具，要按照学习掌握工具的规律进行教学，也就是说，要真正把语文课教成语文课。掌握任何一种工具，都必须从最简单的技能学起，扎扎实实地下功夫。掌握语文这个工具也不能例外。”[3]

顾黄初在《语文学科性质之我见》（1997）中认为：“语文是工具，是思维和记录思维成果使之得以交流的工具。这是对语文的性质的确认。不过，认识到此为止，还是不够的，还得进一步深化。”顾黄初进一步论述了语文的三个特点：一是符号性，二是工具性，三是社会性。对语文的工具性，顾黄初进一步论述道：

语言是思维的工具、交流思想的工具；文字是记录思维成果的工具，是让交流的思想得以传之久远的工具。这二者都是工具。既是工具，要掌握它，就必须注意两条：一是要了解这个工具的性能和使用的方法，这便是关于工具的知识。语言和文字，各有自己的性能和用法，了解它们的性能和用法，获得有关语文的知识，这是正确运用语文工具的前提。二是要试着去用，去进行实际的操作。光“知”而不“行”，工具不过是一堆无生命的物件，尽管你已经知道这工具的性能是什么，使用方法是怎样，工具与你仍然不相干；必须把工具拿在手里去实际操作，让工具在运用中产生作用，发挥出应有的功能，这工具才有了生命，你也才能算真正掌握了它。既有“知”，又能“行”，知行统一，是掌握语文工具

[1] 张志公，庄文中. 工具·实用·现代化[J]. 语文学习，1996（11）：4-5.
[2] 洛寒. 不要把语文课教成文学课[M]//顾黄初，李杏保. 二十世纪后期中国语文教育论集. 成都：四川教育出版社，2000：339.
[3] 同[1] 341-342.

的必要条件。而且，这种“行”，还须达于熟练，使之“习惯成自然”。[1]

教学大纲是国家制定的、指导各科教学的权威性文件。凡没有形成共识的结论，一般不能或不宜写进大纲，以免引起认识上的混乱。可见，语文和语文学科不能简单地画等号，这有着极其复杂的时代与社会背景。

作为中小学的一门学科课程，语文学科在过去的错误路线干扰下曾经被认定为实行阶级斗争的工具、培养资产阶级掘墓人的阵地。在“文化大革命”中，语文课曾一度被改为“政文课”，实际上是取消了语文课。

“文化大革命”结束以后，语文教育界开始开展拨乱反正、正本清源的工作，经过多次座谈、讨论，大家又重新回到工具论，确认语文是工具，认定语文教学的基本任务就是要培养学生正确理解和熟练运用祖国语言文字的能力。这是经过“文化大革命”之后，人们痛定思痛以后得来的认识。相对于“文化大革命”中把语文政治化甚至虚无化，这是人们思想认识和教育观念上的一次大解放、大进步。这种认识来之不易。当时有不少语文教育工作者主张，在语文工具论这个问题上，我们不能再摇摆，也不必再讨论了。但是，讨论毕竟还是发生了。如果我们换个角度看，讨论总是有利于认识的深化，有利于进一步接近真理，因此也有利于更好地指导语文教学实践。

黄健民在《大学语文不要忽视工具性》（2005）一文中，针对将大学语文定位为人文素质教育课，强调选文的人文思想，而忽视语文的工具性等现象，指出：“大学语文的定位，应该是高级语文课，而不是人文素质教育课。”“语文是工具，叶圣陶先生早有论述。他说，语文是‘表情的工具’，是‘应付事势万物的工具’。叶老所说的工具，不是抽象的语言文字符号，而是指人们形成见解、阐述真理、沟通心智、交流思想、获取知识、研究学问，乃至生存发展所须臾不能离开的语言中介。它活在人们的口头上，承载在书面的语言中。它是构建文段、文章、文学以及各种文化形态的有机元件。现在大学生文章中的词不达意、错别字较多等，正是因为语文工具的缺乏。叶老强调：‘语文课的目的，是让学生掌握语言文字这种工具，培养他们的接受能力和发表能力。’大学语文是

[1] 顾黄初. 语文学科性质之我见[J]. 语文学习，1997（1）：6-36.

高级语文，它比中学语文更广、更深、更高，有质的区别。但大学语文毕竟还叫‘语文’，否认大学语文的工具性的属性是不妥当的。更何况，我们的大学生，尤其是理科大学生，普遍语文水平不高：口头和书面的表达能力不强，阅读理解、分析概括的能力也有待进一步提高。大学阶段依然应该注重大学生的‘听、说、读、写’的语文能力的培养。笔者认为在‘人文素质教育’的潮流中，还应该保留过去正确的东西。”[1]

[1] 黄健民. 大学语文不要忽视工具性[N]. 中国教育报，2005-10-12.

第二节　对工具论的不同看法

20世纪80年代以来，我国实行改革开放，中外文化交流日趋活跃，各种新思潮、新学说不断涌入国门，有力地促进了我国的经济发展，大大提升了我国的综合国力，同时也带来了人们思想观念的大解放。经济的发展使人们迫切希望教育事业能够跟上经济改革的脚步，建立丰富、多元的文化教育体制机制，解决日益迫切的广大人民群众教育预期与优质教育资源短缺的矛盾；思想观念的解放促使人们要求把教育的根本目标定位于立德树人，摆脱"文化大革命"中形成的"左"的教育观念，摆脱急功近利的"应试教育"，实行素质教育。正是在这种背景下，人们对语文工具论开始有了不同看法。

一、语文讨论质疑工具论

在中小学各科教育中，语文与社会现实的联系最为密切。以1997年第1期《北京文学》发表的一组文章为标志，社会上开展了一场中小学语文教育大讨论，一大批从事文学教育的专家学者、从事文学创作的作家参与了讨论。他们认为，语文教学之所以存在种种问题，包括一些教材编排陈旧落后、有的教学方法机械呆板、部分考试评价古怪荒唐、题海战术甚嚣尘上、学生不堪重负等，根本原因就在于强调了语文工具论。认为在工具论指导下的语文教学，通过纯技术性训练，学生学到的只是支离破碎的知识，培养出来的人也将成为没有思想、缺乏个性，只会听从领导命令的"驯服工具"。有的论者更是把矛头指向叶圣陶。对此，刘国正在《作文教学的实和活——在井冈山作文教学研讨会上的发言》（2003）一文中，回顾了工具论的来龙去脉，指出：

前两年，有人写文章批评叶圣陶老先生的"工具论"。叶老早年可能提过工具一词，但把工具性写入教学大纲，用以指导语文教学，绝不是来自叶老，批评叶老是不了解这段历史。记得60年代初否定文学课之后，人民教育出版社的领导向中宣部的一位领导汇报工作，这位领导说：

“语文敢不敢不讲政治？语文就是语文，是工具嘛！”我参加了这次会见，所以记得真切。后来，由中宣部一位副部长主持起草语文教学大纲的前言，其突出的特点就是写入了“工具性”和“文道不可分割”的思想。在这个大纲指导下，60 年代前期的语文教学是比较好的。但是，“文革”中工具论受到严厉批判，指为语文课搞修正主义的罪证，致使语文课濒临毁灭的边缘。粉碎“四人帮”、拨乱反正，才又肯定语文课的工具性……承认语文教学有工具性，是我们和“左”的错误进行斗争的成果，得来不易。

语言是一种交际工具，认为语文课具有工具性是合乎科学道理的，理应得到承认和恰当的表述……语文课的基本任务仍然是教育学生理解、热爱和熟练运用祖国的语言文字，这个基本点历久常新，绝非陈旧，在理念、课程、教材、方法的革新中要牢牢把握这一点。[1]

二、工具论何以引起争议

语文工具论之所以引起争议，主要原因在于人们从不同的视角出发审视语文教育，因而对语文产生了不同看法，主要有以下几种：

1. 工具性与思想性是对立的。

人们之所以认为语文工具论与人文论是对立的，很大程度上是因为工具性与思想性的对立，认为一提工具性，必然就削弱了思想性，二者似乎势如水火，水火不容。正如李海林在《语文工具论批判》（1996）一文中所说：

工具性和思想性是两个具有质的对立性的概念……是“工具”就没有“思想”，否则就不是工具；有“思想”就不是“工具”，否则就不是思想……工具论在研究方法上是一种本末倒置的选择。[2]

显然，李海林在这里所说的“工具”，是镰刀、锄头那样的工具，那样的工具当然没有思想，也不可能有思想。但是，这并不是语文教育界所说的工具，此“工具”非彼工具。

[1] 刘国正. 作文教学的实和活—— 在井冈山作文教学研讨会上的发言[J]. 中学语文教学，2003（1）：7-10.
[2] 李海林. 语文工具论批判[J]. 语文学习，1996（6）：2-6.

2. 工具性与人文性是对立的。

杨东平说："中学语文教学的种种问题，一言以蔽之，是人文价值、人文底蕴的流失。将充满人性之美、最具趣味的语文变成枯燥乏味的技艺之学、知识之学，乃至变为一种应试训练。"[1]王尚文在《呼唤语文教学观念的大讨论——〈北京文学〉效应感言》（1998）中说：

数十年来的一个具有权威性的基本观点是：语文学科是工具学科，工具性是语文学科的基本属性。我以为这是导致语文学科人文价值、人文底蕴严重流失的根本原因。

新中国成立以来，语文教改曾有以片面强调政治性为基本特征的第一浪潮和以片面强调工具性为基本特征的第二浪潮，为了深化语文教改、提高语文教学质量，应当掀起以突出人文性为基本特征的第三次浪潮。[2]

语文是一个人生存和发展的基础，语文教育要引导学生在听、说、读、写的语文实践中提高人文素养，这是毋庸置疑的。童庆炳认为，"必须从'人的建设'的高度来定位语文教学的观念"，"语文教学的'元问题'是我们要建设什么样的人的问题，是通过语文教学使学生对自身的本质真正占有的问题"[3]。于漪认为，"学语文不是只学雕虫小技，而是学语文学做人。语文教育就是教文育人。语言文字是文化的载体与结晶，教学生学语文，伴随着语言文字的读、写、听、说训练，须进行认知教育、情感教育和人格教育"[4]。钱理群在《以"立人"为中心——语文课程改革的一些思考》（2001）中说："人正是通过听、说、读、写，不断地丰富与发展自己的内在生活、心灵世界，开拓精神的自由空间，开发自我的思维能力、想象力、创造力，与历史文化（传统的、外来的）发生联系，与外部世界（他人、社会、自然、宇宙）进行交流。在这个意义上，确

[1] 杨东平. 语文课，我们推动了什么[M]//王丽. 中国语文教育忧思录. 北京：教育科学出版社，1998：39.

[2] 王尚文. 呼唤语文教学观念的大讨论——《北京文学》效应感言[M]//王丽. 中国语文教育忧思录. 北京：教育科学出版社，1998：136.

[3] 童庆炳. 语文教学与人的建设[J]. 课程·教材·教法，1995（5）：35-37.

[4] 于漪. 弘扬人文，改革弊端——关于语文教育性质观的反思[J]. 语文学习，1995（6）：2-5.

实可以说‘不学语言（特别是母语）就不能成为人’。”[1]

3. 工具论导致语文教学“技术化”。

王尚文在《呼唤语文教学观念的大讨论——〈北京文学〉效应感言》（1998）一文中说：

由于语言是工具，语文学科是工具学科，因而语文教学就是教会学生如何操作语言这一工具的“技术训练”，由此演化出“知识中心说”。它认为了解和运用文字的“能力”“技术”必以有关知识的获得为前提或者说是基础，其公式是：知识—训练—技术。由于训练是将知识转化为能力的途径，因而也可名之为“训练中心说”。所谓“训练中心说”是就其表现形态而言，“知识中心说”是就其思想内核而言。[2]

诚然，语文工具论重视语文基础知识的传授和基本能力的培养，但并不是“知识中心”或“训练中心”。相反，语文界一直反对教学中的“知识中心”或“训练中心”现象。如吕叔湘在《关于中学语文教材的几个问题》（1981）中说：“语文课的主要目的是培养学生的语文能力，而不是传授语文知识，这个认识是一致的，至少多数同志是这样认识的。”“如果说读和写也都需要指导，那就有个知识问题。要很好地理解一篇选文的内容，有的地方就需要老师讲讲，一讲就有了知识问题。写作更不用说，需要讲点‘写作知识’。至于一般所说‘语文知识’，就是语法、修辞、逻辑那些东西，有无必要，有没有用，意见就不完全相同了。”“阅读是可以为写作服务的，但不是完全为写作服务；语文知识也是可以为写作服务的，但也不是完全为写作服务。”[3] 针对语文知识的教学和作用，吕叔湘特别指出：

有的教师认为语文知识对学习写作没有作用，主张取消。这只能说明过去我们讲语文知识的时候，照顾系统性多了点，照顾实用性不够，决不能说明语文知识对培养学生的读写能力无用。语文知识帮助阅读扫清文字障碍，也提供写作所需要的有关用词、造句以及疏通思路等方面的必要的知识。除此之外，语文知识还有一个作用，那就是引导学生去

[1] 钱理群. 以“立人”为中心——语文课程改革的一些思考[M]// 中国语文报刊协会. 21世纪语文对话. 南昌：江西教育出版社，2001：131.

[2] 王尚文. 呼唤语文教学观念的大讨论——《北京文学》效应感言[M]// 王丽. 中国语文教育忧思录. 北京：教育科学出版社，1998：137.

[3] 吕叔湘. 关于中学语文教材的几个问题[J]. 中学语文教学，1981（1）：3-6.

理解祖国语言，去欣赏祖国语言，去热爱祖国语言。我们在中学里教给学生许多地理、历史方面的知识，也并不是都在他的生活上具有实用价值，而是在很大程度上引导他去热爱祖国的山河大地，热爱祖国的文化遗产。难道不应该也引导他去热爱祖国的语言吗？[1]

张志公在《教材改革要面向现代化建设》（1995）中谈到语文知识的教学时也说：

1984年我在一次讲话中说过，语文教学应该“以知识为先导，以实践为主体，以实践能力的养成为依归”……这里说的“以知识为先导”，指的是不可忽视知识的作用，特别是精要、好懂、管用的“桥梁”知识。不要把现成的学科知识体系生硬地搬过来，要从学生实际出发，紧密联系实践的需要安排系统。要精要，就是内容要精练，不要弄得烦琐；好懂，是有可读性；管用，是学生可以用。讲些知识，还要多做些练习。应当有各种各样的练习，实用性强、有趣味，不是为了应付考试。[2]

如何在语文课上讲语文知识，张志公强调语文知识教学必须与语文实践结合在一起。他说：

第一，不能把语文课搞成一门纯粹的知识课，而是以知识为先导，以实践为主体并以实践能力的养成为依归的课。

第二，这里说的知识系统是指实际应用语言的知识系统，而不是纯粹的语言理论的知识系统。这一点需要稍稍加以申说。语言理论的知识系统是从小到大的：语素—词—词组—句子—句组—篇章。而实际应用语言却恰恰相反，是从大到小再回到整体的。例如，读一篇文章，是先通读全篇，得其大要，再逐段分解细读，然后揣摩推敲一些特别重要的、突出的、用法提法新颖的词句，最后再通篇领略一番……语文教学的知识系统既是实际应用语言的知识系统，就应当是从大到小再回到整体的这种系统。

第三，这里说的实践是把听、说、读、写融会在一起的，丰富多样的，面向实际应用、密切结合生活、学习、工作实际的，因而是生动的，饶有趣味的，而不是指呆读死记以及无对象、无目的，搜索枯肠，硬“作”

[1] 吕叔湘. 关于中学语文教材的几个问题[J]. 中学语文教学，1981（1）：3-6.
[2] 张志公. 教材改革要面向现代化建设[J]. 中学语文教学，1995（1）：2-5.

文章等那类“实践”。[1]

针对语文教学中的“技术化”问题，刘国正曾有过这样的分析：

而今反对工具论，与过去大有不同，不是认为工具论妨碍了突出政治，而是认为工具论是导致语文教学“技术化”诸弊端的理论根源，所以对之深恶痛绝。所谓“技术化”，即把语文教学当作传授一种单纯的技术。比如写作教学，把内容和语言表达分割开来，并脱离学生的生活和思想实际，不问作文的内容是否言不由衷甚至虚假或编造，只要求符合预定的框框，表达不要求创新只要求符合预定的模式。如果我的理解不错，那么我们反对的是同一弊端，并无分歧。我本人即曾长期为作文的“八股调”忧虑，并且进行调查研究，形成自己的思考……对病情，我们的认识相同，但开出的药方却很不相同。我以为，形成“技术化”的主要原因绝不在于工具论，而在于片面追求升学率，在于应试的高热……工具论与“技术化”没有必然的联系，反对工具论不可能解决“技术化”的问题……工具论本身即拒绝“技术化”，认为工具论会导致“技术化”是对工具论的误解。[2]

可见，语文界是一直反对语文教学中的“知识中心”“训练中心”和“技术化”倾向的。

4. 工具论把语言沦为“工具”。

潘新和在《语文：表现与存在》中，则从另一个角度认为“工具论”和“人文论”都是“语文之蔽”：

语言沦为工具，语文教学就成了工场；人文君临一切，也会遮蔽了语文。语文就是言语，是表现与存在的言说。

我们认为，不论工具性还是人文性，都没有揭示出语文和语文教育的言语生命特性，前者是以语言的一种性质来界定语文的特性，后者是以人文学科的共性来界定语文的个性，都是把语文视为人的“身外之物”……在语文界，“语文是一种工具”的认识已是深入人心，任何要否

[1] 张志公. 关于改革语文课、语文教材、语文教学的一些初步设想[M]//张志公. 张志公语文教育论集. 北京：人民教育出版社，1994：279.

[2] 刘国正. 作文教学的实和活——在井冈山作文教学研讨会上的发言[J]. 中学语文教学，2003（1）：7-10.

定它的企图，都会遭到近乎本能的、非理性的顽强抵抗。这仿佛是一道不容逾越的“话语底线”。因为这“工具论”据说是叶圣陶先生的定性。[1]

其实，如果把这里所说的“工具”与叶圣陶对语文工具论的相关论述做一个比较，就可以看出，二者明显不是一个概念。叶圣陶在《关于语言文学分科的问题》（1955）中说：

按照马克思列宁主义关于语言的学说，语言是“交际的工具”，是“社会斗争和发展的工具”……语言教育的一个主要任务是让学生认识语言现象，掌握语言规律，学会正确地熟练地运用语言这个工具，让他们能够在参加各种斗争的时候，参加各种共同工作的时候，正确地表达自己的思想，正确地理解别人的语言，因而能正确地执行任务，做好工作。语言是形成思想的工具，是认识世界的工具。[2]

显然，叶圣陶所说的“交际的工具”“社会斗争和发展的工具”“形成思想的工具”和“认识世界的工具”，并没有把语言沦为“工具”的意思。

5. 工具论就是“工具主义”。

王世堪在《人文性、工具性及其他》（2009）中说：

还有人把语文教学中这一约定俗成的浅近比喻，硬和“工具主义”扯在一起。国外有批工具主义的潮流，我们也反躬自省，把语文课的“工具论”拿来上挂下联。

工具主义是西方哲学的一种思潮，它源于哥白尼《天体运行论》的序言。哥白尼为了绕开教会的迫害，就忽悠说，我这理论不一定符合实际，我只不过拿它做工具来研究问题罢了。理论不问对错，只用来研究新课题。这一套以后被杜威所用，成为实用主义的理论基础。工具主义是关于科学理论性质的观点，显然，这和我们语文课培养学生掌握语文工具，风马牛不相及。[3]

[1] 潘新和. 语文：表现与存在[M]. 福州：福建人民出版社，2004：105-106.
[2] 叶圣陶. 关于语言文学分科的问题[J]. 人民教育，1955（8）：27-34.
[3] 王世堪. 人文性、工具性及其他[J]. 课程・教材・教法，2009（6）：42-45.

第三节 如何全面理解工具论

针对语文工具论的不同看法，我们需要进行历史的审视和反思，必须尊重我国语文课程与教学实践，包括取得的成绩和出现的失误，具体问题具体分析。要全面理解语文工具论，就需要正确认识语文的工具性与政治性、思想性、人文性、文学性和综合性等的关系。

一、工具性与政治性

在20世纪50年代，由于受当时整个社会政治气氛的影响，语文教育具有强烈的政治色彩。特别是在极左路线盛行的年代，人们“宁左勿右”，认为语文课“是一门政治性很强的课，多讲一点政治没有关系”，因而把语文课教成了政治课。正如洛寒在《反对把语文课教成政治课》（1961）中提出，要认识到语文基本训练的重要性，学好语文的关键是多读多写。他指出：

目前在有些中小学的语文教学中，不顾语文的特点，忽视语文的基本训练，过多地讲课文的思想、政治内容和生硬地联系学生的生活实际，把语文课当政治课来教，是相当流行的……语文课就是语文课，它不是政治课，不能把语文课当政治课教。如果不是这样，一定把语文课教成政治课，目的虽是为了政治服务，是为国家需要服务，但其结果恰恰对社会主义建设不利。[1]

1958年，教育受“大跃进”的影响，语文被认为“是反映社会现实，进行阶级斗争、生产斗争的有力工具”，语文教学的首要任务是“用总路线精神教育学生”。这样一来语文教学成为空洞的政治说教，忽视了语文的“双基”训练，导致教学质量出现大幅度滑坡，引起社会议论，语文教育界也在反思。1959年，社会各界就语文的性质、目的任务和文道关系开展了一场大讨论。“文化大革命”期间，甚至有人主张把语文课改成“政文课”或者“革命文艺课”。全国没有统一的教学大纲，也没有统一

[1] 洛寒. 反对把语文课教成政治课[J]. 人民教育，1961（8）：50-54.

的语文教材，由各地按照当时的思想政治路线自行编写教材，语文教材成了文件和报章杂志的“集锦”，结果造成语文教学质量的大倒退。这也成为后来人们对语文教育中的政治因素十分敏感的深层原因。

但是，我们也必须看到，即便在当时，从上到下，对语文的工具性与政治性还是有着清醒的认识的。1960年，在中共中央宣传部的指导下，教育部召开“十年制学校新教材研讨会”。会议认为，“思想政治教育和语文教育是不可分割的统一体，‘为语文而语文’，把语文课技术化，忽视政治，必须坚决反对和制止。但是对政治的理解也不容狭隘化，不容把语文课变成政治理论课和时事政策课，而忽视培养读写能力的任务”[1]。

那么，工具性与政治性应该怎样“统一”呢？语文教学的基本任务是落实工具性的目标，在落实工具性目标的过程中，在培养和提高学生的阅读和写作能力的同时，还要根据课文内容，落实政治性的目标。也就是说，即使在那个极左的年代，语文教学也是以工具性为主的。

二、工具性与思想性

在语文教学实践中，思想性与政治性具有密切联系，但同时又有着明显区别。政治性往往强调语文教育要为当前的政治任务服务，配合党和国家的政治任务，而思想性却是课文本身所蕴含的思想教育因素。曹丕所谓“文章者，经国之大业，不朽之盛事”，就是从文章本身所蕴含的思想内容来说的。

我国语文教育一向强调“文道统一”，就是在落实工具性目标的同时也注重教学内容的思想教育意义。如杨贤江在《初中学生学习国文底旨趣》（1923）中说：“我们知道文字只是种符号，是种工具，是用以发抒真情、传达思想的利器。所以国文有两个方面：一是内容方面，就是所能以发抒能以传达的本质。二是形式方面，就是所借以发抒借以传达的技术。

[1] 储朝晖. 中国教育六十年纪事与启思：1949~2009（下册）[M]. 太原：山西教育出版社，2013：710-711.

我们学习国文，应把这两方面看得同等重要。”[1]

蒋仲仁在《语言是工具——语文教学的一个基本观念》（1982）中说：

语言是工具这个命题，能够被接受；但是根据语言是工具这个性质来规定语文教学的任务是教导学生运用语言这个工具，这可有不同的意见了。不少的人说，一个教师，不仅“教书”，而且“教人”，不仅要做“经师”，而且要做“人师”，对学生进行道德教育，进行思想政治教育，是必须担负的任务，哪儿能狭隘地仅仅说成教导学生运用语言这个工具呢？……如果忽视语文这个工具的训练，课内的教材，课外的读物，读都读不懂，还谈得上什么接受教育呢？……语文教材中凭借来进行思想政治教育的那些文章都是用语言这个工具来写的，接受思想政治教育同接受语言这个工具的训练是联系在一起的，而且是就在接受语言这个工具的训练中接受思想政治教育。[2]

张传宗在《语文教学的基本任务和其他任务》（1984）中认为，语文教学的基本任务是工具性，思想性则是其他任务之一：

语文学科具有思想性，决定语文教学还有思想教育的任务。思想教育建筑在语言文字的基础上，是同培养听、说、读、写能力紧密结合的。新中国成立以来，对语文教学无论提出两方面任务还是三方面任务，都包括思想教育，这是符合语文学科的思想性的。1963年的语文教学大纲，只提培养读写能力，不提思想教育，这就不能全面地反映语文学科的性质。培养读写能力和思想教育的关系也就是文道关系，一直成为争论的焦点，明确了文是基本任务，以文为主，文道统一，这个老大难问题就能得到合理解决了。[3]

钱梦龙在《为语文教学招“魂”》（2004）一文中说：

纵观古今中外的教育，无论体制有怎样的差异，都必然把对下一代进行民族语的教育放在首要的地位。因为“民族的语言即民族的精神，民族的精神即民族的语言，二者的同一性超过了人们的任何想象”（洪特堡），

[1] 杨贤江. 初中学生学习国文底旨趣[M]∥李杏保，方有林，徐林祥. 国文国语教育论典（上）. 北京：语文出版社，2014：315.

[2] 蒋仲仁. 语言是工具——语文教学的一个基本观念[J]. 教育研究，1982（2）：25-30.

[3] 张传宗. 语文教学的基本任务和其他任务[M]∥《新中国中学语文教育大典》编写组. 新中国中学语文教育大典. 北京：语文出版社，2001：246.

民族语不仅是民族精神、民族文化的最重要的载体，而且是民族精神和民族文化本身，对下一代进行民族语的教育，是传承、延续、发掘民族精神、民族文化的必然选择，而这个任务在中小学的各门课程中毫无例外都由语文课承担。换言之，中小学设置语文课程的目的就是为了对下一代进行民族语的教育。语文教学，说到底就是民族语教育，即母语教育。

民族语教育正是语文教学"魂"之所系！

……在学生学习范文的过程中，民族语作为一种工具，不仅是交际的工具、思维的工具，更是学生提高语文素养、丰富精神世界的工具。我赞同苏联教育家达尼洛夫的观点："本族语是对学生进行普通教育的基础。本族语本身包含着使学生得到全面发展的最大可能性。"我也同意法国学者加斯东·米亚拉雷的话："学校的语言首先是占统治地位的文化的传播工具。因此，所谓的母语教学的问题从来就不是一个纯技术问题。"我想，一位语文教师，如果确实教得学生能够熟练地运用民族语，能读会写、能言善听，则厥功至伟，此外还有什么呢？[1]

朱绍禹曾引用美国时任教育部部长贝内特的《论品格》中的话：

"根据最近一次盖洛普民意测验，大多数美国人希望学校做两件事：教我们的儿童说、思、写和算；帮助儿童形成引导他们趋向生活的善与恶的标准。"而"如果美国公民赞成非常需要形成年轻人的品格的话，那我们怎样才能形成这种'道德观念'呢"？对此，这位领导人做了毫不含糊的回答："我们无须增加新的学程。从我们的文学和历史中吸取大量材料"就成。[2]

雷实在《语文学科目标的再认识》（1998）中也说："通过语文教学，从小就应培养少年儿童通过听、说、读、写主动获取信息，并能分辨正误、好坏，在日常言语交际中做到互相理解和关心；学习摆事实讲道理，独立思考，不屈从也不固执；确定文责自负、言而有信的基本态度，等等。这类目标已不单单是技能培养，而是一代好文风、一代好人风的培养。

[1] 钱梦龙. 为语文教学招"魂"[M]∥张蕾，张彬福. 语文之道：《中学语文教学》30年（1979—2009）文萃. 北京：首都师范大学出版社，2009：61-63.
[2] 朱绍禹. 关于语文教学的思考——答《中学语文教学》杂志问[J]. 中学语文教学，1998（7）：10-13.

未来的语文教学必须将此置于重要地位，强调这一方面的要求。”日本的一位语文教育专家说：“即使写一篇报告，真实地记述、恳切地解说，这样的态度，也是国语教育的第一要事，这就是思想品德教育。对于他人的作品，哪怕主张和自己相反，也能按照原意，公正无误地理解，养成这种包容的态度，就是国语教育中的思想教育。”[1]可见，通过落实语文工具性任务，潜移默化地对学生进行思想教育，传承民族精神和民族文化，古今中外皆然。只是语文课首先应落实工具性任务，思想性是自然生成的，不是强加进去的。

三、工具性与人文性

人文素质无疑是每一个青少年都应具备的基本素质，语文教育在育人上具有先天优势，语文教学无疑应该通过语言文字的学习，自觉地渗透人文素养教育。这和上述政治性、思想性的要求是一致的。但应分清主次，工具性是主，人文性是次。人文性只能渗透，不能强加，只能采取春风化雨式教育方式，就像杜甫诗中所说的“随风潜入夜，润物细无声”，更不能反宾为主，用人文性挤掉工具性。新课改实施以来，人文性确实存在反宾为主的现象。对此，王荣生曾分析说：

目前的实验区语文教学，比较严重地存在着脱离语文而讲人文的现象。随着多媒体课件的应用，在以“教课文”为主导意念的语文教学中，似乎有越来越远离“文”的趋势，许多设计意图不明的课件，所渲染的往往是“文”中所讲述的“东西”。脱离语文本位而讲人文似乎渐成一种新的“时尚”。[2]

其实，人文论给语文教学带来的弊端，远不止多媒体课件的应用。新课改刚开始时，语文课堂教学大讲特讲文中包含的人文因素的现象非常普遍。一堂课下来，教师没有引领学生进入文本，甚至没有让学生读一遍课文。一些老师以为这就是贯彻了新课改的理念，突出了语文课的人文性，但这种脱离语文而大讲人文的教学，学生在读写能力上到底能

[1] 雷实. 语文学科目标的再认识[J]. 教育研究与实验，1998（1）：4-9.
[2] 潘新和. 新课程语文教学论[M]. 北京：人民教育出版社，2005：93.

有什么收获呢？对这种现象，张厚感曾分析道：

目前，语文教学中，人文性和文学教育强调过了头，出现了主次倒置，追求形式的倾向，严重削弱了语文基础。随着时间的推移，负面作用会越来越明显。我以为，工具性与人文性相比，工具性是主要的；语言教学与文学鉴赏相比，语言教学是主要的。语文还是语文，语文教学主要是语言教学。就培养读写听说能力来说，学生生活在母语环境，习得口头语言的机会很多，因此，语文教材和语文教学应当着重帮助他们学习书面语言、文学语言，增强语感，再学一点古代语言。在一定的人文氛围中，发挥语文以理服人、以情动人的长处，指导学生提高阅读能力和写作能力，那么，人文精神就在其中了，它会自然而然地提升的。[1]

正是看到过于强调人文性给语文教育带来的严重后果，有些原本力倡人文性的学者，转而呼吁语文教学要回归语文本位。如王尚文说，“人文并不等于语文，矫枉不能过正”，“只有坚守语文本位，按语文教学自身的规律指导和规范语文教学实践，培养和强化学生的语文意识，语文教学的人文功能才能最终落到实处”[2]。可谓是一种理性的回归，也是实事求是的态度。

四、工具性与文学性

文学教育是语文教学的一项重要内容，语文教育应加强文学教育。然而，文学教育在我国走过了一条艰难曲折的道路。20世纪50年代，我国曾实行汉语、文学分科教学（详见第二章第三节“汉语、文学分科教学实验”），文学教育曾被提到很高的高度。但是，文学教育并不是语文教学的全部内容，中小学语文教育的目的是培养学生最基本的阅读能力和写作能力，培养学生正确理解和运用祖国语言文字的能力，而不是培养作家或文学家。正如朱德熙在《关于中学语文教学》（1979）一文中所说的：

语文课是干什么的，这本来是很清楚的事。可是新中国成立以来，在这个问题上不知反复了多少次。有时把它讲成政治课，有时又把它讲

[1] 张厚感. 归来兮！识字，读书，作文[N]. 中华读书报，2005-10-19.
[2] 王尚文，西渡. 现代语文 · 初中读本[M]. 北京：中国计划出版社，2004：1-2.

成文学课。其实都不对。现在把语文课讲成政治课的少了，但是把语文课讲成文学课或者部分地讲成文学课的还是有的。我们要想想，中学生学语文干什么。全国那么多中学生，出来当文学家的有几个？成千上万的中学生学语文，是为了在生活上、工作上、学习上运用语文这个工具。他们要写报告，写信，写教材，写广告，写技术说明，我们应该从这些实际需要出发引导学生把语文学好，就是说要把着眼点放在提高学生的阅读能力和写作能力上。[1]

张传宗在《语文教学的基本任务和其他任务》（1984）中认为，语文教学的基本任务是工具性，文学性则是其他任务之一：

语文学科具有文学性，决定语文教学还有文学教学的任务。文学教学也是建筑在语言文字的基础上的，是语言文字的表现形式，并具有丰富的思想内容和美的感染力。因此，在培养听、说、读、写能力的过程中进行文学教学，能增强语言文字的表达效果，发挥美育和思想教育的作用……应当明确，语文教学具有文学教学的任务，在语文课进行一定的文学教学，既有利于"文"的教学，又有利于"道"的教学，特别是在美育方面能起特有的作用。[2]

五、工具性与综合性

语文课既有工具性，同时也有综合性，这是毫无疑问的。对此，吕叔湘曾有过深入分析：

总起来说，语言是工具课，但不能说是百分之百的工具课，不能理解得太狭隘，太实用主义。白猫黑猫，会逮耗子就是好猫，要看逮住几只耗子。光逮住一个作文还不是最好的猫。还要逮文学欣赏，逮语文知识，逮百科知识，多多益善。要不然怎么说语文课是综合性最强的一门课呢？……不妨跟数学比较一下，无论是知识还是能力，都一辈子有用，不管升学不升学。[3]

[1] 朱德熙. 关于中学语文教学[M]//朱德熙. 朱德熙文集：第4卷. 北京：商务印书馆，1999：106.
[2] 张传宗. 语文教学的基本任务和其他任务[M]//《新中国中学语文教育大典》编写组. 新中国中学语文教育大典. 北京：语文出版社，2001：246.
[3] 吕叔湘. 关于中学语文教材的几个问题[J]. 中学语文教学，1981（1）：3-6.

新课改以来，综合实践活动受到重视。强调语文课的综合性本来也没有错，只是在操作过程中出现了偏颇，使语文课堂教学陷入种种误区：似乎课堂气氛越活跃越好，教师讲得越少越好，提的问题越开放越好，学生表现越自由越好，把语文课上成综合实践课。其实，这种现象早在20世纪60年代就曾遭到批评。如某小学二年级教《小树》一课时，教师读过课文，就分析它的思想内容，根据课文思想内容提出几个题目，让学生分成若干个小组，联系每个人的实际行动来讨论。讨论之后，小组长再综合大家的意见，代表小组在课堂上发言，最后教师综合各小组发言，做出总结。他们给这种教学方法起了一个名字，叫作“讨论式教学”。花了学生许多时间，同样没有进行语文基本训练（应特别注意的是一、二年级语文的主要任务是识字）。其实，工具性与综合性并不矛盾，作为语文教学的基本特征，首先应该落实工具性教学目标，即培养识字写字、阅读、写作能力，掌握语言文字工具，其次才是它的综合性目标。

张传宗认为语文教学有基本任务与其他任务之分，工具性是语文教学的基本任务，思想性、文学性、知识性则属于语文教学的其他任务。他在《语文教学的基本任务和其他任务》（1984）中说：

语文学科的工具性、思想性、文学性和知识性，决定了语文教学的基本任务和其他任务。培养听、说、读、写能力是基本任务，思想教育是重要任务，文学教学和知识教学是应有任务。总起来说，中学语文教学的目的任务应当是：在小学的基础上，使学生能够正确地理解和熟练地运用祖国的语言文字，具有现代语文的听、说、读、写能力和阅读浅易文言文的能力；在培养听、说、读、写能力的过程中，进行共产主义思想教育，还要进行文学教学和知识教学。[1]

我们今天要全面理解语文工具论，不仅要考虑到语文工具性的“左邻右舍”，即它与政治性、思想性、人文性、文学性、综合性的关系，还需要从语文教育的发展演变上来审视，从空间、时间两个维度才能看得更全面、更客观。正如叶圣陶在为郭绍虞的《中国体育史》所写的序（1919）中说：

[1] 张传宗. 语文教学的基本任务和其他任务[M]//《新中国中学语文教育大典》编写组. 新中国中学语文教育大典. 北京：语文出版社，2001：246-247.

吾人读学术史，厥益二端，可得而言。一、凡事实之存在，必有空间时间之关系，欲知流衍递演之因，不可不察肇端致变之迹；否则源之未溯，遑云浚流？而学术史固源流详备之流系图也。二、吾人生也有涯，而知也无涯。庄生所叹，固属不可免之缺憾；而未尝不期望于此有涯之生，较近于知之涯岸。果得一旦舍舟，则欣慰自是无量。即涯岸在望，不可遽登，亦差足自慰。然则精力之用，可不节乎？古人夙曾致力而已遭失败者，吾人则视为前车，不复假途；古人成功，已臻某点，吾人则自此发足，奋勉前驶，以期达夫涯岸，此善节精力之道也。学术史之为助于吾人，正在此矣。[1]

温儒敏在为李斌《民国时期中学国文教科书研究》所写的序言中也说：

关于语文，我们已经有太多的争议和讨论，有太多的文章和所谓“成果”，但始终还是经验性的总结为多，学理性的总结较少，通常就是观点加例子，难得见到严密细致的量化分析与科学的论证，往往就是公说公有理，婆说婆有理。如果要让语文教育走向比较理性的科学的路，我们需要更多扎实的研究，首先就要弄清“家底”。百年来尤其是最近二十多年来我国语文教学的历史经验，就是“家底”。尽管人们对语文教学状况有这样那样的不满，甚至有些愤激，但无可否认，以往的语文教学还是成绩巨大，经验丰富的。当我们进入研究，就必须对此保持一种温情与敬意，当然还要加上分析的态度，守正创新，把以往语文教学好的东西继承下来，绝不能搞虚无主义，一切推倒重来。[2]

叶圣陶的“善节精力之道”，温儒敏所说的“弄清‘家底’”，显然都有助于我们加深对语文工具论的理解。为了充分论证语文工具论，从下一章开始，我们将把目光转向既往，回望语文教育的昨天，从学术史的角度，审视与观照语文工具论的来龙去脉。

[1] 商金林. 叶圣陶甪直文集[M]. 北京：人民教育出版社，2017：312.
[2] 李斌. 民国时期中学国文教科书研究[M]. 北京：北京大学出版社，2016：3.

第二章　语文工具论的形成

培根说："读史使人明智。"顾黄初曾引述一位西方历史学家的话："伟大的历史学家们的才能正是在于：把所有单纯的事实都归溯到生成，把所有的结果都归溯到过程，把所有静态的事物或制度都归溯到他们的创造性活力。"[1]阅读历史著作，不在于追溯往事，发思古之幽情，而在于鉴往知今，继往开来，正所谓"前事不忘，后事之师"。尤其是回忆录或口述史，又不同于一般的历史著作，更不是高头讲章，而是作者对往昔岁月的真切感受和主观印象，追忆温馨生活，再现爱恨情怀。娓娓道来，更觉亲切有趣；吉光片羽，尤能启人深思。笔者在研读前人有关语文教育研究论著时，常常就是这种感受。

工具论作为我国语文教育的指导思想，是在长期的中国语文教育教学理论与实践中逐渐形成的，与中国语文教育相始终，是语文教育工作者辛勤耕耘、不断探索、深入研究、总结提炼的结果，凝聚着一代又一代语文人的集体智慧。

追溯语文工具论的形成过程，不得不从我国语文教育的历史谈起。为了叙述方便，这里我们把它分为四个时期，分别是：语文工具论的滥觞（古代）、语文工具论的草创（近代）、语文工具论的形成（1950—1966）和语文工具论的复苏（1979—2000）。

[1] 刘正伟，顾黄初. 关于中国语文教育史研究的对话[J]. 中学语文教学，2000（10）：16-18.

第一节　语文工具论的滥觞（古代）

尽管中国现代语文教育是在20世纪之初产生的，但我国语文教育却源远流长，具有悠久的历史文化传统。我国语文教育是与汉语言文字同步产生的，最早可以追溯到甲骨卜辞文献的撰写解读，至今已有3500多年历史。经过汉武帝“罢黜百家，独尊儒术”，设置“五经博士”，我国古代语文教育逐渐形成以儒家经典作品为教材、以汉语书面语（文言文）为基本语言规范的语文教育体系。在20世纪初中国现代教育制度建立、语文独立设科以前，我国古代语文教育主要是以经、史、子、集或“四书五经”为基本内容的人文教育。从某种意义上，也可以将我国古代语文教育看作是一种“大语文”教育。古源慧曾说：“传统的不一定是不科学的。不要因为生活在科技发达的现代社会，就以为我们什么都比古人高明。规律是没有古今之分的，只要事物本身的运动方式没变。我们相信，只要人类社会还存在，只要还使用汉语、英语等自然语言作为交流工具，那么人类语言学习的基本规律就不会变，母语的习得规律就不会变。认真向我们的前人学习吧，再汲取现代心理学、教育学和一切相关领域的研究成果，仔细研究，认真思考，大胆尝试，稳步实践。只有这样，我们才可能找到一条科学的高效的语文教学之路，才可能摆脱语文教学面临的困境。”[1]

中国非常重视语文教育，在数千年的教育实践中积累了丰富的经验，这些经验指导、浸润着中国语文教育，成为中华优秀传统文化的重要组成部分，值得我们发扬光大，创新发展。今天，我们要研究、审视语文教育，梳理语文工具论的发展历史，固然需要学习、借鉴、吸收世界上先进国家母语教育的成功经验，但更应该总结梳理我国古代语文教育宝贵的经验教训。爱德华·席尔斯在《传统》中说：“何谓传统？凡是代代相传的事物、信念、形象、行为和制度都是传统，自觉性的高低是次要问题，但必须通过三代（时间的长短不拘），也就是通过两代才能成为传

[1] 古源慧. 我国古代语文教育是与非［J］. 中学语文教学，2000（7）：18-21.

统。”[1]中国语文教育又是中国教育优秀传统的重要组成部分，对于今天的语文教育工作者来说，这是一份极为珍贵、极其丰富的文化宝藏，值得我们好好整理挖掘。

一、古代语文教育的主要特点

1. 语文教育是学校教育的重要内容。

我国古代的学校教育，基本上分为大学和小学两个阶段。西周时有乡学和国学。乡学主要学习礼（礼仪）、乐（音乐）、射（射箭）、御（驾车）、书（写字）、数（算术）等“六艺”。国学包括大学（上庠、东序、右学）和小学（下庠、西序、左学），小学主要学习书、数，大学主要学习礼、乐。《孟子·滕文公上》说：“设为庠、序、学、校以教之。”宋代朱熹说：“古之为教者，有小子之学，有大人之学”，“古人之教，自其孩幼而教之以孝悌诚敬之实；及其少长，而博之以《诗》《书》《礼》《乐》之文”，“及其十五成童，学于大学……教之以格物……致知”。孔子删《诗》《书》，定《礼》《乐》，赞《周易》，修《春秋》，编写了我国最早、影响最大的教科书。《论语》就是孔子教学的真实记录。孔子教学的主要内容分为“德行”“言语”“政事”“文学”四科。《论语·述而》曰：“子以四教：文、行、忠、信。”这里所说的“文”，不仅指语言文字，也包括文学、历史和哲学。朱熹在《论语集注》中解释说：“目其所长，分为四科，孔子教人，各因其材，于此可见。”清代的陈澧在《东塾读书记》卷二中写道：“古之所谓文者，乃诗、书、礼、乐之文。升降进退之容，弦歌雅颂之声，非今之所谓文也。今之所谓文者，古之辞也。”《论语·季氏》曰：“不学诗，无以言。”《左传·襄公二十五年》曰：“言之无文，行而不远。”《礼记·礼运》里说：“王前巫而后史，卜筮瞽侑，皆在左右。”当时的史官“动则左史书之，言则右史书之”[2]。这些载文记言的史官，就是最早的语文学家，也是最早的语文教育家。

我国古代虽然没有明确的学科划分，但在教学实践中包含着语文教

[1] 转引自葛兆光. 那一代中国知识分子的幸福和自由[M]//何兆武，文靖. 上学记. 修订版. 北京：生活·读书·新知三联书店，2008：序.

[2] 出自《礼记·玉藻》。

育的基本理论，语文教育是学校教育的重要内容。从《礼记·学记》、韩愈的《师说》、朱熹的《朱子读书法》，到程端礼的《程氏家塾读书分年日程》、王筠的《教童子法》、唐彪的《家塾教学法》等，涉及汉字教学、阅读教学、写作教学，包含了丰富的语文教育理论与方法。必须指出的是，我国古代的语文教育主要是为统治阶级培养人才服务的，特别是隋唐兴科举以后，学校教育基本上是一种“应试教育”。

2. 语言文字与国家政治息息相关。

在我国古代，语言文字不是小事，而是关系到国家政治生活的大事。秦始皇统一六国，首先采取的国策就是“书同文，车同轨”，统一语言文字成为国家权力的象征。许慎在《说文解字·叙》中说：

秦始皇帝初兼天下，丞相李斯乃奏同之，罢其不与秦文合者。斯作《仓颉篇》，中车府令赵高作《爰历篇》，大史令胡毋敬作《博学篇》，皆取史籀大篆，或颇省改，所谓小篆者也。[1]

语言文字既是国家权力的象征，官吏的选拔、任用与考察，都要看他运用语言文字的能力和水平。许慎在《说文解字·叙》中说：

《尉律》：学僮十七已上始试，讽籀书九千字乃得为吏。又以八体试之，郡移太史并课，最者以为尚书史。[2]

《汉书·艺文志》也说：

汉兴，萧何草律，亦著其法，曰：“太史试学童，能讽书九千字以上，乃得为史。又以六体试之，课最者以为尚书御史书令史。”[3]

这里所谓“讽书”，是指背诵默写。能够背诵默写9000字以上的人，才有资格担任郡县史的职务。还要用各种书体进行考试，考得好的才能担任尚书、御史、书令史等职务。直到唐代，国子监的“书学”还被列为“常贡之科”，汉字书写经考试合格后，可以授予官职。《新唐书·选举志》曰：

凡书学，先口试，通，乃墨试《说文》《字林》二十条，通十八为第。[4]

相反，汉代吏民上书，如果写了错别字，尚书令史有责任检举揭发。

---

[1][2] 许慎. 说文解字[M]. 北京：中华书局，1963：315.
[3] 班固. 汉书·艺文志[M]. 北京：中华书局，1962：1721.
[4] 欧阳修，宋祁. 新唐书[M]. 北京：中华书局，1975：1162.

《说文解字·叙》说："书或不正，辄举劾之。"[1]《汉书·艺文志》说："吏民上书，字或不正，辄举劾。"[2]

正因为语言文字是当时政治生活中的大事，社会上形成了一种重视识字写字的风气，后来发展成为以文字、音韵、训诂为主要内容的专门学问——小学，作为经学的附庸。所以在先秦两汉时期涌现出一大批语言文字著作，即所谓"小学"经典作品。《汉书·艺文志》把"小学"列为九种"六艺"的最后一种。《尔雅》是中国最早一部解释词义的书，也是古代最早的词典，被列入"十三经"之中，是儒家经典之一。《尔雅》最早著录于《汉书·艺文志》，作者不详，时间应当不早于战国，因为书中引用了《楚辞》里的内容。清代的阮元在《扬州隋文选楼记》中说："古人古文小学，与辞赋同源共流，汉之相如、子云，无不深通古文雅训。"[3]王国维在《两汉古文家多小学家说》中说："原古学家之所以兼小学家者，当缘所传经本多古文，其解经须得小学之助，其异字亦是供小学之资，故小学家多出其中。"[4]可见，语言文字在当时的社会是何等重要。

3. 识字写字是语文教育的基础。

一个人从小到大，读书治学，成就事业，无不是从识字写字开始的，所以识字写字是语文教育的基础，因而受到全社会的高度重视。

早在3500多年前的甲骨文中，就已经出现汉字书写教学的实物案例，周代已有汉字教学的明文记载。目前已知我国最早的童蒙识字教材是周宣王时期太史籀编纂的《史籀篇》，已亡佚。秦代陆续出现几部著名的识字教材，李斯编写的《仓颉篇》、赵高编写的《爰历篇》、胡毋敬编写的《博学篇》，被称为"秦三仓"。这些识字教材，既是进行识字写字教学的课本，具有教育价值，又是用于文字规范的字书，实际上是国家的正字标准，具有"书同文"的规范作用。许慎在《说文解字·叙》中说：

《周礼》："八岁入小学，保氏教国子，先以六书。"一曰指事。指事

[1] 许慎. 说文解字[M]. 北京：中华书局，1963：315.
[2] 班固. 汉书·艺文志[M]. 北京：中华书局，1962：1721.
[3] 转引自郭英德. 中国古代文学与教育之关系研究[M]. 北京：北京大学出版社，2012：39.
[4] 王国维. 两汉古文学家多小学家说[M]//谢维扬，房鑫亮. 王国维全集：第8卷. 杭州：浙江教育出版社，2009：215.

者，视而可识，察而可见，上、下是也。二曰象形。象形者，画成其物，随体诘诎，日、月是也。三曰形声。形声者，以事为名，取譬相成，江、河是也。四曰会意。会意者，比类合谊，以见指㧑，武、信是也。五曰转注。转注者，建类一首，同意相受，考、老是也。六曰假借。假借者，本无其字，依声托事，令、长是也。[1]

《汉书·艺文志》也说：

古者八岁入小学，故周官保氏掌养国子，教之六书，谓象形、象事、象意、象声、转注、假借，造字之本也。[2]

清代的王筠在《教童子法》中说：

蒙养之时，识字为先，不必遽读书。先取象形、指事之纯体教之，识"日"、"月"字，即以天上日、月告之；识"上"、"下"字，即以在上、在下之物告之，乃为切实。纯体既识，乃教以合体字。又须先易讲者，而后及难讲者……能识二千字，乃可读书。[3]

只是这种情况，到宋代以后才逐渐发生了变化。清代学者桂馥指出：

古人于小学，童而习之，两汉经师之训诂，相如、子云之辞赋，皆出于此。今以小学、经学、辞章之学判为三途，经学不辨名物，辞章不识古字，吾不知其可也。然其弊不自今始，义疏起而训诂废，议论开而辞章亡，尽破古人之藩篱者，其在赵宋乎！[4]

汉代承秦代遗风，识字写字不仅是学校教育的一项重要内容，而且成为一项重要的教育制度。《汉书·艺文志》说："汉兴，闾里书师合《仓颉》《爰历》《博学》三篇，断六十字以为一章，凡五十五章，并为《仓颉篇》。"后来陆续又有司马相如作《凡将篇》，史游作《急就篇》，李长作《元尚篇》，扬雄作《训纂篇》。现存的字书《急就篇》，在集中识字的过程中注重实用百科知识的传授和思想教育，而且整齐押韵，朗朗上口，读写结合，易学易记。工具性与思想性是紧密地结合在一起的。王国维在《观堂集林·汉魏丛考》中说：

[1] 许慎. 说文解字[M]. 北京：中华书局，1963：314.
[2] 班固. 汉书·艺文志[M]. 北京：中华书局，1962：1721.
[3][4] 转引自郭英德. 中国古代文学与教育之关系研究[M]. 北京：北京大学出版社，2012：43.

汉时教初学之所名曰“书馆”，其师名曰“书师”，其书用《仓颉》《凡将》《急就》《元尚》诸篇，其旨在学童识字习字……汉人就学，首学书法，其业成者，得试为吏，此一级也。其进则授《尔雅》《孝经》《论语》。[1]

到汉和帝时，贾鲂作《滂熹篇》。人们以《仓颉篇》为上卷，扬雄的《训纂篇》为中卷，《滂熹篇》为下卷，称之为“汉三仓”。东汉安帝建光元年（121），出现了集大成式的《说文解字》，这是我国语言学史上第一部解释汉语言文字的重要工具书。作者许慎（约58—约147），字叔重，东汉汝南召陵（今河南漯河市召陵区）人，是当时著名的经学家、文字学家、语言学家，有“五经无双许叔重”之称。许慎在《说文解字·叙》中说：

仓颉之初作书，盖依类象形，故谓之文。其后形声相益，即谓之字。文者，物象之本；字者，言孳乳而寖多也。著于竹帛谓之书。书者，如也。以迄五帝三皇之世，改易殊体，封于泰山者七十有二代，靡有同焉。[2]

魏晋以后，识字写字教材层出不穷，但在内容与形式上有所变化。正如李运富所说：

南朝周兴嗣的《千字文》、宋代王应麟的《三字经》、钱塘老儒的《百家姓》等，这类蒙学教材具有综合性，融识字教育、知识教育、道德教育于一体。也有在识字基础上偏重于某一方面教育的教材，如宋吕本中的《童蒙训》、朱熹的《童蒙须知》以及明代的《增广贤文》等，主要向儿童传授伦理道德知识及生活中为人处世、待人接物的准则；唐李瀚的《蒙求》、宋朱熹的《小学》、元陈栎的《历代蒙求》等，侧重对儿童传授历史知识；宋方逢辰的《名物蒙求》、欧阳修的《州名急就章》、王应麟的《姓名急就章》等，内容偏重天文、地理、人事、鸟兽、草木、衣服、建筑、器具以及农工商各行各业的实际知识、实用技艺和生活常识等；《三言杂字》《七言为人杂字》《农庄杂字》《包举杂字》《士农工商买卖杂字》《日用俗字》《山西杂字必读》等，属于面向民间大众的识字用书，有点像现代的扫盲识字课本。

唐代以后出现了带有故事性或可读性比较强的幼儿教材，如《幼学

[1] 转引自郭英德. 中国古代文学与教育之关系研究[M]. 北京：北京大学出版社，2012：36.
[2] 许慎. 说文解字[M]. 北京：中华书局，1963：315.

琼林》《龙文鞭影》《史学提要》《十七史蒙求》《编年歌括》《名物蒙求》《算学歌略》《太公家教》《弟子规》等。[1]

识字教材代不乏书，这也说明识字写字是语文教育的重要基础。

4. 文学教育是语文教育的重要内容。

文学教育在我国源远流长，形成了生生不息的优良传统，不仅对我国古代文学的生成、发展及传播起到重要作用，也是我国语文教育的重要内容。然而，我们今天说起古代的文学教育，首先必须明确的是，古代的文学教育，重在其教化作用，即用多样化的文学作品，包括生动感人的文学形象和精练含蓄的文学语言，传播中华民族文化，促进其繁荣和发展，激励民族精神的传承和发展。文学作品本来包括诗歌、散文、小说、戏曲等，但由于小说、戏曲等文学样式属于所谓俗文学，在古代正统知识分子看来，是难登大雅之堂的，直到唐代的韩愈，还坚持"非三代两汉之书不敢观，非圣人之志不敢存"[2]。小说、戏曲作品直到明清时期才逐渐被人重视。所以，我国古代语文教育中的文学教育主要是诗歌散文，尤其是诗歌教育成为古代语文教育的重要内容。

《周礼·春官宗伯·大师》说："教六诗，曰风，曰赋，曰比，曰兴，曰雅，曰颂。"在先秦政治文化活动中，赋诗言志风气盛行的前提是当时上层社会诗教的流行和普及。诗歌不仅用于政治活动，也用于日常生活。《论语·季氏》中记有孔子与孔鲤的一段对话："'学《诗》乎？'对曰：'未也。''不学《诗》，无以言。'鲤退而学《诗》。"

汉代官学立有"五经博士"，其中就包括《诗经》。由于《诗经》一直被选作各类学校的教材，不仅学生要读，甚至连东汉学者郑玄家的婢女都能熟读《诗经》，日常生活中能以《诗经》应对。据《世说新语·文学》载："郑玄家奴婢皆读书。尝使一婢，不称旨，将挞之。方自陈说，玄怒，使人曳著泥中。须臾，复有一婢来，问曰：'胡为乎泥中？'（按，此句出自《诗经·邶风·式微》）答曰：'薄言往愬，逢彼之怒。'（按，此句出自《诗经·邶风·柏舟》）"六朝时期，贵族子弟从小就学诗，读诗写诗蔚然成风。上至皇帝，下至庶民，社会各阶层弥漫着浓厚的爱诗风气。不少文学家从小就能作诗。

[1] 任翔. 语文教育新论[M]. 北京：北京出版社，2016：82.
[2] 出自《答李翊书》。

如梁简文帝“幼而敏睿，识悟过人，六岁便属文，高祖惊其早就，弗之信也，乃于御前面试，辞采甚美”[1]；昭明太子“五岁遍读《五经》，悉能讽诵”，“每游宴祖道，赋诗至十数韵，或命作剧韵赋之，皆属思便成，无所点易”[2]。据《南史》《北史》等书记载，庾肩吾、任昉、丘迟八岁，谢惠连、薛道衡十岁即“能属文”。六朝人所说的“文”包括诗。

读诗作诗既是唐宋士子的生活方式，也是教育的重要内容。科举考试中，写诗是重要的考查内容，应考成功为官后，以诗歌赠答、奉和应制也是常有的事。写诗读诗不仅是文人士子入仕和进入上流社交场合的重要手段，而且是社会生活中一种常见的现象。遍布于佛寺道观、酒肆客舍的题诗、题词，大多出自民间无名诗人之手。在唐代的私学教育和家庭教育中，诗词文赋是重要内容。如韩愈《符读书城南》：“人之能为人，由腹有诗书。诗书勤乃有，不勤腹空虚。”杜甫《宗武生日》：“诗是吾家事，人传世上情。熟读《文选》理，休觅彩衣轻。”吕祖谦教导他的学生说：“凡观《诗》，须先识圣贤所说大条例。如孟子言‘不以文害辞，不以辞害志’，又《大序》言‘言之不足，故嗟叹之’，又横渠言‘置心平易’，始知《诗》之类皆是。”“前人于诗，有举之者，有释之者。举之者，断章取义；释之者，则如《大学》之《淇澳》，乃正释《诗》之法也。又《诗》体宽，不可泥著，然亦不可只便读过，若只便读过，亦不见其言外之意趣。”[3]这一时期，出现了大量早慧的少年诗人，骆宾王七岁写《咏鹅》诗，王勃、李贺也都是很早就开始作诗。宋代朝廷多次选拔神童，成绩优异者可直接授予官职。《宋史·晏殊传》载：（晏殊）“七岁能属文，景德初，张知白安抚江南，以神童荐之。帝召殊与进士千余人并试廷中，殊神气不慑，援笔立成。帝嘉赏，赐同进士出身。”[4]考的内容就是诗、赋、论。这都从一个侧面反映了当时社会的诗意氛围和诗词创作的高度繁荣。

用诗词选本作为语文教材，也是从唐宋时期开始的。唐末胡曾的《咏史诗》、宋代杨简的《历代诗》等，都曾被选作教材。宋代谢枋得的《千家诗》

[1] 姚思廉. 梁书：第1册[M]. 北京：中华书局，1973：109.
[2] 同[1]165.
[3] 郭英德. 中国古代文学与教育之关系研究[M]. 北京：北京大学出版社，2012：159.
[4] 脱脱，等. 宋史[M]. 北京：中华书局，1977：10195.

因为“率皆显明易解之作，以此启迪童蒙，甚便”（清代黎恂语），所以“世俗儿童就学，即授《千家诗》”[1]。明代程敏政在《咏史绝句序》中说：“余家居见塾师以小诗训童子，乃首以市井无稽韵语，意甚不乐，因以所记古七言绝句咏及史者，手书授之。上自三代，下及宋元，凡二千余年，以时比次，得数百篇。又以其猥杂而不便于一览也，加汰之，存者二百篇。其间世之治乱、政之得失、人才之邪正贤否，大抵略备。”[2]《唐诗三百首》是孙洙（蘅塘退士）专为教学而编的唐诗选本。作者说：“专就唐诗中脍炙人口之作，择其尤要者，每体得数十首，共三百余首，录成一编，为家塾课本，俾童而习之，百首亦莫能废。”[3]“熟读唐诗三百首，不会作诗也会吟”成了俗谚。《红楼梦》中十几岁的小姐和丫鬟都会作诗，从香菱向林黛玉学诗等描写可以间接地看出当时人们对诗歌的偏爱。

5. 语文教育与思想教育密切结合。

我国古代语文教育与思想教育是紧密结合在一起的，也就是今天我们所说的教书育人、立德树人。孔子在《论语·泰伯》中倡导教育应“兴于诗，立于礼，成于乐”。陈祥道解释说：“学始于言，故兴于诗；中于行，故立于礼；终于德，故成于乐。”[4]《说文解字》说：“教，上所施，下所效也”，“育，养子使善也”。《中庸》说：“修道之谓教。”《大学》曰：“大学之道，在明明德，在亲民，在止于至善。”《礼记·学记》曰：“教也者，长善而救失者也。”一个人的语言文学素养应是为修身做事服务的。程颐说：“古之学者，修德而已。有德者言可不学而能，此必然之理也。”朱熹说：“圣贤教人为学，非是使人缀缉言语，造作文辞，但为科名爵禄之计。须知是格物、致知、诚意、正心、修身，而推之以至于齐家、治国，可以平治天下，方是正当学问。”张栻在论述岳麓书院的办学宗旨时说：

岂将使子群居佚谈，但为决科利禄计乎？抑岂使子习为言语文词之

[1] 舒芜. 舒芜说诗[M]. 北京：北京出版社，2016：165.
[2] 徐梓，王雪梅. 蒙学辑要[M]. 太原：山西教育出版社，1992：277.
[3] 同[1].
[4] 转引自郭英德. 中国古代文学与教育之关系研究[M]. 北京：北京大学出版社，2012：2.

工而已乎？盖欲成就人才，以传斯道而济斯民也。[1]

明代的冯时可说得更加明白：

文章，士人之冠冕也；学问，士人之器具也；节义，士人之门墙也；才术，士人之童隶也；德行，士人之栋宇也；心地，士人之基址也。先君子尝以此教不肖，而谆谆然令其厚养心地。[2]

即便像《三字经》《百家姓》《千字文》这样的识字课本，主要目的固然是教会学童识字写字，掌握语言文字这一工具，但其中也都包含对学童进行知识教育和思想教育的内容。如《千字文》成书于南朝梁天监初年，作者周兴嗣虽然世居安徽当涂，但时刻不忘故土。书中"都邑华夏，东西二京"一段30句，盛赞洛阳、长安的宫殿豪华，文物盛美，用意就在于提醒偏处江东一隅的梁朝君臣不要忘记中原故土。所以，明代教育家吕坤在《社学要略》中说："读《三字经》，以习见闻，《百家姓》，以便日用，《千字文》亦有义理。"[3]可见，识字教育与"习见闻""便日用""有义理"是紧密结合在一起的。

6. 语文学习的方法是多读多写。

在古人看来，语文学习没有捷径可走，只能多读多写，博学于文。《论语·子张》说："博学而笃志，切问而近思，仁在其中矣。"《礼记·中庸》说："博学之，审问之，慎思之，明辨之，笃行之。"清代的孙洙说："熟读唐诗三百首，不会作诗也会吟。"还有"读书百遍而其义自见"[4]，"《文选》烂，秀才半"[5]等名言，无不说明语文学习必须多读多写、博学于文。至于学习语文的方法则是灵活多样的。陶渊明在《五柳先生传》中说："好读书，不求甚解。每有会意，便欣然忘食。"韩愈则提倡言必有据，"无一字无来历"。苏轼的《送安惇落第诗》云："故书不厌百回读，熟读深思子自知。"其实，适合自己的学习方法就是好的方法。

在我国历史上，有很多有明文记载的十几岁就已遍读诗书的例子。

[1] 转引自郭英德. 中国古代文学与教育之关系研究[M]. 北京：北京大学出版社，2012：3.

[2] 同[1].

[3] 陈宏谋. 五种遗规[M]. 北京：线装书局，2015：74.

[4] 见《三国志·魏志·王肃传》裴松之注引《魏略》。

[5] 出自陆游《老学庵笔记》卷八。

如《汉书·司马迁传》记载司马迁“年十岁，诵古文”。《后汉书·马援传》记载马续“七岁能诵《论语》，十三明《尚书》，十六治《诗》，博观群籍”。张霸字伯饶，《后汉书·张霸传》记载：“七岁通《春秋》，复欲进余经，父母曰：‘汝小，未能也。’霸曰：‘我饶为之’，故字曰‘饶’也。”《后汉书·冯衍传》记载，冯衍“幼有奇才，年九岁，能诵《诗》。至二十而博通群书”。班固“年九岁，能属文，诵诗赋。及长，遂博贯载籍”。萧统“三岁受《孝经》《论语》，五岁读完《五经》。及长，读书数行并下，过目皆忆。每游宴祖道赋诗，至十数韵，或命作剧韵，皆属思便成，无所点易”。苏轼在《杂说·送张琥》中说“博观而约取，厚积而薄发”，也是强调博览群书，汲取精华，强调多积累。明末清初思想家顾炎武的治学经历，对我们认识古代多读多写的语文学习方法具有非常大的启发意义。

顾炎武读书治学，强调“博学于文”。他十分推崇《论语》中的颜回：“颜子之几乎圣也，犹曰：‘博我以文。’其告哀公也，明善之功，先以博学。自曾子而下，笃实无若子夏，而其言仁也，则曰：‘博学而笃志，切问而近思。’……愚所谓圣人之道者如之何？曰‘博学于文’，曰‘行己有耻’。”[1]“博学于文”指学习态度，是读书；“行己有耻”指做人原则，是实践。那么，怎样才能做到“博学于文”呢？第一，要勤学不倦。顾炎武在《与人书一》中说：“夫以孔子之圣，犹须好学，今人可不勉乎？”潘耒在《日知录·原序》中说顾炎武“精力绝人，无他嗜好，自少至老，未尝一日废书。出必载书数簏自随，旅店少休，披寻搜讨，曾无倦色。有一疑义，反复参考，必归于至当”[2]。第二，要博学审问，注重思考。顾炎武强调向别人学习，尤其是身处穷乡僻壤时更应如此。他在《与人书一》中说：“人之为学，不日进则日退。独学无友，则孤陋而难成；久处一方，则习染而不自觉。不幸而在穷僻之域，无车马之资，犹当博学审问，古人与稽，以求其是非之所在，庶几可得十之五六。”[3]第三，要精益求精。这从顾炎武的主要代表作《日知录》的成书过程可以看出。《日知录》初刻本八卷，康熙九年（1670）刻于淮安；后经作者增补为二十

[1] 顾炎武. 日知录校注[M]. 陈垣，校注. 合肥：安徽大学出版社，2007：23.
[2] 同[1] 19-20.
[3] 顾炎武. 顾亭林诗文集[M]. 北京：中华书局，1983：90.

卷，至康熙十五年（1676）成三十卷，今本三十二卷是其弟子潘耒于康熙三十四年（1695）刻印的。顾炎武在《初刻〈日知录〉自序》中说："炎武所著《日知录》……历经六七年，老而益进，始悔向日学之不博，见之不卓，其中疏漏往往而有，而其书已行于世，不可掩。渐次增改，得二十余卷，欲更刻之，而犹未敢以为定，故先以旧本质之同志。盖天下之理无穷，而君子之志于道也，不成章不达。故昔日之得，不足以为矜；后日之成，不容以自限。"[1]可以说，《日知录》的成书过程最能体现顾炎武不愿"速于成书，躁于求名"的治学品格，反映了他严谨的治学态度和精益求精的进取精神。

7. 语文学习贵在实用。

语文学习贵在实用，也就是要有助于个人完善和社会发展。孔子教授门徒，包括德行、言语、政事和文学四科，其中的言语、文学，直接与语文教育有关。言语指应对（包括外交）辞令，而不是日常用语。文学则用《诗经》作为教材，不仅要求学生熟读背诵，还要能用于政治活动。《论语·子路》曰："诵《诗》三百，授之以政，不达；使于四方，不能专对。虽多，亦奚以为？"《论语·阳货》曰："小子何莫学夫《诗》？《诗》可以兴，可以观，可以群，可以怨，迩之事父，远之事君。多识于鸟兽草木之名。"《礼记·经解》说："入其国，其教可知也。其为人也温柔敦厚，《诗》教也；疏通知远，《书》教也；广博易良，《乐》教也；洁静精微，《易》教也；恭俭庄敬，《礼》教也；属辞比事，《春秋》教也。"曹丕在《典论·论文》中说："盖文章，经国之大业，不朽之盛事。"刘勰在《文心雕龙·物色》中说："屈平所以能洞监风骚之情者，抑亦江山之助乎？"白居易说："文章合为时而著，歌诗合为世而书。"王安石在《上人书》中说："所谓文者，务为有补于世而已矣。"这些都强调了文章对社会的实用价值。

顾炎武在写作目的、表达形式及写作贵在独创等方面的见解更是着眼于语文学习的实用性。

第一，写作须有益于"当世之务"。比如，关于写作目的，顾炎武认为，"文须有益于天下"，应立足于解决社会现实中的实际问题："文之不可绝

[1] 顾炎武. 日知录校注[M]. 陈垣，校注. 合肥：安徽大学出版社，2007：22.

于天地间者，曰明道也，纪政事也，察民隐也，乐道人之善也。若此者，有益于天下，有益于将来，多一篇，多一篇之益矣。若夫怪力乱神之事，无稽之言，剿袭之说，谀佞之文，若此者，有损于己，无益于人，多一篇，多一篇之损矣。”[1]“凡文之不关于六经之指、当世之务者，一切不为。而既以明道救人，则于当今之所通患，而未尝专指其人者，亦遂不敢以辟也。”[2]

第二，语言表达应为写作内容服务。顾炎武认为，写作语言与表达形式应服从表情达意的需要：“辞主乎达，不论其繁与简也。繁简之论兴，而文亡矣……文章岂有繁简邪？昔人之论，谓如风行水上，自然成文。若不出于自然，而有意于繁简，则失之矣。”[3]这与孔子“词达而已矣”的思想也是一脉相承的。

第三，写作须独辟蹊径，贵在独创，反对模式化作文，套路化写作。顾炎武说：“其必古人之所未及就，后世之所不可无，而后为之，庶几其传也与？”[4]“文章无定格，立一格而后为文，其文不足言矣……欲振今日之文，在毋拘之以格式，而俊异之才出矣。”[5]他反对一味模仿古人，认为：“今且千数百年矣，而犹取古人之陈言，一一而摹仿之，以是为诗可乎？”[6]“近代文章之病，全在摹仿。即使逼肖古人，已非极诣，况遗其神理，而得其皮毛者乎！……效《楚辞》者，必不如《楚辞》；效《七发》者，必不如《七发》。盖其意中先有一人在前，既恐失之，而其笔力复不能自遂，此寿陵余子学步邯郸之说也。”[7]有人以诗文向顾炎武请教，他直率地批评道：“君诗之病在于有杜（甫），君文之病在于有韩（愈）、欧（阳修）。有此蹊径于胸中，便终身不脱‘依傍’二字，断不能登峰造极。”[8]《日知录》最能体现顾炎武的严谨笃实与学术创新。顾炎武说：“愚自少读书，有所得辄记之，其有不合，时复改定。或古人先我而有者，则遂削之。

[1] 顾炎武. 日知录校注[M]. 陈垣，校注. 合肥：安徽大学出版社，2007：1043.
[2] 顾炎武. 顾亭林诗文集[M]. 北京：中华书局，1983：91.
[3] 李永祜，郭成韬. 顾炎武诗文选译[M]. 修订版. 南京：凤凰出版社，2011：291-293.
[4] 同[1]1046.
[5] 同[4]921-922.
[6] 同[4]1163.
[7] 同[4]1060-1061.
[8] 同[2]95.

积三十余年，乃成一编。取子夏之言，名曰《日知录》，以正后之君子。”[1]可见，《日知录》所记载的内容皆源于顾炎武的独特发现，是他的读书“所得”。一旦发现不妥，当即修改。发现前人著作中已有类似记述，一律删去。《日知录》的创作过程非常艰辛，“某自别来一载，早夜诵读，反复寻究，仅得十余条，然庶几采山之铜也”[2]。这反映了顾炎武实事求是、坚持学术创新的写作追求，以及坚持独立思考，从不蹈袭前人的治学特点。

8. 语文教育要注重社会实践。

要学好语文，掌握语言文字这一交际工具，就要与社会现实生活密切联系，注重向社会学习，向生活学习。古人所谓“读万卷书，行万里路”，所谓知行合一，说的都是读书与实践的关系。韩愈《赠别元十八协律六首》中说：“读书患不多，思义患不明。患足己不学，既学患不行。”这里“患不行”，就是担心自己不能照着去做。所以韩愈强调“强学力行”，“力行”即努力实践。欧阳修在为《薛简肃公文集》写的序中说：“君子之学也，或施之事业，或见于文章。”学习的目的首先是为了做事，然后才是做文章。这也符合古人所谓“太上有立德，其次有立功，其次有立言”的“三不朽”理念[3]。陆游诗云：“汝果欲学诗，功夫在诗外。”

顾炎武“见明季多故，讲求经世之学”，不愿做徒有虚名的“文人”“讲师”。因而他治学一向注重实践，反对空谈“心、理、性、命”，提倡“经世致用”的实际学问，强调学问必须能运用于实际，有益于国家社会，“自一身以至于天下国家，皆学之事也”[4]。他不做空头文人，更以那些欺世盗名的文人为耻，“能文不为文人，能讲不为讲师，吾见近日之为文人、为讲师者，其意皆欲以文名，以讲名者也”[5]；力倡“君子之为学，以明道也，以救世也。徒以诗文而已，所谓‘雕虫篆刻’，亦何益哉”[6]。他在《生员论中》说：“国家之所以取生员而考之以经义、论、策、表、判者，欲以明六经之旨，通当世之务也。今以书坊所刻之义，谓之时文……苟以

[1] 顾炎武. 日知录校注[M]. 陈垣，校注. 合肥：安徽大学出版社，2007：1.
[2] 同[1]23.
[3]《左传·襄公二十四年》：“太上有立德，其次有立功，其次有立言。”
[4] 顾炎武. 顾亭林诗文集[M]. 北京：中华书局，1983：41.
[5] 同[4]97.
[6] 同[4]98.

时文之功，用于经史及当世之务，则必有聪明俊杰通达治体之士，起于其间矣。”为了一抒山河壮怀、广交天下贤哲，也为了摆脱纠缠，躲避豪绅的陷害，顾炎武以游为隐，最初往来于山东、北京、江苏、浙江之间。自康熙元年（1662）起，其游踪扩至河南、山西、陕西。他以友人所赠二马二骡载书自随，南北往返，风尘仆仆。每到一处，必考察当地风土民情、山川地理。过边塞亭障，呼老兵卒询曲折，如与平日所闻不符，即发书对勘。至平原大野，则于鞍上默诵诸经注疏，偶有遗忘，就翻书温习。“经世要务，一一讲求……事关民生国命者，必穷源溯本，讨论其所以然。”[1]晚年他来到陕西华阴，深感“秦人慕经学，重处士，持清议，实与他省不同”。“华阴绾毂关河之口，虽足不出户，而能见天下之人，闻天下之事。一旦有警，入山守险，不过十里之遥。若志在四方，则一出关门，亦有建瓴之便。”[2]于是决定在这里定居下来，直到终老。可以说，顾炎武真正实践了中国古代知识分子“读万卷书，行万里路”的人生理想。梁启超在《中国近三百年学术史》中说：“我生平最敬慕亭林先生为人……深信他不但是经师，而且是人师。”[3]

9. 语文教育研究要博采众长。

语文教育研究要尊重同仁，博采众长。这里的同仁即“同志之人”，可以是现实中的同道，也可以是前人。顾炎武在《广宋遗民录》的序中说：“子曰：‘有朋自远方来，不亦乐乎？’古之人学焉而有所得，未尝不求同志之人……而或一方不可得，则求之数千里之外；今人不可得，则慨想于千载以上之人；苟有一言一行之有合于吾者，从而追慕之，思为之传其姓氏而笔之书。”[4]“若既不出户，又不读书，则是面墙之士，虽子羔、原宪之贤，终无济天下。”[5]在他看来，交友是求学明道的重要途径，独学无友则孤陋难成。所以，寻友交友是他为学生涯的重要组成部分。他始终严于律己，推友之长，注重友情，虚己待人，以友为师，这可以从他所撰《广师》一文中得到证明。

[1] 顾炎武. 日知录校注[M]. 陈垣，校注. 合肥：安徽大学出版社，2007：19.
[2] 陈祖武. 顾炎武评传[M]. 北京：中国社会出版社，2010：126.
[3] 梁启超. 中国近三百年学术史[M]. 北京：东方出版社，2004：62.
[4] 顾炎武. 顾亭林诗文集[M]. 北京：中华书局，1983：33.
[5] 同 [4] 90.

学者汪琬特别推崇顾炎武，在《与人论师道书》中认为"当世未尝无可师之人，其经学修明者，吾得二人焉，曰顾子宁人，李子天生"。对此，顾炎武特作《广师》以答，其中有云：

炎武自揣鄙劣，不足以当过情之誉，而同学之士，有茗文所未知者，不可以遗也，辄就所见评之。夫学究天人，确乎不拔，吾不如王寅旭（锡阐）；读书为己，探赜洞微，吾不如杨雪臣（瑀）；独精三《礼》，卓然经师，吾不如张稷若（尔岐）；萧然物外，自得天机，吾不如傅青主（山）；坚苦力学，无师而成，吾不如李中孚（颙）；险阻备尝，与时屈伸，吾不如路安卿（泽浓）；博闻强记，群书之府，吾不如吴任臣（志伊）；文章尔雅，宅心和厚，吾不如朱锡鬯（彝尊）；好学不倦，笃于朋友，吾不如王山史（弘撰）；精心六书，信而好古，吾不如张力臣（弨）。至于达而在位，其可称述者，亦多有之。然非布衣之所得议也。[1]

这里，顾炎武从学术视野、学术贡献、博闻强记、文风雅正、治学态度等方面，盛赞与他同一时代的十位"同学之士"，可见其学术视野之广，尽显其一代宗师风范。潘耒在《日知录·原序》中，盛赞老师"足迹半天下，所至交其贤豪长者……当代文人才士甚多，然语学问，必敛衽推顾先生。凡制度典礼有不能明者，必质诸先生；坠文轶事有不知者，必征诸先生。先生手画口诵，探源竟委，人人各得其意去。天下无贤不肖，皆知先生为通儒也"[2]。我们从中至少可以得到如下几点启示：第一，学无止境，为学自应多多益善，尽自己所能孜孜以求，但也不能死读书，要把书读活，化为自己的血肉。正如叶圣陶在《读书二首》(1980)中所说："读书忌死读，死读钻牛角；矻矻复孜孜，书我不相属。活读运心智，不为书奴仆；泥沙悉淘汰，所取唯珠玉；其精既在我，化为血与肉。"[3]第二，尺有所短，寸有所长。要虚心向别人学习，敢于承认自己的不足，见贤思齐。不能一叶障目，不见泰山，更不能私心自用，囿于一孔之见。第三，山高人为峰，无限风光在险峰。会当凌绝顶，一览众山小。只有登高望远，才能博采众长，为我所用。

[1] 顾炎武. 顾亭林诗文集[M]. 北京：中华书局，1983：134.
[2] 顾炎武. 日知录校注[M]. 陈垣，校注. 合肥：安徽大学出版社，2007：19-20.
[3] 刘国正. 叶圣陶教育文集：第1卷[M]. 北京：人民教育出版社，1994：635.

10. 语文教育是“器”“用”之学。

古人早就认识到语言文字是记录思想的工具，是精神的载体。《左传·襄公二十五年》中说：“言以足志，文以足言。”《庄子·外物》中说：“筌者，所以在鱼，得鱼而忘筌；蹄者，所以在兔，得兔而忘蹄；言者，所以在意，得意而忘言。”[1]宋代苏洵在《太玄论上》中说：“君子之为书，犹工人之为器也，见其形以知其用。”[2]庄子“言者，所以在意”，苏洵把“君子之为书”比喻为“工人之为器”，目的是为了“见其形以知其用”，显然已经具有初步的工具论意识，可以看作是语文工具论的滥觞。

二、古代语文教育的有益启示

古代语文教育能给我们今天的语文教育教学以多方面的启示。

1. 语文教育应把读书与实践结合起来。

语文具有工具性、基础性、综合性、实践性等特点，与社会现实生活联系非常密切，语文教育研究不能局限于象牙塔中，也不能只在书斋里打转转，在书本里自说自话，而必须与时代、社会相结合，同现实生活紧密结合。读书，既要读古今中外名家名篇，即“有字之书”，又要读人生社会这部“大书”，即“无字之书”，还要读“心灵之书”。所以，叶圣陶说：“善读未写书，不守图书馆。天地阅览室，万物皆书卷。”[3]

2. 语文教育重在培养学生的读写能力。

首先，对于学生来说，要提高自己的语言文字运用能力，提升审美和人文素养，除了课堂上的有效学习，还必须进行大量的课外阅读和写作实践。多读多写，读写结合。其次，学习中还要善于“博学审问，古人与稽”，就是要多思考，多交流，稽考古人成说。再次，任何研究都不能光凭一时所谓的“灵感”，不能一蹴而就，不能“速于成书，躁于求名”，而是要不断修正补充，精益求精。顾炎武说“能文不为文人，能讲不为讲师”，鲁迅也曾告诫周海婴不要做“空头文学家”。语文教育也应求实

[1] 王先谦. 庄子集解[M]. 北京：中华书局，1954：181.
[2] 苏洵. 嘉祐集笺注[M]. 上海：上海古籍出版社，1993：171.
[3] 叶圣陶. 读书二首[M]∥刘国正. 叶圣陶教育文集：第1卷. 北京：人民教育出版社，1994：635.

创新，从实际出发，实事求是，讲究实效，不搞花架子，不使花拳绣腿。识字，字要一个一个地识，一个一个地写；词语要一个一个地积累；经典美文要一篇一篇地熟读背诵，书要一本一本地读。要指导学生扎扎实实地练好基本功，字、词、句、篇，听、说、读、写，样样都不能马虎。好的语文课一定是扎实的，不能靠所谓的“兵法”“秘籍”，也没有什么捷径可走。

3. 语文教育要关注社会，关注学生成长。

首先，写作是为了表达，要么表达自己的真情实感，要么表达自己对某种现象的观点或看法，但必须有益于“当世之务”，“有益于天下”，也就是说，写作要接地气，要管用，能够解决现实生活中的实际问题。白居易在《与元九书》中说：“文章合为时而著，歌诗合为事而作。”[1]叶圣陶说：“写作是每个人非学不可的，而且是非学好不可的。文学创作就不是这样，有积蓄有兴致的人不妨去创作。没有什么积蓄和兴致的尽可以不创作。并非大家都得创作。大学毕业生不一定要能写小说诗歌，但是一定要能写工作和生活中实用的文章，而且非写得既通顺又扎实不可。”[2]其次，写作贵在创新，贵在独辟蹊径，有真知灼见，抒发自己的真情实感，不能蹈袭前人，不能人云亦云，避免空发议论或无病呻吟，最好能有自己的个性特征。再次，文章的表达形式应该是风行水上，自然成文，即顺其自然，不能削足适履，应力避模式化、套路化作文。语文教育不仅要联系社会实际，还要联系学生生活实际。教材选文要贴近学生。课堂训练要联系学生生活和思想实际，着眼于发展其思维能力，丰富其知识素养。语文考试评价要贴近时代，贴近社会，贴近学生实际。

4. 语文教育工作者要勇于担当。

顾炎武具有强烈的家国情怀和忧国忧民意识，这启示语文教育工作者要勇于担当。顾炎武始终以“国家治乱之源，生民根本之计”为怀，早年奔走国事，中年谋求匡复，即使暮年独居西北，依然念念不忘“东土饥荒”“江南水旱”。直到逝世前，虽然病魔缠身，还以“救民水火”为己任，主张天生豪杰，必有所任，拯斯人于涂炭，为万世开太平，正

[1] 董皓，等. 全唐文[M]. 上海：上海古籍出版社，1990：3050.
[2] 刘国正. 叶圣陶教育文集：第3卷[M]. 北京：人民教育出版社，1994：462.

是吾辈的责任。他说:"有亡国,有亡天下。亡国与亡天下奚辩?曰:易姓改号,谓之亡国;仁义充塞,而至于率兽食人,人将相食,谓之亡天下……是故知保天下然后知保其国。保国者,其君其臣,肉食者谋之;保天下者,匹夫之贱,与有责焉耳矣。"[1]后人把他这一观点归纳为"天下兴亡,匹夫有责",是对我国爱国主义传统的自然引申与合理发展。语文教育工作者应有所担当,把自己的工作看作是立德树人、教书育人事业的一部分,是中华民族伟大复兴事业的奠基工程,自觉地为培养社会主义的合格建设者和接班人服务。

[1] 顾炎武.日知录校注[M].陈垣,校注.合肥:安徽大学出版社,2007:722-723.

第二节 语文工具论的草创（近代）

19世纪40年代，帝国主义的坚船利炮打开了古老帝国闭关锁国的大门，我国进入半殖民地半封建社会时期，社会政治、经济、文化、教育等都发生了急剧变化。1898年戊戌变法，梁启超在《戊戌政变记》中说："盖今日中国之大患，苦于人材不足，而人材所以不足，由学校不兴也。"[1] 1900年爆发义和团反帝爱国运动。清政府为了摆脱内外交困的局面，在各方面的压力下不得不推行"新政"，实行改革，其中一个重要举措，就是废科举，兴学堂，谕立停科举以广学校。至此，在中国延续了1300多年的科举制度寿终正寝。光绪二十九年十一月底（1904年1月），清政府批准并颁行由张百熙、荣庆、张之洞拟制的《奏定学堂章程》，史称"癸卯学制"。这不仅是中国教育史上的一件大事，也标志着中国现代语文教育的正式发端。从此，我国开始建立新学制和独立设科的教育教学体系。中国现代语文教育建立迄今已有100多年历史。今天，我们要实现语文教育现代化，除借鉴古代语文教育和国外母语教育经验之外，还需要了解我国近代语文教育的发展历程。认识昨天，才能把握今天，也才能更好地面向明天。

一、近代语文教育的发展历程

语文工具论是随着中国现代语文教育而逐渐出现的。也就是说，自从有了中国现代语文教育，就有了语文工具论的萌芽。到近代后期，语文工具论已进入草创阶段。

顾黄初、李杏保编著的《二十世纪前期中国语文教育论集》，把20世纪前期的语文教育分为三个阶段。

1. 独立设科阶段（1903—1912）。

光绪二十八年（1902），清政府颁布由张百熙所拟的《钦定学堂章程》

[1] 转引自张传宗. 梁启超作文教学法初步研究（上）[J]. 中学语文教学，1986（5）：53-58.

（包括《京师大学堂章程》《大学堂考选入学章程》《高等学堂章程》《蒙学堂章程》《小学堂章程》《中学堂章程》），规定蒙学堂四年，小学堂六年，中学堂四年，并对各学段的课程、教学内容等做了规定。按中国传统的甲子纪年，这一年为壬寅年，所以又称“壬寅学制”。

表2-1 《蒙学堂章程》中的教学内容[1]

学科阶级	教学内容			教学原则	考验方法
	字课	习字	读经		
第一年	实字，凡天地人物诸实字皆绘图加注指示之	用所授字课教以写法	《孝经》《论语》	1.须尽其循循善诱之法，不宜操切而害其身体，尤须晓以知耻之义，夏楚之事断不宜施 2.以讲解为最要，诵读次之，至背诵则择紧要处试验。若遍责背诵，必伤脑力，所当切戒 3.凡儿童每一时教授中，宜略匀出时刻，督令温习前一日或数日所授之业；至一月间应令通体温习一次，以免遗忘	取其平日曾经讲授之字课等项，随举问之，使之口答或笔答；第三、第四年学过句法之后，可以纯用笔答。以上考问，须常日或间一日用之，以提醒孩童之知识
第二年	静字，动字，兼教以动静字加于实字之上之方法	教法同上	《论语》《孟子》		
第三年	虚字	教法同上	《孟子》		
第四年	积字成句法	教法同上	《大学》《中庸》		

表2-2 《小学堂章程》中的学习内容[2]

寻常小学堂课程分年表				高等小学堂课程分年表		
学科阶级	读经	作文	习字	读经	作文	习字
第一年	《诗经》	教以口语四五句使联属之	今体楷书	《尔雅》《左传》；读古文词（记事之文）	作记事文短篇	楷书兼习行书

［1］钦定蒙学堂章程［M］//课程教材研究所. 20世纪中国中小学课程标准·教学大纲汇编：语文卷. 北京：人民教育出版社，2001：3.

［2］同［1］4.

续表

寻常小学堂课程分年表				高等小学堂课程分年表		
学科阶级	读经	作文	习字	读经	作文	习字
第二年	《诗经》《礼记》	授以口语七八句使联贯属之	同上学年	《左传》；读古文词（说理之文）	作日记、浅短书札	楷书、行书，兼习小篆
第三年	《礼记》	作记事文七八句	同上学年，兼习行书	《左传》《公羊传》《谷梁传》；读古文词（词赋诗歌）	作说理文短篇	同上学年

表2-3　《中学堂章程》功课表[1]

学科阶级	读经	时刻	词章	时刻
第一年	《书经》	3	作记事文	3
第二年	《周礼》	3	作说理文	3
第三年	《仪礼》	3	学章奏诗歌诸体文	3
第四年	《周易》	3	学词赋诗歌诸体文	3

但是，由于种种原因，“壬寅学制”并没有真正得到实施。光绪二十九年十一月底（1904年1月），清政府又颁布由张百熙、荣庆、张之洞合订的《奏定学堂章程》，包括《初等小学堂章程》《高等小学堂章程》《中学堂章程》等。因为这一年为癸卯年，故史称“癸卯学制”。这是我国第一个正式颁布并在全国实施的学制，也是我国近代第一个比较系统完备的学制。其中，初等小学、高等小学（相当于今天的初中）和中学（相当于今天的高中）规定的“中国文字”“中国文学”的教学内容如下。

[1] 课程教材研究所. 20世纪中国中小学课程标准·教学大纲汇编：语文卷[M]. 北京：人民教育出版社，2001：267.

表2-4 《初等小学堂章程》[1]

	学科	程度	每星期钟点
第一年	读经讲经	《孝经》《论语》，每日约四十字，兼讲其浅近之义	12
	中国文字	讲动字、静字、虚字、实字之区别，兼授以虚字与实字联缀之法，习字即以所授之字告以写法	4
第二年	读经讲经	《论语》《大学》《中庸》每日约六十字，兼讲其浅近之义	12
	中国文字	讲积字成句之法，并随举寻常实事一件，令以俗话二三句联贯一气，写于纸上；习字同前	4
第三年	读经讲经	《孟子》每日约读一百字，兼讲授其浅近之义	12
	中国文字	讲积句成章之法或随举日用一事，或假设一事，令以俗话七八句联成一气，写于纸上；习字同前	4
第四年	读经讲经	《孟子》及《礼记》节本，每日约读一百字，兼讲其浅近之义	12
	中国文字	同前学年	4
第五年	读经讲经	《礼记》节本每日约读一百二十字，兼讲其浅近之义	12
	中国文字	教以俗话作日用书信，习字同前	4

表2-5 《高等小学堂章程》[2]

	学科	程度	每星期钟点
第一年	读经讲经	《诗经》每日约读一百二十字，并讲解	12
	中国文学	读浅显古文，即授以命意遣词之法，兼使以俗话翻文话，写于纸上，约十句内外，习楷书，习官话	8
第二年	读经讲经	《诗经》《书经》，每日约读一百二十字，兼讲解	12
	中国文字	读古文，使以俗话翻文话于纸上，约二十句内外，习楷书，习官话	8
第三年	读经讲经	《书经》《易经》每日约读一百二十字，兼讲解	12
	中国文字	读古文，作极短篇记事文约在百字以内，习行书，习官话	8
第四年	读经讲经	《易经》及《仪礼》节本，每日约读一百二十字，兼讲解	12
	中国文字	读古文，作短篇记事文、说理文，约在二百字以内，习行书，习官话	8

[1] 课程教材研究所. 20世纪中国中小学课程标准·教学大纲汇编：语文卷[M]. 北京：人民教育出版社，2001：5-7.
[2] 同[1]9.

表2-6 《中学堂章程》[1]

	程度	每星期钟点
第一年	读文，作文，相间习楷书、行书	4
第二年	同前学年	4
第三年	同前学年，兼习小篆	5
第四年	同前学年	3
第五年	读文，作文，兼讲中国历代文章名著大略	3

张百熙在《学务纲要》（1903）中指出："学堂不得废弃中国文辞，以便读古来经籍。""中国文学一科，并宜随时试课论说文字，及教以浅显书信、记事、文法以资官私实用。但取理明词达而止，以能多引经史为贵，不以雕琢藻丽为工，篇幅亦不取繁冗。""中小学堂于中国文辞，止贵明通。"[2] 显然，张百熙已经注意到"中国文学"一科的"官私实用"价值。

2. 体系建设阶段（1912—1932）。

1911 年，辛亥革命推翻了延续两百多年的清朝统治，结束了中国两千多年的封建专制，1912 年中华民国临时政府成立。中华民国教育部颁布《中小学校令施行规则》（包括《小学校令施行规则》《中学校令施行规则》），规定初小修业四年，高小修业三年，并在课程设置中提出设置"国文"科。其制定的《小学校教则及课程表》提出："国文要旨，在使儿童学习普通语言文字，养成发表思想之能力，兼以启发其智德。""初等小学校首宜正其发音，使知简单文字之读法、书法、作法，渐授以日用文章，并使练习语言。""高等小学校首宜依前项教授，渐及普通文之读法、书法、作法，并使练习语言。"

《中学校令施行规则》规定："国文要旨在通解普通语言文字，能自由发表思想，并使略解高深文字，涵养文学之兴趣，兼以启发智德。国文首宜授以近世文，渐及于近古文，并文字源流、文法要略，及文学史之大概，使作实用简易之文，兼课习字。"可见，中国现代语文教育从诞生之日起，就已明确了它的"实用"性质，包括晋官之用、升学之用、

［1］课程教材研究所. 20世纪中国中小学课程标准·教学大纲汇编：语文卷[M]. 北京：人民教育出版社，2001：269.

［2］张百熙. 学务纲要[M]//李杏保，方有林，徐林祥. 国文国语教育论典（上）. 北京：语文出版社，2014：2-4.

应世之用和实业之用，教学要求则是通过诵读各式古文达到会写的目的，实际上这已为后来语文工具论的产生奠定了基础。[1]

1916年1月，中华民国政府颁布《国民学校令施行细则》，重申“国文要旨”。当年10月又做了一次修订。

1919年的五四运动，提出“打倒孔家店”，废除文言文，提倡白话文。1920年，中华民国教育部明令规定初等小学一、二年级先改国文为语体文，改小学“国文”为“国语”[2]，提倡教白话文，这是我国语文教育史上一个重大转折。1922年，中华民国教育部颁布《学校系统改革案》，学制改为“六三三制”，并制定了统一的“课程标准”，教学内容为语言、读文、作文、写字四项。叶圣陶在全国中学语文教学研究会第三届年会开幕式上的讲话《对于中学语文教学研究的意见》（1983）中说：

到一九二二年，各省的教育会在一起商量，订出了一个“课程标准”，把小学的语文课叫作“国语”，中学的语文课叫作“国文”。“国语”的课文是白话文；“国文”的课文逐步从白话文过渡到文言文，初一白话文多一些，文言文少一些，逐步逐步白话文少下去，文言文多起来。高中又是另外一套，高一学各体文，高二学文学史，高三学诸子百家……总之到中学毕业，各朝各代的古文，诸子百家的书，都要让学生读一点。[3]

1923年，实行新学制，中华民国教育部颁布《新学制课程标准纲要》。其中，国语课程的结构如下：

《新学制课程标准纲要小学国语课程纲要》由吴研因起草，委员会复订。[4]

《新学制课程标准纲要初级中学国语课程纲要》由叶绍钧[5]起草，附表由胡适起草，委员会复订。[6]

[1] 张百熙. 学务纲要[M]//李杏保，方有林，徐林祥. 国文国语教育论典（上）. 北京：语文出版社，2014：2-4.
[2] 费锦昌. 中国语文现代化百年记事（1892—1995）[M]. 北京：语文出版社，1997：33.
[3] 刘国正. 叶圣陶教育文集：第3卷[M]. 北京：人民教育出版社，1994：223-224.
[4] 课程教材研究所. 20世纪中国中小学课程标准·教学大纲汇编：语文卷[M]. 北京：人民教育出版社，2001：11.
[5] 叶圣陶原名叶绍钧。
[6] 同[4]272.

《高级中学公共必修的国语课程纲要》由胡适起草。[1]

（一）文字学引论　胡适起草

《高级中学第一组必修的特设国文课程纲要》

（二）中国文学史引论　胡适起草

这里，“高级中学第一组”注重文学和社会科学，相当于我们今天所说的“文科”。所学的内容相当艰深。如《文字学引论》所列的内容为：

1. 甲骨文字述略

2. 金文述略

3. 从诗经到楚辞

4. 书同文以后的言文分歧

5. 六书，辞书与韵书，反切

6. 发音学要旨

7. 语音的转变

8. 字义的转变

9. 文法的演化

10. 今日之古文，国语，方言

11. 比较文字学

这个国文教学方案，虽然不无系统性和条理性，但显然过于理想化，与当时中小学教学实际相差太远，在教学实践中必然大打折扣。朱自清根据自己五年的中学国文教学经验，认为“理论与实际相差之远”：

据我所想，不外三种缘故：（1）是论者所定的标准太高，事实上不能做到；如胡适之先生在他的《中学的国文教授》里所希望中等学生读的书，那实在超乎现在一般的中等学生的时间与精力以上了！但持这种见解的究竟很少；所以第一原因并不重要。（2）是教师的标准和精力不及。国文教师的无标准，本不自今日始；但现在更是显明……以我的经验，教师要忠实地尽指导的责任，两班已有拮据之势——假定每班四十人——三班，四班，那简直无论是谁，非“折烂污”不可！这自然是经济的关系；有人已见及此，颇思设法改进了。要知在这种情形之下，无论怎样

[1] 课程教材研究所. 20世纪中国中小学课程标准·教学大纲汇编：语文卷[M]. 北京：人民教育出版社，2001：277-281.

周密的计划，都是可望而不可即，都是空话！（3）是学生的不用功。在现在一般中等学生的心里，国文科实是一个矛盾！被看重，同时又被忽略，便是国文科的运命！……以上三种情形，便是现在一般中等学校国文教学的实际！

我以为中学国文教学的目的只需这样说明：(1)养成读书思想和表现的习惯或能力；(2)“发展思想，涵育情感。”……这两个目的之中，后者是与他科相共的，前者才是国文科所特有的。[1]

陈启天在《中学的国文问题》(1920)中提出，中学国文教育“主目的”有三个：

1. 要能说普通言语——国语语言一道，为我们日常急需，不可少的。所以中学生必要能说普通语言，才能应用。

2. 要能看现代应用文和略解粗浅美术文——中学生的地位只要看了现代应用文，能够了解他的意思就有了；那纯属于专门的骈文和古文，可以不必问哩。中学生又要看点美术文——诗歌——涵养性情，兼启发文学上的兴趣。但中学是普通教育，不是文学专科，所以只能略解粗浅的就足了。

3. 要能做现代的应用文——白话文和浅近文，中学生见了什么事，有了什么意思，就能用现代应用文发表出来，这是国文教授重要的目的，是人人晓得的。[2]

穆济波在《中学校国文教学问题》(1923)中说：

语文只是人类生存必有之一种工具，可以发展思想，涵育情感。[3]

孟宪承在《初中国文之教学》(1924)中说：

现在初中国文教学，因为教材的未经组织，方法的未经讨究，比起其他各科教学来，缺乏结果，实在是无可讳言的。本国语言文字，为最

[1] 朱自清. 中等学校国文教学的几个问题[M]//李杏保，方有林，徐林祥. 国文国语教育论典（上）. 北京：语文出版社，2014：370-372.
[2] 陈启天. 中学的国文问题[M]//李杏保，方有林，徐林祥. 国文国语教育论典（上）. 北京：语文出版社，2014：206.
[3] 穆济波. 中学校国文教学问题[M]//李杏保，方有林，徐林祥. 国文国语教育论典（上）. 北京：语文出版社，2014：307-308.

重要的教育工具，此而没有结果，岂不成了严重的教育问题！[1]

孟宪承在《初中作文教学法之研究》（1925）中说：

我们在实际生活里说话作文，本是为着有种思想和感情，必要向人表白，才用语言和文字的工具来表白的。[2]

沈仲九认为，“国文最重要的功用，是在人与人的心的沟通联络和文明文化的遗传。我们所以要学国文的原因，也就为此。要得到这种功用，须养成两种能力：一是发表的能力，就是能表现自己的情意；二是读书能力，就是能了解别人所表现出来的情意”。“中学的国文科的责任并不在造成国文专家，而只在养成在生活上必须具备的国文知识。”“所谓古文，尽可让志愿专攻国文的人们去研究，决不能看作是任何人所必具的常识的。”“为推行国语文计，为改革社会生活计，我们关于日常生活的应用文字，非用国语文不可。”[3]

林砺儒在为张鸿来编撰的初级中学教材《应用文》写的序（1926）中说：

窃以为文之用有二：曰载道，曰达意。精微之思想，优秀之情操，生于哲人天才之心，播于社会而成文化财，载之者，神奇之文学是也。定其体裁，一其式样，通万人之意而无误，同举国之义而不悖者，公私应用书契之体例是也。文学代表民族之生活理想，而应用文书则适应社会之结构与社交之心理。文章则贵能创奇翻新，以丰富其心思，而应用文字之形式则务求通用整齐，以节其心力，一其视听。盖文书体例为社会契约之一，其成也有自来，其行也有所借，其变也有起因。吾人置身社会，必资既成之形式以为心意交通之具，亦必须通其义例，始能制因革之宜，收运用之效。故受最高普通教育如中学生者，其国文能力，于领略先哲思想、欣赏名家著作之外，更须于公私交际，能得一义同文之用。前者可称为国民陶

[1] 孟宪承. 初中国文之教学[M]//李杏保，方有林，徐林祥. 国文国语教育论典（上）. 北京：语文出版社，2014：342.
[2] 孟宪承. 初中作文教学法之研究[M]//李杏保，方有林，徐林祥. 国文国语教育论典（上）. 北京：语文出版社，2014：90.
[3] 沈仲九. 中学国文教授的一个问题[M]//李杏保，方有林，徐林祥. 国文国语教育论典（上）. 北京：语文出版社，2014：140-141.

治，后者可称为公民陶冶，合言之，即民族化之一道也。[1]

这里的应用文实际上就是我们今天所谓的作文，林砺儒把它看作“心意交通之具”，把写好“应用文”上升到“公民陶冶”的高度，强调其工具性，包括养成使用语文的良好习惯，能写“应用文”这两项在内。而写好“应用文”，也可解读为是在“公私交际”中遵循“民族化”的一种“规范”，是对精神文明的一种提升。

1931 年 1 月，浙江省宁波市灵山小学开始实验美国的“道尔顿制”。周大风在《我的母校灵山小学》记述说：

灵山学校实验“道尔顿制”，是我父叔老友教育家曹静渊校长，响应蔡元培先生倡议而试办的，但是他又贯彻了蔡元培先生“兼容并包”“多种实验”的教育方针，又吸收了美国杜威的“教育即生活”“学校即社会，社会即学校”；瑞典爱伦凯女士的“创造教育”；意大利亚米契斯记载的“爱的教育”；我国教育家陶行知先生“德智体美劳”五育并重，以及“小先生制”教育思想。

回忆当时教师们曾采用过的教学法有故事式、游戏式、直观式、问答式、反诘式、启发式、提问式、引申式、讲座式、演示式、类比式、讨论式、熏染式、实验式、辩论式、实践式、自觉式、互教式、实地参观式等。[2]

林砺儒所写的序说明孟宪承提出的“本国语言文字，为最重要的教育工具”已有明确的语文工具论意识。周大风的记述则说明早在 20 世纪 30 年代，我国基础教育已开始学习西方的经验。

3. 民国后期（1932—1949）。

中国现代语文教育到民国后期，在课程、教材、教学等方面都有很大进展，已为语文工具论的草创打下了坚实的基础。这里以浦江清等人的研究为例，并略做评议。

浦江清（1904—1957）是著名文学家、语文教育家，西南联合大学

[1] 转引自商金林. 叶圣陶对语文教育的贡献[M]//《中国教育科学》编辑部. 中国教育科学（2016年第2辑）. 北京：人民教育出版社，2016：161-162.

[2] 周大风. 我的母校灵山小学[M]//傅国涌. 过去的小学. 北京：同心出版社，2012：65-66.

中文系、国文学系教授，曾与罗常培、朱自清等创办《国文月刊》，并一度担任《国文月刊》主编。他在《国文月刊》第1卷第3期发表了《论中学国文》(1940)，自称“关于中学国文，作者没有教学上的经验，只根据在大学教学上的经验，来推论中学国文”。但这篇文章从语文教本、文言文与语体文到考试，论述都极为精当，被叶圣陶、朱自清作为附录，收入他们合编的《国文教学》一书。浦江清在《论中学国文》中说：

我们谈到本国语文教育，不得不侧重中学；在大学里虽设有普通国文一课，为各院一年级学生所必修，但匆匆一年，收效甚微，不如中学校里有六年国文，在教学上可做通盘计划。而且照现在情形，中学毕业生的国文程度既不如理想，于是大学国文不得不仍注重基本训练，成为补习高中课程模样，并不能发挥高级教育的旨趣。

到底文章写通要紧，还是国学知识要紧？我们要求太多，反而不好。鉴于现今中学生作文技术之恶劣，我们认为中学国文应该是语文训练的功课，而不是灌输知识的功课，与理化史地等课程性质完全不同的。[1]

关于文言文教学，孙伏园在《中学的文言教育》(1949)一文中明确指出：“文言到底不是外国语，也到底不是古代曾经活着的语文，而是经过高度修饰、距离口语极为遥远，而仍有极少部分的口语留存在内的一种人为的超生死的语文。”孙伏园特别推崇朱自清、叶圣陶、吕叔湘三位合编的《文言读本》，尤其是前面的导言，认为是“用科学的态度和方法研究文言的一篇初步报告，也可以说是一部文言的简明文法书”，“完全站在国语的立场，处处注意文言和现代口语的同异，用科学态度和方法加以研究的，这五十三页的一篇导言要算是开山的著作了”[2]。

陕甘宁边区制定的《初中国文课程标准草案》，规定：

提高学生对大众语文和新社会一般应用文字的读写能力……这是本科的基本目的。同时，适当配合各项课程，提高学生的思想认识，增进其各种知识。

[1] 浦江清. 论中学国文[M]∥李杏保，方有林，徐林祥. 国文国语教育论典（下）. 北京：语文出版社，2014：614-629.

[2] 孙伏园. 中学的文言教育[M]∥李杏保，方有林，徐林祥. 国文国语教育论典（下）. 北京：语文出版社，2014：913.

《初中国文课程标准草案》还对文艺文、应用文、普通文等精读文，以及记叙、说明、议论三种文体，提出合适的比重，防止选材上的平均主义与片面性。[1]

二、近代语文教育的重要进展

近年来，随着学术界对民国文化与文学研究的重视，民国语文教育研究，尤其是民国国文教材研究逐渐成为语文教育研究热点之一。然而，民国语文教育究竟能给我们带来什么样的启示，哪些经验值得吸收，哪些教训应引以为戒，恐怕更应引起学界的注意。这里我们从改文言为白话、颁行新式标点符号、编写语文教材等方面反映近代语文教育的主要进展，勾勒语文工具论的草创过程，同时也梳理出近代语文教育给我们带来的若干启示。

1. 改文言为白话。

1903 年，京师大学堂（今北京大学的前身）总教习吴汝纶赴日考察回国后，在给张百熙的信中，提出要以北京音为标准实现国语统一，并打算用王照的“官话字母”作为统一国语的工具。在吴汝纶的影响下，张百熙、荣庆、张之洞拟制《奏定学堂章程》，把“官话”列入师范及高等小学堂课程。《奏定学堂章程·学务纲要》第 24 条规定：“各国言语，全国皆归一致；故同国之人，其情易洽，实由小学堂教字母拼音开始。中国民间各操土音，致一省之人彼此不能通语，办事多扞格。兹以官音统一天下之语言，故自师范以及高等小学堂，均于国文一科内，附入‘官话’一门。”[2]统一国语，就会遇到语言与文字不一致的问题。庾冰在《言文教授论》（1912）中也说：“欲普及教育，当先统一国语；欲统一国语，当先编写言文一致之字母，行之数十年，则言文教授成效自见。”[3]

1916 年 10 月，中华民国国语研究会在北京成立。该会的宗旨是：“研

[1] 陕西师范大学教育研究所．陕甘宁边区教育资料[M]．北京：北京教育科学出版社，1981：335-336.

[2] 费锦昌．中国语文现代化百年记事（1892—1995）[M]．北京：语文出版社，1997：11.

[3] 庾冰．言文教授论[M]//李杏保，方有林，徐林祥．国文国语教育论典（上）．北京：语文出版社，2014：126.

究本国语言，选定标准，以备教育界之用。”[1]从此发起一场敦促北洋政府公布注音字母和改学校“国文”为“国语”科的运动[2]。1917 年 1 月，胡适在《新青年》发表《文学改良刍议》，明确提出以白话文代替文言文，“白话文学为中国文学之正宗”，拉开了我国新文化运动的大幕。同年 2 月，陈独秀在《新青年》发表《文学革命论》，旗帜鲜明地把文学革命作为“开发文明”、解放思想和改造国民性的利器。从此，提倡白话文、反对文言文，提倡新文学、反对旧文学的新文化运动风起云涌。同年 5 月，中华民国国语研究会召开第一次大会，选举蔡元培为会长，确定以下任务：一是调查各省方言，二是选定标准语，三是编辑语法、辞典等书籍，四是用标准语编辑国民学校教科书及参考书，五是编辑国语杂志。同时还委托黎锦熙拟订《国语研究调查之进行计划书》[3]。蔡元培在《国文之将来》（1919）中说：

国文的问题，最重要的，就是白话与文言的竞争。我想将来白话派一定占优胜的。

白话是用今人的话，来传达今人的意思，是直接的。文言是用古人的话，来传达今人的意思，是间接的。间接的传达，写的人与读的人，都要费一番翻译的工夫，这是何苦来？我们偶然看见几个留学外国的人，写给本国人的信，都用外国文，觉得很好笑。要是写给今人看的，偏用古人的话，不觉得好笑么？……照我的观察，将来应用文，一定全用白话，但美术文，或者有一部分仍用文言。[4]

1919 年 11 月，在国语统一筹备会第一次大会上，刘复、周作人、胡适、朱希祖、钱玄同、马裕藻等提出《国语统一进行方法》的议案，主张“改编小学课本”，把“国文读本”改作“国语读本”，“国民学校全用国语，不杂文言”[5]。提案很快得到中华民国教育部批准，1920 年，中华民国教

[1] 费锦昌. 中国语文现代化百年记事（1892—1995）[M]. 北京：语文出版社，1997：27-28.

[2] 同 [1] 28.

[3] 同 [1] 29.

[4] 蔡元培. 国文之将来[M]//李杏保，方有林，徐林祥. 国文国语教育论典（上）. 北京：语文出版社，2014：157-158.

[5] 同 [1] 32.

育部训令全国各国民学校将一、二年级“国文”改为“国语”，已审定的小学一、二年级文言教材作废，三、四年级的教材逐年废止，逐步采用经中华民国教育部组织审定的语体文教科书。新文化运动的风云人物所提倡的“言文一致”“国语统一”取得了阶段性胜利。对此，胡适评价说：“这个命令是几十年来第一件大事。他的影响和结果,我们现在很难预先计算。但我们可以说:这一道命令把中国教育的革新,至少提早了20年。”[1]1934年7月15日,《中华日报》发表了高荒（胡风）的《由反对文言文到建设大众语——关于这一次论战的内容的速写》，高荒在该文中说:“在形式上，白话文的基本词汇和语法也是劳苦大众口语的基础部分；在内容上，白话文现在创造了不少的进步的作品,是理论翻译的唯一工具。”[2]朱自清等人在《文言读本》卷首中说：

我们认为作为一般人的表情达意的工具，文言已经逐渐让位给语体，而且这个转变不久即将完成。因此,现代的青年若是还有学习文言的需要，那就只是因为有时候要阅读文言的书籍；或是为了理解过去的历史，或是为了欣赏过去的文学。写作文言的能力决不会再是一般人所必须具备的了。[3]

2. 颁行新式标点符号。

与改文言为白话相呼应的是颁行新式标点符号。据说中国人自定的最早的标点符号出现于1897年王炳耀的《拼音字谱》。这是一部速记式切音著作。其中有拉丁字母方案，包括一套新式标点符号，书中称为“名义表”。[4]

在1919年11月召开的国语统一筹备会上，胡适等人还有一项重要贡献，就是向中华民国教育部提交了一份《请颁行新式标点符号议案（修正案）》：

---

[1] 费锦昌. 中国语文现代化百年记事（1892—1995）[M]. 北京：语文出版社，1997：33.

[2] 引自罗常培. 从斯大林的语言学说谈中国语言学上的几个问题[M]//《罗常培文集》编委会. 罗常培文集：第9卷. 济南：山东教育出版社，2008：38.

[3] 孙伏园. 中学的文言教育[M]//李杏保，方有林，徐林祥. 国文国语教育论典（下）. 北京：语文出版社，2014：915.

[4] 同[1]5-6.

因此我们想请教育部把这几种标点符号颁行全国，使全国的学校都用符号帮助教授；使全国的报馆渐渐采用符号，以便读者；使全国的印刷所和书店早日造就出一班能排印符号的工人，渐渐地把一切书籍都用符号排印，以省读书人的脑力，以谋教育的普及。

1928年，胡适致信罗家伦，希望他提出建议——“由政府规定以后一切命令、公文、法令、条约，都须用国语，并须加标点、分段”[1]。后来，中华民国教育部采用了胡适等人的提案，正式颁行新式标点符号。

3.编写教科书。

（1）语文教材编写的基本情况。

1904年清政府颁布新学制，语文单独设科，设立编译图书局，出现了我国现代教育史上第一批语文教材。整个民国时期，中西文化碰撞交融，学术思想活跃，带来我国教科书文化的繁荣。据《民国时期总书目·中小学教材》统计，民国时期，中学国文教科书就达100余种。小学国语教材更多，仅北京师范大学图书馆就收藏有100余种。从教材的编写出版体制来看，民国时期基本上延续清末的“审定制”（抗战爆发后，国民政府推行部分教材“国定制”）。也就是说，任何单位或个人均可以参与中小学教材的编写。只是编出来以后，要由教育部组织相关专家进行审查，这就极大地调动了出版社和编写人员的积极性。从语文教材的出版机构来看，这一时期的教科书出版工作主要集中在上海的商务印书馆、中华书局、开明书店、世界书局四大语文教材出版重镇，还有众多的书局、学社、书店从事教材编写工作，如设在上海的民智书局、中国图书公司、北新书局、大东书局、新亚书店、中华编译社、中学生书局，设在北平的立达书局、文化学社，设在南京的南京书店、正中书局，设在长沙的宏文图书社、湘鄂印刷公司等。教材市场完全是放开的，似乎没有什么限制。从语文教材编写队伍来说，有大学教授，如编《中学国文读本》的林纾为京师大学堂教授，编《中等学校国文读本》的刘宗向为湖南大学教授。有出版社编辑，如编《中学国文教科书》的吴曾祺、编《共和国教科书国文读本》的许国英、编《基本教科书国文》的周颐甫均为商务印书馆编辑，编《国语文类选》

［1］姜义华.胡适学术文集：教育卷[M].北京：中华书局，1998：18.

的朱文叔（即朱毓魁）为中华书局编辑（后曾任人民教育出版社副总编辑），编《创造国文读本》的徐蔚南为世界书局编辑。有学者，如编《新制国文教本》的谢蒙（字无量），编《中华中学国文教科书》的刘法曾、姚汉章（刘法曾是历史学家，著有《外史蒙求》《清史纂要》；姚汉章为姚文元祖父，时任中华书局师范部主任）；有中学国文教师，如编《白话文范》的洪北平、何仲英均为南开学校国文教师，编《初中国语文读本》的孙俍工、沈仲九及陈望道等都是浙江第一师范学校的国文教师，编《语体文作法》《国文评选》的高语罕是安徽省立第五中学的教师。当然，也有集教师、编辑、作家、学者于一身的教育家，如叶圣陶、夏丏尊等。

（2）语文教材的价值取向。

尽管这一时期教材编写环境相对宽松，但语文教材的价值取向却是非常明显的，与我们今天要求中小学语文教材编写必须贯彻国家教育方针、落实语文教学的基本任务是一致的。

第一，语文教材着眼于立德树人。

教育的根本任务是立德树人，语文教材在育人上具有先天的优势。1927年国民政府教育行政委员会制定《学校实行党化教育草案》，1929年中华民国教育部公布《教科图书审查规程》，强调“以三民主义为教科书的中心思想”。1932年，“一·二八”事变后，商务印书馆同仁提出“为国难而牺牲，为文化而奋斗”的口号，傅东华编辑出版了《复兴初中国文》。该书以弘扬民族精神为主旨，注重救国雪耻教育。陕甘宁边区编写的语文教材，有些就采取语文和常识混合编写的模式，既有语文知识，也有当时生产和生活实际所需要的科技和生产常识。中华书局和商务印书馆编写供海外华侨学生使用的语文教材，内容着重介绍祖国悠久的历史和人民的智慧，以激发侨胞子女的爱国信念。这些都体现了语文教材的育人功能。

第二，语文教材注重实用。

注重实用是近代语文教材的又一显著特征。梁启超在《中国教育之前途与教育家之自觉》（1917）中说：“学而不能应用于世，无论如何勤学，终是纸的学问，其结果纸仍纸，我仍我，社会仍社会，无一毫益处也。”“总之，学校与社会万不可以分离：在学校时，于社会应有之知识研究有素，毕业后断不患无人用之；在学校养成一种活动之能力，将来在社会上可以不必求人，亦足自立。”[1]

陶行知在《“教学做合一”下之教科书》（1931）中说：“（教科）书是一种工具，一种生活的工具，一种‘做’的工具。工具是给人用的，书也是给人用的。”“我们用书，有时要读，有时要讲，有时要听，有时要看；但是读、讲、听、看都有一贯的目的，这目的便是它们对于‘用’的贡献。”“三十年前中国的教科书是以文字做中心，到现在，中国的教科书还是以文字做中心。进步的地方：从前是一个一个字地认，现在是一句一句地认；从前是用文言文，现在是小学用白话文，中学参用白话文与文言文……教科书的根本意义毫未改变，现在和从前一样，教科书是认字的书、读文的书罢了。”“我们要活的书，不要死的书；要真的书，不要假的书；要动的书，不要静的书；要用的书，不要读的书。总起来说，我们要以生活为中心的教学做指导，不要以文字为中心的教科书。”[2]

朱文叔编的《新课程标准适用：初中国文读本》有意淡化文艺文，增加记叙文、说明文、议论文等普通文和应用文，也是这种编辑思想的反映。黄炎培明确指出：国文的“读本材料，全取应用的。作文力戒以论人论事命题，多令作记事记物记言等体（记物，置实物于前为题，或令写实景）。尤多作书函（正式书函，便启，通告书均备）。或拟电报（书函兼授各种称谓及邮政章程。电报兼授电码翻译法、电报价目表等。旧时《宦乡要则》，今之《官商快览》，以及坊间印售之日记册，附载各种，实包有无数适于应用之好资料）。习写各种契据。书法注重行书”[3]。黄炎培在《中国文之新教授法》（1916）中说：“（国文）宜注意日常应用之文字。于教科书外，随时宜利用新闻纸、广告、契据、书信、明信片等各种社会惯见之印刷品，以广其应用，但以合于儿童程度者为限。”[4]

[1] 梁启超. 中国教育之前途与教育家之自觉[M]//李杏保，方有林，徐林祥. 国文国语教育论典（上）. 北京：语文出版社，2014：43-44.

[2] 陶行知. “教学做合一”下之教科书[M]//李杏保，方有林，徐林祥. 国文国语教育论典（上）. 北京：语文出版社，2014：167-171.

[3] 郑国民. 清末民初教育的发展对文言文和白话文教学的选择[J]. 中学语文教学参考，2001（7）：7-10.

[4] 黄炎培. 中国文之新教授法[M]//李杏保，方有林，徐林祥. 国文国语教育论典（上）. 北京：语文出版社，2014：8.

第三，注重教材的文学性和趣味性。

教材的读者对象是中小学生，注重选文的文学性和趣味性是语文教材编者必须考虑的。近代初期白话文还不受重视，语文教材以中国古代文章为主，而且以文为正宗，很少选诗词。罗庸在《我的中学国文老师》（1944）中回忆，他上中学时用的教材“是林纾选《中学国文读本》，商务版，线装。第一册是清文，以下明元宋唐倒溯上去，最后是《战国策》和晚周诸子。选文的主体自然是归（有光）、方（苞）、姚（鼐）、曾（国藩）和唐宋八大家”[1]。钱基博在《〈初中中国文学读本写目〉说明书》中也说：“中国文学，当然是文言文学。这个理由很简单……给学生精读的一种中国文学读本的选材，当然以纯粹的中国文言文学为主体；语体文不必选，翻译文更不必选。”徐蔚南在《关于初中创造国文读本》中指出，语文教材应以培养阅读习惯和欣赏兴趣为主，“因为愈是高级的书报，愈是严肃，愈是不肯迁就人，那就愈难养成阅读的习惯；愈是优良的文艺，愈是高洁，愈是淡远，那就是愈难养成欣赏的兴趣”。所以，徐蔚南编的《创造国文读本》“重文艺，多小品”。至于小学语文教材则以儿童文学为主，这样更能激发儿童的阅读兴趣。朱晸暘、俞子夷在《新小学教材研究》中说：“近年来国语读本中材料，大多数是儿童文学。目标并举阅读能力与阅读兴趣。”

第四，注重读写能力训练。

读写结合，通过读古人的好文章，使学生受到潜移默化的教育，进而学会写作，是培养读写能力的便捷途径。刘法曾、姚汉章在《中华中学国文教科书》的“编辑大意”中说：“中学校学生，国文程度渐深。急宜授以古人作文义法。”意在“使读者稍知古人之体裁门径”[2]。王伯祥编的《开明国文读本》也突出文章作法。到叶圣陶、夏丏尊编的《国文百八课》，以读写技能训练为宗旨，“每课为一单元，有一定的目标，内含文话、文选、文法或修辞、习问四项，各项打成一片”，受到人们的普遍认同与称赞。

[1] 罗庸. 我的中学国文老师[M]//李杏保，方有林，徐林祥. 国文国语教育论典（下）. 北京：语文出版社，2014：724.

[2] 陈尔杰. “古文”怎样成为“国文”——以民初中学教科书为中心的考察[J].中国现代文学研究丛刊，2012（2）：141–152.

叶圣陶多次说过："给孩子们编写语文课本，当然要着眼于培养他们的阅读能力和写作能力，因而教材必须符合语文训练的规律和程序。"

另外，在一些中学名校，如北平崇慈女中、北京师范大学附属中学、天津市南开中学、苏州省苏州中学、复旦大学附属中学、东南大学附属中学等，都有自编的校本教材。这些教材，更是以扩大阅读视野、训练读写能力为主。高中阶段多是给学生开书目，如长沙市明德中学给高一年级开的阅读书目有《常识文范》《青年修养录》《白话文学史》《欧洲文艺复兴史》《中国小说史略》等17种，要求高一上学期选读100万字，高一下学期选读150万字。

三、近代语文教育的主要特点

1. 开创了中国现代语文教育的新时代。

1904年"癸卯学制"的建立，标志着现代意义上的中国语文教育正式成立。从此，中国语文教育开始逐步摆脱经学和科举的附庸，成为近代教育科学意义上一门独立的学科，揭开了中国现代语文教育的序幕。尽管仍在强调读经讲经，具有明显的经学色彩，但毕竟产生了中国文字、中国文学。尤其是"中国文学"一科，"并宜随时试课论说文字，及教以浅显书信、记事、文法以资官私实用。但取理明词达而止"[1]，这为日后国文单独设科奠定了基础，并注意到阅读、写作能力的培养和书法、语言的练习。1909年，商务印书馆创办《教育杂志》，沈颐、蒋维乔呼吁革新国文教学，庾冰、潘树声等进而倡导从语言入手进行国文教学，开始了对语文学科性质、任务及教学方法的探讨，这为语文工具论的创立做了理论上的准备。

2. 语文教育受到知识界高度重视。

近代语文教育有一个显著的特点，就是一大批专家学者、社会名流以改造社会为己任，关注中国现代教育，尤其关心国文国语教育。罗志田在探讨陈寅恪所出的清华大学国文试题时说：

[1] 张百熙. 学务纲要[M]//李杏保，方有林，徐林祥. 国文国语教育论典（上）. 北京：语文出版社，2014：2-4.

中学国文教育在20世纪上半叶中国的教育界一直受到持续关注，包括梁启超、胡适等人都曾参与讨论，而胡适本人更有三次同样题目的演讲，期间新旧中西的层次至为复杂，很多人的见解与我们常规认知未必接近。[1]

李杏保、方有林、徐林祥主编的《国文国语教育论典》共收录88篇文章，第一篇写于1904年，最后一篇写于1949年，可以看作是中国近代语文教育近150年的代表性文献。书中所收文章的作者中，就有张百熙、王国维、唐文治、徐特立、经亨颐、黄炎培、梁启超、孙本文、蔡元培、胡适、周予同、杨贤江、朱经农、吕思勉、周谷城、陈寅恪等文化教育精英，全社会关注、关心中国语文教育可见一斑。

受整个社会风尚的影响，20世纪上半叶，一大批高校专家学者不仅关注中小学国文教育，并参与其中。据《国文国语教育论典》记载，就有刘半农、罗常培、何仲英、叶绍钧、黎锦熙、夏丏尊、朱自清、王森然、陈望道、朱光潜、吕叔湘等语言文学大家。他们往往能提出一些十分中肯的意见和建议。我国现代语文教育的时代、社会与教育制度的大背景，为语文工具论奠定了坚实基础。这里仅以语言学家罗常培为例进行讨论，由此可见当时知识界对国文国语教育的重视程度，也可见那一时代社会风尚之一斑。

罗常培（1899—1958），字莘田，号恬庵，满族。我国当代杰出的语言学家，中国现代语言学的奠基人之一。他做过中学国文教师，历任西北大学、厦门大学、中山大学、北京大学教授，历史语言研究所研究员，北京大学文科研究所所长。新中国成立后不久，罗常培受命筹建中国科学院语言研究所。1950年6月，中国科学院[2]语言研究所成立，罗常培被任命为首任所长。罗常培毕生从事语言教学与研究，研究领域涉及音韵学、方言及少数民族语言等，其主要著述收录在王均主编的《罗常培文集》（十卷本）中。因为罗常培曾当过中学国文教师，当过西南联大师范学院国文学系主任，他对语文教育的一些观点至今仍具有启发意义。

第一，对国文教育和语言文字的认识。

也许是笔者由语言学转入语文教育的原因，笔者本人有一个直观的感

---

[1] 罗志田. 近代读书人的思想世界与治学取向[M]. 北京：北京大学出版社，2009：189.

[2] 中国科学院成立时包括哲学社会科学部，1977年在此基础上成立中国社会科学院。

受——在我国语言文学界，越是大家，越是关心基础教育和社会生活，越是注意语言文学知识的普及和社会语文生活。只是为他们在语言学或文学方面的盛名所掩，人们不大关注他们在语文教育方面的贡献而已。文学家朱自清、浦江清、罗庸、沈从文、余冠英如此，语言学家王力、吕叔湘、黎锦熙、朱德熙等如此，罗常培当然也是如此。刘坚师曾在《当代杰出的语言学家罗常培先生》一文中说，“罗常培是研究古代汉语音韵的专家，他对古代汉语音类的分合、音值的构拟和音韵演变的历史做了深刻的研究。但是他的脚步绝不仅仅停留在古代，他善于运用精湛的历史语音学知识来解决现实的语文问题。他不仅博古通今，而且切切实实做到了古为今用”，这使他“在学术研究中能够兼顾古今，把古今很好地结合起来，把提高与普及很好地结合起来，真正做到理论与实践的统一”[1]。《罗常培年表》的编者说：“先生向来在从事高深研究的同时，不忘生活中的语言问题，尤其是关心‘国语运动’和语言教育……到云南后，先生几次在广播电台演讲，或应邀为报刊写文章，谈论语文教学问题。”[2]罗常培在《中国人与中国文》的自序中说：“做学问固然要求精深，同时也不要忘记普及。倘使一贯地老抱着‘只可自怡悦，不堪持赠君’的态度，那岂不失掉教育的意义了吗？”[3]

罗常培关心语文教育，也许与他当过中学国文教师的经历有关。1921年，他从北京大学毕业后，即应聘到天津私立南开中学任国文教员。1922年，罗常培应邀到北平市立第一中学任国文教师兼总务长，不久又任代理校长。1924年，在政府机关做速记员的同时，兼任北平私立四存中学国文教员。在西南联大期间，他不仅几度出任文学院中文系主任、教授，还兼任西南联大师范学院国文学系主任、教授。当时西南联大师范学院创办了一份以“促进国文教学”为宗旨的《国文月刊》，在创刊号的“卷首语”中有这样的话：“不想登载高深的学术研究论文，却欢迎国学专家为本刊写些深入浅出的文章，介绍中国语言文字及文学上的基本

[1] 刘坚. 当代杰出的语言学家罗常培先生[M]//刘坚. 人与文：忆几位师友，论若干语言问题. 北京：北京语言文化大学出版社，1998：28.
[2]《罗常培文集》编委会. 罗常培文集：第10卷[M]. 济南：山东教育出版社，2008：406.
[3]《罗常培文集》编委会. 罗常培文集：第5卷[M]. 济南：山东教育出版社，2008：3.

知识给青年读者。”[1]罗常培既是西南联大师范学院国文学系主任，又是《国文月刊》的编委会成员，他有关中学国文教学的不少文章就是在《国文月刊》上发表的。每到暑假，罗常培都要参与评阅各大学统一招考新生的国文试卷。他还受教育部委托，与朱自清拟订大学中国文学系课程草案，朱自清负责文学部分，他负责语言文字部分。这些工作，无疑促使他深入思考中学国文教学问题，并逐渐形成他的语文教育思想。在《罗常培文集》第5卷里的“中国人与中国文”、第9卷的“语文琐谈”等章节中，都可以看到他对语文教育的精彩论述。

第二，国文教材的编写。

在罗常培所处的时代，国文教学并没有统一的教材。一些重点中学由教师动手自编教材，没有能力编的就选用现成的教材，所以那时候的中小学教材是真正的百花齐放，当然质量水平也是参差不齐的。而坊间流行的国文选本，要么是按照文学史的顺序选文，要么是把当代重要人物的政论或演说尽量罗列进去，前者失之于专，后者又成了党义或公民纲要。罗常培认为，国文科的教学目的是养成学生的阅读写作能力，国文教材的编写“不是一两个专家在书桌上悬想设计，或几位官员在办公室里拟稿画行，就可以解决的。必须请几位对于中学国文教学有经验有兴趣有研究的人，领导国文系的学生把旧选的教材做一番检讨，把拟选的教材做多次的实验，然后共同商定一部由浅入深，适合各级学生程度，足以增进阅读写作能力的读本”[2]。当然，这也不是哪一所师范学院的国文系能独自承担的，必须由各校共同商定计划，群策群力，分工合作，才能得到满意的结果。显然，在罗常培看来，语文教材的编写不是少数人的事情，更不能靠行政命令强力推行，必须靠“有经验有兴趣有研究”的教材专家编写，并且要先实验后推广。2016年10月，我国道德与法治、语文、历史教材实行国家统一编写，统一使用，可以看作是一种教材编写体制机制向历史的回归。

罗常培先后在天津市南开中学、北平市立第一中学、北平四存中学

[1] 陈金霞.《国文月刊》办刊始末[J].编辑之友，2011（10）：110-113.

[2] 罗常培.师范学院国文学系所应注意的几件事[M]//《罗常培文集》编委会.罗常培文集：第5卷.济南：山东教育出版社，2008：21.

当过四次中学国文教师，除在南开中学是学校指定用王昆绳的《左传评》以外，其余三次都是由教师自由选择教材。多数教师选用的不外乎《古文观止》《古文释义》。罗常培则自己动手编选国文教材，为了因材施教、补偏救弊，他大胆地进行了以下三个方面的改革：

一是避免俗滥。罗常培舍弃了《陈情表》《出师表》《原道》《获麟解》《桐叶封弟辨》《捕蛇者说》等“模范文章”，选用了大量学术性文章，而且有主、副之分。如选《汉书·艺文志·诸子略》作为主教材，另选章太炎的《诸子学略说》和胡适的《诸子不出于王官论》作为副教材，便于学生掌握学术源流。

二是启发思想。通过教材引入新思想、新观念，以引导学生开阔眼界。比如罗常培选胡适的《杜威论思想》，训练学生的构思方法；选胡适的《不朽——我的宗教》和梁启超的《为学与做人》，甚至还选了李大钊的《今》，讨论人生观、价值观问题；选陈大齐的《迷信与心理》，帮助学生破除迷信；等等。这在今天看来，编辑思想是相当超前的。

三是喜欢用比较的方法。罗常培编教材时喜欢采取对照的方式，有文言文与语体文的比较，如宋濂的《王冕传》与吴敬梓的《儒林外史》中写王冕内容的比较，甚至选鲁迅的《月夜》用英译本对照。他认为这种方法“最可以启发学生作文的思路，增进他运用文字的技巧”。

尽管罗常培后来对这种编选方式进行了反思：“当时只顾廓清旧的积弊，开创新的风气，却不免犯了矫枉过正的毛病，没有审慎考量学生的程度，没能恰好适应他们的需要。”[1]但是，他对于国文教学抱着研究的态度，又将研究结果加以提炼，融入自己编写的教材之中，完全把教学当作一种乐趣，不怕麻烦、不怕累，专心从事国文教学改革。这种教学态度和钻研精神，值得我们学习。

第三，国文教学的方法。

罗常培非常注重国文教学的方法，认为这是提高教学效率的关键。他认为中学生国文程度低的原因，一方面是因为教材的不适宜，另一方

［1］罗常培. 我的中学国文教学经验［M］//《罗常培文集》编委会. 罗常培文集：第5卷. 济南：山东教育出版社，2008：27-29.

面是由于教法的欠斟酌[1]。他在《语言学的对象和任务》（1952）一文中指出语言学研究的十大任务，其中就包括“语文教学方法研究”：

语文教学的目的是要使学生对于所学的语文能听，能懂，能说，能用。教者首先得正确地掌握所教语言的语音条理、语法规律、词汇运用的惯例等，然后才能够根据科学分析的结果，结合实际生活的需要去进行教导、训练，使学生由不懂到懂，由不会到会。教学效率的高低完全看教学方法能不能达到这个目的。教本国语文是这样，教外国语文也是这样。[2]

关于小学阶段的识字教学，罗常培认为应该借助汉语注音的工具，减少儿童识字的困难。罗常培在《中国人与中国文》（1941）中说：

照我的意见，在小学时期，未尝不可仿照从前北平孔德学校的办法，用注音符号或国语罗马字来代替汉字，以减少儿童识字的困难。从初中以上，就得用注音符号辅助读音，逐渐认识汉字，并试着阅读用汉字印行的书籍。要想完全废弃汉字，单用拼音文字来代替，那似乎为期还远得很。[3]

今天看来，小学语文低年级学习汉语拼音，已经成为一种普遍的教学方法，可见罗常培的先见之明。但他说学生识字要等到初中以上，今天看来，则未免显得过于保守了。

关于阅读教学，罗常培教学时一般是先介绍作者的传略，说明课文的时代背景，作者在文学史上的地位和课文的价值；然后解释字句，划分段落，指示篇章法则，研讨方法修辞的奥妙；最后综览全篇大意，看文章的风格跟前一时代有什么异同，对后代有什么影响。这种讲法，“固然可以让学生有进一步的了解”，但他后来也意识到，犯了“陈义过高”“揠苗助长”的毛病，学生并没有“自动”的机会。[4]

关于作文教学，罗常培认为，一般人只要能够用文字老老实实地表达自己的情感或意思就可以了，而不在于文学创作。他说：

---

[1] 罗常培. 师范学院国文学系所应注意的几件事[M]//《罗常培文集》编委会. 罗常培文集：第5卷. 济南：山东教育出版社，2008：20.

[2] 罗常培. 语言学的对象和任务[M]//《罗常培文集》编委会. 罗常培文集：第9卷. 济南：山东教育出版社，2008：7.

[3] 罗常培. 中国人与中国文[M]//《罗常培文集》编委会. 罗常培文集：第5卷. 济南：山东教育出版社，2008：8–9.

[4] 罗常培. 我的中学国文教学经验[M]//《罗常培文集》编委会. 罗常培文集：第5卷. 济南：山东教育出版社，2008：31.

我对于一般国民的希望，只盼人人能够把自己的情感或意思，清清楚楚地，有条有理地，不跑野马，不说废话，老老实实地表达出来就够了。至于神而明之，大而化之，超凡出奇，别创风格，那是文学家的事，不是一般人的事。[1]

罗常培对学生作文的总体要求是“清通”，即文从字顺，反对在作文中文白夹杂、堆砌典故。他也很重视作文的批改，主张批改作文应“循循善诱，使他行远自迩，登高自卑，一层层地逐渐到自由抒情申意的清通境界”。所以，他总结自己的中学国文教学经验，归纳为三点：一是“选材须适合学生的需要，卑之无甚高论”；二是“教法须深入浅出，注重启发，不可好高骛远，一味灌输”；三是“改文须多迁就，少更易，多客观，少主观”。[2]

尽管罗常培很谦虚地称自己的国文教学是失败的，但其时代价值是不容磨灭的。他对国文教学的这些真知灼见，对我们今天的中小学语文教学很有借鉴和启发意义。

3. 民族危亡凸显母语教育价值。

大凡在民族危亡之际，侵略者欲毁一国，往往是先断其母语，灭其文化。而对于被侵略国家的人民来说，放弃母语，也就意味着亡国灭种。日本文化学者岸根卓郎在《文明论——文明兴衰的法则》中说：“放弃母语，就是通向亡国（毁灭文明）的捷径。”[3] 法国作家都德的小说《最后一课》就反映了法国人在外敌入侵时对法语的那种崇敬、惜别之情。韩麦尔作为一个教母语的老师，面临的是要跟自己国家的语言分手，跟自己的祖国分手。这是何等难以忍受的悲痛！在韩麦尔老师看来，自己必须负责，必须振奋精神。他认为自己是一位教法语的老师，要尽自己最大的努力在有限的时间传授给学生无穷无尽的知识，在他们细小的心灵播下美好的种子！韩麦尔说：“法国语言是世界上最美的语言——最明白，

[1] 罗常培. 中国人与中国文[M]//《罗常培文集》编委会. 罗常培文集：第5卷. 济南：山东教育出版社，2008：8.

[2] 罗常培. 我的中学国文教学经验[M]//《罗常培文集》编委会. 罗常培文集：第5卷. 济南：山东教育出版社，2008：32–33.

[3] 转引自童庆炳. 漫议中小学语文教学的中国经验[J]. 中学语文教学，2008（2）：10–15.

最精确……我们必须把它永记在心，永远别忘了它。亡了国当了奴隶的人民，只要牢牢记住自己的语言，就好像拿着一把打开监狱的钥匙。”波兰曾被德、奥、俄几度瓜分，最后仍能复兴，离不开母语的力量。德国统治波兰时，不允许波兰儿童学自己的母语。波兰的母亲们就组织缝纫会，借缝纫会来教育他们的儿女学习波兰文和波兰语[1]。

近代中国，社会动荡不安，尤其是1931年“九一八”事变以后，中华民族陷入巨大的灾难之中。文学界有“国家不幸诗家幸”之说，我们也可以说，正因为国家民族的灾难，使母语教育的价值更加凸显，使人们更加迫切地认识到民族语言文字对凝聚国民人心、振奋民族精神、传承民族文化的重要作用和深远影响。郑振铎的《最后一课》就写了上海沦陷时他在暨南大学上最后一课时的情景：

我们依旧的摇铃上课。

我授课的地方，在楼下临街的一个课室，站在讲台上，可以望得见街。

学生们不到的人很少。

“今天的事，”我说道，“你们都已经知道了吧。”学生们都点点头。“我们已经议决，一看到一个日本兵或一面日本旗经过校门，立刻便停课，并且立即的将学校关闭结束。”

学生们的脸上都显现着坚毅的神色，坐得挺直的，但没有一句话。

“但是我这一门功课还要照常的讲下去，一分一秒也不停顿，直到看见一个日本兵或一面日本旗为止。”

我不荒废一秒钟的工夫，开始照常的讲下去。学生们照常的笔记着，默默无声的。

这一课似乎讲得格外的亲切，格外的清朗，语音里自己觉得有点异样；似带着坚毅的决心，最后的沉着；像殉难者的最后的晚餐，像冲锋前的士兵们的上了刺刀，“引满待发”。

然而镇定，安详，没有一丝的紧张的神色。该来的事变，一定会来的。一切都已准备好。

谁都明白这“最后一课”的意义。我愿意讲得愈多愈好，学生们愿

---

[1] 陈鹤琴. 什么叫“活的教育”[M]//李杏保，方有林，徐林祥. 国文国语教育论典（下）. 北京：语文出版社，2014：609.

意笔记得愈多愈好。

讲下去，讲下去，讲下去。恨不得把所有的应该讲授的东西，统统在这一课里讲完了它；学生们也沙沙地不停地在抄记着。心无旁用，笔不停挥。

别的十几个课室里也都是这样的情形。[1]

老舍在《四世同堂》中描写日寇占领北平后，新学期开学的第一天，中学教师祁瑞宣的感受："他应当安慰他们，但是怎样安慰呢？他应当鼓舞起他们的爱国心，告诉他们抵抗敌人，但是他自己怎么还在这里装聋卖傻的教书，而不到战场上去？他应当劝告他们忍耐，但是怎么忍耐呢？他可以教他们忍受亡国的耻辱吗？""糊里糊涂的，他从嗓子里挤出两句话来：'明天上课。今天，今天，不上了！'"[2]柏杨回忆他1931年上小学二年级时的情景：

我最深刻的记忆是，当老师在课堂上告诉大家，日本军队侵略中国国土、屠杀中国人民时，全班学生随着教师的嘶哑声音，哭成一团。当时老师用"千钧一发"这个成语，形容中国命运，解释说中国的命运就像一根头发，下面悬挂着千斤重量的钢板，我和小朋友们紧张得小身体都浑身淌汗，第一次为国家付出重重忧心。"千钧一发"是我第一个学会的成语，也是使我为爱国甘愿付出生命的起步。[3]

范用在《我爱穆源》一文中，回忆他在抗日期间在穆源小学上学时的情景：级任老师周老师"念课文十分动听"，"批改作文本，非常认真"，还花钱订了"韬奋先生编的《大众生活》周刊给我看"，"这份杂志引导我关心国家大事，使我懂得抗日救亡的道理"。到了高年级，"老师教我们唱《苏武牧羊》《满江红》，歌词文绉绉的，不大好懂，但从历史课里我们已经知道苏武和岳飞，他们讲气节，一个做了俘虏不屈服，一个英勇抗敌。这两首歌唱起来，有一种悲壮的味道"。

接着又传来了救亡歌曲，唤起人们反对日本帝国主义侵略。沙老师

[1] 郑振铎. 郑振铎散文选集[M]. 天津：百花文艺出版社，2009：190-191.
[2] 老舍. 四世同堂[M]//老舍. 老舍全集：第4卷. 北京：人民文学出版社，2008：222-223.
[3] 柏杨. 上小学的日子[M]//傅国涌. 过去的小学. 北京：同心出版社，2012：129.

选了好多首新歌教我们唱。

从这些歌里，我们听到劳动人民为了生活而挣扎的呼声，听到万众一心要求抗日救国的呼声。你听：

……

谁愿意做奴隶？谁愿意做牛马？——《热血》

大家努力，一起向前！我们好比上火线，没有退后只向前！——《大路歌》

挺起心胸，团结不要松！我们，我们是开路的先锋！——《开路先锋》

让我们结成一座铁的长城，把强盗们都赶尽，向着自由的路，前进！——《前进歌》

上前线去，大伙儿在一起。驱逐我们的敌人，出中国去！——《自卫歌》

起来，不愿做奴隶的人们！……我们万众一心，冒着敌人的炮火，前进！——《义勇军进行曲》

一九三六年，一九三七年，在那令人难忘的日子里，唱啊，唱啊，唱得热血沸腾。谁说我们小孩子不知道民族危亡，不懂得抗日救国。[1]

何兆武的口述史《上学记》追忆了他学生时代的往事。何兆武经历过抗战，颠沛流离，饱尝人生冷暖，却留下了两段最美好的读书记忆，一是“从初二到高一这三年”，另一段就是“西南联大的七年”，正是“偌大中国放不下一张安静书桌”的岁月。书中特别讲到北京中学生拒学日语的故事。何兆武在西南联合大学见到从北京考入西南联合大学的中学同学，问他们被日本侵略后那两年的情形。同学告诉他，日本人一来就把英文课废止了，来了一个日本人教日文，又是学校的总监。何兆武以为他们学了两年，日文应该学得很不错了，不料同学却说：“什么不错，一个字都没学，字母都不认得。”因为大家谁也不念，考试全班都不及格，最后都是零分。1937 年底日军攻占南京，敌伪下令要求全市学生参加“庆祝游行”。消息一出，全班同学都哭了。覆巢之下，岂有完卵？没有国哪有家？没有家，哪有个人的幸福？所以何兆武说，我们这一代人对日本侵略者的仇恨非常强烈，我想现在的年轻人已经不会有这种感受了，也

[1] 范用. 我爱穆源[M]∥傅国涌. 过去的小学. 北京：同心出版社，2012：51-56.

可以说，对日本侵略者的仇恨是我们这一代人难以了却的情结。那时候，爱国是义务，反抗侵略是天职。[1]

汪曾祺回忆他在江苏高邮县立初级中学读书的情形时也有生动描述：

明伦堂的东西两壁挂了十六条彩印的条幅，都是民族英雄，有《苏武牧羊》《闻鸡起舞》《班超投笔》《木兰从军》……其余的，记不得了。为什么要挂这样的画？这时“九一八”事变已经发生，全国上下抗战救国情绪高涨。我们的国文、历史课都增加培养民族意识的内容，作文也多出这方面的题目。有一次高北溟先生出了一道作文题“救国策”，我那堂哥汪曾浚劈头写道“国将亡，必欲救，此不易之理也”。他的名句我一直记得。他大概读了一些《东莱博议》之类的书，学会了这种调调。这有点可笑，一个初中学生能拿出什么救国之策呢？但是大敌当前，全民奋起，精神可贵。我到现在还觉得应该教初中、小学的学生背会《木兰词》，唱“苏武留胡不辱”。这对培养青少年的情操和他们的审美意识，都是有好处的。[2]

罗常培的《中国人与中国文》一文，是他在西南联合大学任教期间，于 1941 年 4 月 24 日在昆明广播电台的讲演。他说：

语言文字是一个民族文化的结晶，这个民族过去的文化靠着它来流传，未来的文化也仗着它来推进。凡属一国的国民，对于他本国固有的语言文字必须有最低限度的修养，否则就不配做这一国的国民。[3]

新中国成立后，现代汉语规范问题成为我国经济文化建设的重要问题。罗常培作为中国科学院语言研究所所长，与吕叔湘合写了《现代汉语规范问题》。文中说：“语言随着社会的发展而发展，社会的发展要求语言的发展能同它相适应。”“我们所需要的是一种高度发展的语言，我们所需要的是一个统一的、普及的无论在它的书面形式或是口头形式上都具有明确的规范的汉民族共同语。”文中特别提到中小学语文教育在推行语言规范化中的作用——“学校教育是文化建设中最基本的工作。如

[1] 何兆武. 上学记[M]. 修订版. 北京：生活 · 读书 · 新知三联书店，2008：51.
[2] 汪曾祺. 我的初中[M]//傅国涌. 过去的中学. 增订本. 北京：同心出版社，2012：49–50.
[3] 罗常培. 中国人与中国文[M]//《罗常培文集》编委会. 罗常培文集：第5卷. 济南：山东教育出版社，2008：5.

果没有明确的语言规范，进行语文教学就要遭遇很大的困难”[1]。罗常培对语文教育和语言文字的远见卓识可谓高屋建瓴。

语文是学习母语的学科，语文教育不仅要学习语言文字，还要学习语言文字背后的民族精神和民族文化。作为一个中国人，学好汉语言文字是做人的必备基础，也是接受爱国主义教育的重要内容。因为语言记录着文化，汉语言文字承载着中华民族优秀的传统文化，要了解、继承中华民族的优秀文化，就必须从学好母语、学好语文入手。爱国要从热爱祖国的语言文字开始，从热爱中华民族的汉语汉字开始，要以敬畏之心对待母语。否则，爱国也就成了一句空话。

4. 正确看待近代语文教育。

近年来，学术界颇有一股“民国热”。其实，今人看到的民国教育，只是一些毕业于名校的精英笔下的点滴印记，只是一个“美丽”的掠影而已。如果把这些印记当作民国教育的全部，无异于自欺欺人。民国时期的语文教育，其实也存在着种种问题。

蒋维乔在《论小学以上教授国文》（1909）中说：“今之谈教育者，辄鳃鳃然虑曰：学堂中之国文日益退步也。”[2]邰爽秋在《科学化的国文教授法》（1922）中说：“中学校入学试验的国文卷子，七八百本中，找不出一百本清通，没有别字；高等专门大学生，几百人中，也还时常有人写出不通的文章，写出奇怪的别字：这真是现今国文教师应该反省的一个大问题！”[3]梁启超在为王森然的《中学国文教学概要》所写的序（1927）中说：

在今日学校各项课程之中，最为重要者，固属国文；而同时教授最感困难，教师最感缺乏，学生除有生性特别嗜好外，最感干燥而无生趣者，惟有国文。[4]

[1] 罗常培，吕叔湘. 现代汉语规范问题[M]//《罗常培文集》编委会. 罗常培文集：第9卷. 济南：山东教育出版社，2008：64-65.

[2] 蒋维乔. 论小学以上教授国文[M]//李杏保，方有林，徐林祥. 国文国语教育论典（上）. 北京：语文出版社，2014：19.

[3] 邰爽秋. 科学化的国文教授法[M]//李杏保，方有林，徐林祥. 国文国语教育论典（上）. 北京：语文出版社，2014：244.

[4] 转引自顾黄初. 顾黄初语文教育文集外集（上）[M]. 南京：江苏教育出版社，2013：378.

对造成这一现象的原因，梁启超接着分析道：

各项科目，皆有显著的标准，而国文惟有象征的涵义……如有人云开方较三角为深，微分较代数为浅；两直角之和等于一锐角，则无论何人，皆知其荒谬绝伦，他如史、地、化、理、生物各课皆然。惟国文一道不然。既无一定的标准，一己之好恶情感，定古文之是非深浅。例如，性不喜佛者，则以昌黎《原道》为《圣经》。性喜高玄者，则以史迁《伯夷列传》《孟子荀卿列传》等迷离恍惚之文字，为神龙变幻，其味无穷。如此类者，皆堪发噱，而皆有各持一说，言之有故，持之成理，究竟以何为是非深浅之标准？[1]

可见，在梁启超看来，语文缺乏理科那种明确的标准、因人而异是其最感“困难”的根本原因。朱经农生动地记载了当时中学国文课堂上的情景：

旧式中学校里面教授国文的实在情形，人人都知道的。一个教员拿了几张油印的讲义（或现成的国文课本）在课堂上逐字逐句地讲解。下面听讲的学生真是七零八落。那种精神涣散的样子，实在叫人看了短气。坐在前面的几个学生，虽然“一心以为鸿鹄将至”，表面上总算还在那里看讲义。至于坐在后排的学生，有的在讲义旁边放着一本英文教科书，自己在那里阅读；有的低着头做他的算学题目；有的女生还在桌子下面打手工；有的偷看小说；有的简直睡着了。教员勉勉强强敷衍完了一点钟，夹着讲义去了；学生也就一哄而散。试问这样研究国文，究竟有何结果？

有一天我去参观一个私立学校，看他们上了一堂国文课，心里觉得烦闷非常；出了校门，信步走过一家小茶馆门口，看见一个“说书先生”在那里指手画脚地讲故事……我在茶馆外面立了五分钟，不觉发生许多感慨。我觉得学校里面的国文教员如果都有这位“说书先生”那样的魔力，那就好了。为什么教授国文不能像说书这样有趣？[2]

当然，梁启超、朱经农所描写的，可能是那些相对一般的学校里发生的情景。但这也足以启示我们，对近代语文教育的考察应尽量全面和

[1] 转引自李斌. 民国时期中学国文教科书研究[M]. 北京大学出版社，2016：22.

[2] 朱经农. 对于初中课程的讨论·国文科的内容[M]//李杏保，方有林，徐林祥. 国文国语教育论典（上）. 北京：语文出版社，2014：351–352.

客观。

四、近代语文教育的有益启示

近代语文教育是一座蕴含丰富的矿藏，其中有许多值得深入挖掘的宝藏。无论在课程、教材，还是在教学、考试等方面，都能给我们多方面的启示。研究近代语文教育，要注重挖掘其当代意义，鉴往知今，以启来者。

1. 对语文课程的启示。

第一，相对宽松的社会环境是语文教育发展的基础和条件。

一个充满活力的思想环境是学术卓越的先决条件。包括语文教育在内的学术文化研究，离不开一个相对宽松的社会环境，主流价值观、舆论氛围、教育生态、课程目标、教材编写、教学指导、教师队伍、考试评价等，都是决定语文教育繁荣的基础、条件和根本保证。语文学科与社会现实联系密切，社会关注度高，涉及面广，影响大，营造一个“充满活力的思想市场”环境，需要社会各界的共同努力。

第二，母语课程建设只能靠我们自己。

近代是中国社会急剧变革的时期。以 1904 年 1 月清政府颁布的《奏定学堂章程》为标志，我国开始建立起新学制和独立设科的教学体系。新学制的课程、教材，大都是从西方和日本等发达国家引进，而语文教育要靠我们中国人自己来建设。正如李杏保在《国文国语教育论典》的导论中所说：

唯有语言文字教育的独立设科，必须由我们自己的教育先驱们根据国情和母语特点来积极探索建设。尽管新学制初期仍是在强调儒家经典在整个教育中的特定地位，然而，中国文学一科毕竟应运而生。《学务纲要》中清醒地指明：“其中国文学一科，并宜随时试课论说文字，以资官科实用，但取明理辞达而止。”又直截了当地断言：“中小学堂于中文辞，止贵明通。”……“止贵明通”正是当年《学务纲要》向我们明示的中小学语言文字教育的“靶心”所在。

我们心悦诚服地铭记着，刘志丹的老师王森然先生，对我们情深意长的嘱咐：

一国的言语文字，是国民思想感情所由传达的媒介；一国的文学，是国家精神生活的结晶。国文教得不好，学得不好，学校教育，怎样还说得改进？在其他各科的教材教法，内容工具，似乎都还有可以借镜于他国先例的地方。独有国文，非由我们自己来探索不可。(《中学国文教学概要》)[1]

历史昭示我们：一个国家的语文教育教学与这个国家的历史传承和文化传统密切相关。解决我国语文教育教学存在的问题只能依靠本国语文教育工作者，也只能在中国大地上探寻适合中国国情、语情的道路和办法。

第三，提高语文素养是语文课的根本任务。

纵观我国近代教育大家，无不是学贯中西，具有深厚的国文素养。他们决不以通晓外文而自矜，而是为了振兴中华民族文化而不懈地开创具有中国特色的国文国语教育道路。吴研因拟订《新学制课程标准纲要小学国语课程纲要》(1923),其主旨即为“练习运用通常的语言文字”[2]。叶圣陶拟订《初级中学国语课程纲要——新学制初级中学课程纲要（草案）》，其要旨为“在与小学国语课程衔接，借以较充分的练习运用文字的能力，并涵养文学趣味，由了解语体文，进而了解文体文，由浅及深，自成一圆周,并为高中国语国文的基础”[3]。叶圣陶、朱自清明确指出:“国文教学固然要重视精神训练，但尤其要重视技术训练，即重视了解文字和运用文字的训练。”[4]

2. 对语文教材的启示。

第一，编写语文教材需要大批一流学者加入。

近代语文教材之所以出现繁荣局面，根本原因在于有一支庞大的高水平教材编写队伍。许多一流学者加入到语文教材编写中来，或编写，或校订，或审定，或指导，如蔡元培、胡适、陈独秀、林纾、顾颉刚、

[1] 李杏保，方有林，徐林祥. 国文国语教育论典（上）[M]. 北京：语文出版社，2014：2-6.
[2] 吴研因. 新学制课程标准纲要小学国语课程纲要[M]//张心科. 民国儿童文学教育文论笺. 北京：海豚出版社，2012：41.
[3] 叶圣陶. 叶圣陶集：第16卷[M]. 南京：江苏教育出版社，1993：3.
[4] 顾黄初. 中国现代语文教育百年事典[M]. 上海：上海教育出版社，2001：273.

周予同、陈望道、叶圣陶、黎锦熙、黎锦晖、何仲英等。朱文叔编《初中国文读本》时，“特约多人，按照初中程度，分别撰述既富兴味，又有内容之文字，编入各册，借矫从来偏重文艺文之趋向”[1]。所约之人，除顾颉刚、闻一多、陆费逵、黎锦熙、刘复等人文学者外，还有著名心理学家张耀翔、气象学家竺可桢、动物学家陈兼善、物理学家兼翻译家周昌寿等。正是他们的身体力行，带动了重视基础教育与教材的社会风气。反观当今学术界，中小学教育似乎是小儿科，难登大雅之堂。研究型大学往往把精力放在高、精、尖的科研项目上，师范类高校也在向研究型大学看齐，重视院士数量、国家级课题与科研成果的规模。新课改以来这种情况已有很大改观，不少高校纷纷成立语文教育研究机构，众多大学教授重新开始关注中小学语文教材。但总的来看还远远不够。

第二，语文教材应注重语言文字的实际运用。

中小学教育属于基础教育，基础教育重在给学生打基础。胡适主张用“看书”代替“讲读”，提倡整本书阅读。他还给初学者开过一个“最低限度的国学书目”（1923），分工具之部（14种）、思想史之部（96种）、文学史之部（79种），总计189种[2]。他在《中学国文的教授》（1920）中提出中学国文的教材包括小说、白话戏剧、长篇的议论文和学术文。其中小说要求至少看“二十部以上五十部以下”[3]。后来连他自己也承认“很像是完全失败了”，但他将失败的原因归结为“没有相当的设备”[4]。朱自清在《论中国文学选本与专集》中认为：“实际上学生读那些课外参考书的，截至现在，似乎还不多。”“大体还是以选本为主，只不过让学生另外知道些书名而已。选本势力之大，由此可见；虽反对选本的人也不能否认。”

新课程实施以来，不少高校教师加入中小学语文教学，或参与编写教

[1] 李斌. 民国时期中学国文教科书研究[M]. 北京：北京大学出版社，2016：172.
[2] 胡适. 一个最低限度的国学书目[M]//姜义华. 胡适学术文集·教育. 北京：中华书局，1998：70-81.
[3] 胡适. 中学国文的教授[M]//李杏保，方有林，徐林祥. 国文国语教育论典（上）. 北京：语文出版社，2014：181.
[4] 胡适. 再论中学的国文教学[M]//李杏保，方有林，徐林祥. 国文国语教育论典（上）. 北京：语文出版社，2014：186.

材，或深入中小学调研指导，或参加高考命题阅卷，或发表文章演说，从而大大改变了语文教育研究的生态环境，这是令人欣喜的。但也不得不承认，有时确实存在“居高而不能临下”“可爱而不可行”的情况。

第三，语文教材应着重培养读写能力。

近代语文教材在价值取向上，曾有过不同模式的探索。有保存国粹、厉行明史、古文作法的编法，有新文化运动的白话文学教材，也有关于文章体制、文学源流甚至党化教育的教材，但经过历史长河的大浪淘沙，最后还是叶圣陶等人倡导的以阅读与写作技能训练为主要内容的教材观最为人们所称道，以至“培养学生正确理解和熟练运用祖国语言文字”成为我国语文教育的根本任务，也是我们今天编写语文教材的通常做法，更是历史的必然选择。

3. 对语文教学的启示。

第一，养成阅读兴趣习惯至关重要。

一个有一定文化修养的人，养成读书的兴趣与习惯至关重要。对学生而言更是如此，养成阅读的兴趣与习惯不仅直接关系到学生的语文学习，更关乎其知识的积累、能力的培养和健康成长。兴趣与习惯的形成往往是在小学阶段。一名小学老师对学生的影响很可能是终生的。一个学生学习能力的高低，关键在于他在小学阶段，然后是初中和高中阶段，有没有养成良好的阅读兴趣与习惯。一旦养成坏习惯，可能一辈子都改不过来。如果学生能在小学阶段遇见一个好老师，尤其是好的语文老师，对学生而言一辈子都会受用不尽。汪曾祺说他一辈子也忘不了他五年级时的国文老师高北溟写的校歌歌词。金庸也忘不了他小学五年级时的国文老师兼班主任陈未冬曾指出他作文中误将“大都”写成“大多”，称“数十年来编报，老师当日之指点，固无时或敢忘也”[1]。何兆武的学生时代，山河破碎，所幸他在愁苦中捡起的是希望，无奈中发现的是有趣，他发现了阅读的乐趣，养成了读书的习惯。兴味盎然，乐此不疲，而且不带任何功利目的，因为阅读本身就是目的。阅读带来的内心满足，好比精神上的漫游。他特别推崇陶渊明“好读书，不求甚解。每有会意，便欣然忘食”的读书法，认为：“学

[1] 蒋连根. 金庸和他的启蒙老师[J]. 教师博览，2013（6）：38-41.

术不是宗教信仰，不能说某某书字字是真理，每个字我都要同意，只要能给我以启发，它的讲法使我值得去读，甚至我的理解未必是作者原意，可是能够自得其乐，这就是我最大的满足。”[1]

养成阅读习惯，中小学阶段是黄金时期。因为这是一个人成长的关键时期，中小学生混沌初开，求知欲强，对一切都充满好奇，如果能抓住这个关键时期，帮助学生发现读书的乐趣，培养兴趣，养成习惯，不仅能使其主动汲取知识，开阔眼界，更能使其享受人生最大的幸福，终身受益。何兆武和他的同学到了小学四五年级的时候，已开始阅读各种剑侠小说，直到初中一二年级以前，看这些小说成了他们最大的乐趣。如果放学回家做完功课，能一边听着窗外的雨声，一边躺在床上看小说，那是多么美好的事情，如果看完小说还能吃一顿油煎饺子，简直就是世界上最幸福的事了[2]。可见，中小学生读书，最好不要带着任务去读，更不要有什么功利性目的，而是完全凭他们自己的兴趣去读，这样才能真正享受阅读的愉悦。在读物的选择上，如果生字太多，内容过深，自然读不下去。这时家长或老师要注意推荐合适的读物。读物的故事情节是吸引他们读下去的关键，哪怕有个别生字也不要紧。何兆武谈到他读文学名著的体会：《三国演义》因为“是半文言的，对于当时的我来说难度大些，所以兴趣不大”。《红楼梦》因为“年纪轻，对书中描述的人情世故懵懵懂懂，所以也没多少兴趣”。倒是《水浒传》最喜欢，“梁山泊好汉劫法场”之类的故事“让我爱不释手”。其实《水浒传》里有很多字他并不认得，只能根据故事情节囫囵乱猜，以至把“三十六天罡”的“天罡”和“七十二地煞”的“地煞”误读成“天置”和“地熬”，后经人指出才纠正过来。尽管如此，他最终领悟到：“我的国文知识主要是从那里学的，并非主要来自课堂。”[3]课外阅读不仅是精神成长的需要，甚至也能影响后来的专业选择。本来何兆武中学时期根本没想到将来要学什么专业，没有所谓的人生规划，只是看了丰子恺的《西洋建筑讲话》，该书从希腊罗马的神殿，一直讲到中世纪的教堂建筑，他觉得有意思，于是

[1] 何兆武. 上学记[M]. 修订版. 北京：生活·读书·新知三联书店，2008：201-202.
[2] 同[1] 66.
[3] 同[1] 68.

就想学建筑[1]，后来才报考西南联合大学土木工程系。当然，阅历、读书之后，毕竟还要归结于个人的判断与选择。可见，语文学习尤其是阅读兴趣与习惯，一定要从娃娃抓起，从小就给学生打下一个好的底子。对比现在瞄准中考、高考的现代文阅读、古诗文阅读，何兆武学生时代“何必事事汲汲于功利”式的自由阅读，我们应该深长思之。

第二，语文学习听、说、读、写宜并重。

语文学习听、说、读、写宜并重，而且要尽量从小学抓起。对于小学生来说，光讲大道理肯定吸引不了他们，关键是要用汉语言文学自身的魅力感染他们，打动他们，启发他们，让他们自己发现语文之美，掌握热爱语文的“密码”。近代军事学家蒋百里在谈到他女儿学习国语时，曾说：“我的德国话一辈子说不好，因为发音不准。我们硖石（浙江省海宁县硖石镇）人不但外国话说不好，说国语也是怪腔怪调似的，所以我的女儿让北平老妈子教她们说国语，我早点把她们带出洋，让她们舌头软时学话就容易多了。”[2]再比如，养成阅读与表达的良好习惯。蒋百里读书不读有句读的书，无句读的书他必亲加标点，认为只有如此才能专心致志地读，不至于潦草看过。他写文章像造房子一样，布局先弄清楚，其主要部分或置于中央，或留于后部，待胸有成竹，提起笔来一挥而就[3]。“他一生不停地读，不停地想，不停地写，无论政治、文艺无所不好。尝在友人处借阅德国人所译的莎翁集，德国人自诩译文比原文好。他穷一星期之力把全集读完，至于废寝忘食。读书真是他一生的第一嗜好。其第二嗜好为与人谈话。凡研究真理，往往力思不得而在与人言谈之中无意中得之，所以与人多作有益的谈话，的确胜读十年的书。他谈话能够揭示要点，融会各项问题，这是他才力过人之处。”[4]张君劢这样评价蒋百里：“其治学精神我所佩服的是他读书必有新见解，且能得其要点，非过目不忘的人所能及。”[5]蒋百里手不释卷，一目十行，偶然到无书可读的地方，任何不相干的书他都要翻阅一下，他觉得看不相干的书

[1] 何兆武. 上学记[M]. 修订版. 北京：生活·读书·新知三联书店，2008：98-99.
[2] 陶菊隐. 狷介与风流：蒋百里传[M]. 北京：群言出版社，2015：23.
[3] 同[2] 171.
[4][5] 同[2] 66.

总比不看书的好[1]。蒋百里喜爱文学的习惯，就是在求学时代养成的。他在德国本来是学军事的，但所购书中关于文学的却多于关于军事的，如《歌德集》《莎士比亚全集》《席勒集》《神曲》等，以致他后来写《欧洲文艺复兴史》《自我的醒觉》诸书，极似梁任公笔调。蒋百里的德国友人回忆说："秋天橡树落叶中，有人席地而坐，朗诵歌德的作品，风神俊朗如神仙中人，这就是蒋百里。"[2]民国时期的陶菊隐评价蒋百里说："他常在各大报撰文……其文风生动而有力，语调简单而透彻，不啻长夜中的一盏明灯，其影响于各将领及全国青年之心理者甚大。"[3]

第三，读书结合实践，重在立德树人。

古人所谓"读万卷书，行万里路"，说的就是读书与实践的关系，也就是说，不要死读书，读死书，读成书呆子，成为"两脚书橱"，而是要把读书与社会实践、现实生活结合起来。叶圣陶在苏州古镇角直教小学时，曾与其他老师一起自编课本，创办生生农场、利群书店、博览室，造礼堂，建戏台，开同乐会、恳亲会，辅导学生自编自演话剧，组织学生进行远足旅行等。历史学家钱穆也曾在家乡无锡当过多年小学国文教师。他教学生写作文，往往是把作文与生活融为一体。有一天他出了一道作文题"今天的午饭"。一名学生写道："今天午饭，吃红烧猪肉，味道很好，可惜咸了些。"他就抄在黑板上，并告诉该学生，说话须有曲折。他还带学生到郊外听松涛，在走廊上看雨，让学生讲自己的故事。如此一来，学生认为作文为日常人生中一件乐事。一个学期过去，四年级的学生就能写出很像样的作文。

蒋百里早年在浙江杭州求是书院（今浙江大学前身）求学时，曾因写诗悼念被杀的维新志士唐才常而差点被校方开除。在日本和德国学习时，虽以军事为专业，但读书却并不限于军事，而是博览群书，尤以文学类为多，且与社会实践紧密结合在一起。同时，受同学蔡锷的影响，他积极组织"浙江同乡会"，主编《浙江潮》，撰写创刊词，鼓吹革命。他一面求学，一面不忘写作，常给《译书汇编》投稿。抗战期间，蒋百

[1] 陶菊隐. 狷介与风流：蒋百里传[M]. 北京：群言出版社，2015：120.
[2] 沈炳忠. 影响中国的海宁人[M]. 浙江：浙江人民出版社，2008：198.
[3] 同[1] 67.

里不仅将自己的轿车捐给国家支援抗战，而且命次女蒋雍由香港到汉口，参加前线救护伤兵的工作。他在一篇文章中说道："现在不是青年安心读书的时候，前方战地是你们最好的课堂。从战地得来的学问，比在课堂里得来的更可宝贵。父母放子弟到前方服务是懂得怎样爱儿女的方法。"[1]读书结合社会实践，往往能深化阅读所得，加深理解。1930年，蒋百里因受唐生智反蒋牵连被捕入狱。在狱中，他每天教两个女儿读唐诗，把诗中的人物、风景、格调和寓意都讲解得非常清楚，两个女儿听着生动的故事，都能够领会诗的韵味。比如，讲《水浒传》时，他口里说个不停，手势也做个不停。一天讲到武松打虎，蒋百里说："这是中国白话文里最精彩的一段。"他命四女儿蒋华表演武松，五女儿蒋和趴在地上装老虎。他自己先表演怎样扑和怎样闪躲的姿势，随即喊着口令：第一扑、第二扑，第一次反击、第二次反击。两个女儿演起来真像活虎一样，逗得蒋百里乐不可支[2]。他教书就是这样，不使人视为畏途，而使人听而忘倦[3]。

一个人知识的积累、视野的开阔、心灵的培育、精神的丰富，语文教育起着极其重要的引领作用。蒋百里在求是书院学习时还不满20岁，正是血气方刚的时候。林迪臣编的《求己录》给他留下深刻的印象。书中讲了中国自古以来的恕道精神和关于明于责己、修身而及于家国的故事，《求己录》不仅是语文读本，更是人生教科书。蒋百里对女儿的家庭教育、精神教育重于书本教育，不使一切不良印象触及儿女之身[4]。在保定军校当校长时，他将有他亲笔签名的梁启超的《中国之武士道》送给军校学生人手一册，用那些忠于军人职守、忠于国家的生动故事教育学生。每逢星期六下午，蒋百里就集合全体教官和学生举行演讲会，讲述古今中外军事名人的言行，通过阅读、演讲等课外活动，提高学生的文化修养，对学生进行精神教育。曾任《大公报》总编辑的王芸生这样评价蒋百里："百里先生的渊博宏通，实是一位罕有的学者。中国历史上有名的军人，多是文学修养很好的人。百里先生如果典兵，便是典型的儒

[1] 陶菊隐. 狷介与风流：蒋百里传[M]. 北京：群言出版社，2015：199.
[2] 同[1]111.
[3][4]同[1]120.

将风流。”[1]著名记者曹聚仁说，蒋百里正像达·芬奇，有多方面的光芒：“既为军事学家，又为政论家，也擅长文史研究，诗词都不错，字也写得很好，说话滔滔不绝，风趣横溢。”蒋百里的好友李烈钧曾略带幽默地说：“方震脑袋中装了四馆二院。四馆是博物、图书、历史、科学；二院是文学、军事，外加各式讲座，还带随意小酌。”[2]

第四，苦难是人生财富，家庭乃教育源泉。

人生有幸有不幸，但幸与不幸与能否成才并没有必然的联系。幸运未必就能成才，不幸也未必不能成才。所谓“愤怒出诗人”“家国不幸诗家幸”。苦难可能是击倒一个人的利剑，也可能成为人生的宝贵财富。蒋百里 12 岁丧父，与母亲相依为命。童年本来过得很不幸，但他却因此养成了坚忍耐劳和好学不倦的习惯，未尝不是不幸中之大幸。一个人的成长与家庭教育关系很大。正如陶菊隐所说：“凡个性之养成，思想之孕育及未来事业之发展，与其说受着天才的支配，毋宁说时代和家庭的影响力更大。”[3]

蒋百里的另一幸运来自他的母亲。他的母亲知书达礼，在蒋百里五岁时就开始教他读唐诗及四子书。他常常能琅琅成诵，越宿不忘。六岁时听母亲讲稗官野史，他常以书中人物自命，并在与同伴嬉戏时模仿。九岁开始读经，能作三四字对句。后来母亲给他讲《封神榜》《西游记》，更使他眼界大开。他记忆力强又善于模仿，常在镇上的小茶馆里，向茶客们讲述姜子牙登台点将、孙悟空大闹天宫之类的故事。后来他在日本为中国投考军校的学生举办“临时士官预备班”，讲“入学须知”及日本军事，讲得兴味盎然，甚至吸引了学教育的同学钱均夫（钱学森之父），使钱均夫单为欣赏其口才而前来听讲。

机会总是偏爱有准备的人。所谓“听君一席话，胜读十年书”，正因为听者有读十年书作为基础，别人的“一席话”才能发挥作用。假如没有这个基础，恐怕别人说再多也没有用。蒋百里 17 岁那年考中秀才，因为家贫，曾应聘到硖石南郊伊桥镇孙霁云家当塾师。有一次，他借清明扫墓的机会，顺便看望在桐乡做塾师的族人，哪知正赶上主人家办丧事，

[1] 沈炳忠. 影响中国的海宁人[M]. 浙江：浙江人民出版社，2008：203.
[2] 同[1] 204.
[3] 陶菊隐. 狷介与风流：蒋百里传[M]. 北京：群言出版社，2015：4.

族人没有时间接待他。蒋百里在书房等得无聊，就信手翻书消遣，无意中翻到新任桐乡县令方雨亭出的观风卷（新官到任，出题目考当地士子以物色人才），他便把题目抄下来带回去，按要求写好文章如期交卷，结果被取作“超等第一名”，并被赞为“此真我中华之宝也”。方县令爱才心切，勉励他“求实学以成国器”，亲自带他去杭州投考求是书院，并允诺承担所需费用。结果入院两场考试蒋百里皆为第一名，从此声名大噪，有“硖石才子”之称。

4. 对语文教育研究的启示。

对于今天的语文教育研究，罗常培在研究方法上能给予我们深刻的启示。

第一，研究不妨小题大做。

“小题大做”现在常含贬义，有故意夸张的意思，其实本义就是用小题目做出大文章。1942 年，罗常培在北京大学文科研究所曾做题为“研究工作的性质”的讲演。他说：“教书要深入浅出，科研要小题大做。”[1]“‘大纲’‘概论’‘通史’‘述评’之类的玩艺儿，假如著者没有大错，它可以指示你门径，引起你的兴趣，可是，你要研究，即使这些书的本身是第一流的作品，你也不能拿它作根据。凡是没经自己亲眼审核过的材料是不可轻易信赖的！”研究工作“必须有在一定范围内去探讨的精神，必须有精切谨慎的态度，必须有本来的不转手的材料”。“所提出的问题越具体越好，范围越窄越好，必须由自己体验出来的，然后才不至于隔靴搔痒，捉摸不定。”[2]在语文教育研究中，有人喜欢选那些大而空的题目，似乎非此不足以语不惊人死不休。其实，在语文教育研究中，常常需要小题大做，尤其是一线老师的教学研究，更不必贪大求全。陶渊明《桃花源记》云：“山有小口，仿佛若有光。”循小口而入，便能发现一个新的桃花源。

第二，研究应有问题意识。

刘坚师曾说，读罗常培的论著，“在学习专门知识的同时，又能学到他的研究方法，从中窥见治学的门径。‘要把金针度与人’，这正是罗常

[1]《罗常培文集》编委会. 罗常培文集：第10卷. 济南：山东教育出版社，2008：404.
[2] 同 [1] 366-367.

培著书立说的目的”[1]。《罗常培文集》编委会在《罗常培文集》的序中对他研究工作的特点做了准确概括：

一是目的性强，或是从教学实践出发，或是从学科建设的需要出发，都有一定的计划；二是理论和实际并重，普及与提高兼顾；三是研究范围的层层扩展，步步深入，精心构思，一丝不苟。[2]

罗常培在谈到“研究工作必经的步骤”时说：“一个有系统的研究，至少得要经过下列四个步骤：第一得要有问题——问题的发生或者从观察精确引起，或者从‘读书得问’引起。”“第二得要有见解——有了问题就该着手搜集材料。具体数量的事实和材料，是一切研究或实验的张本，不过材料的积累和剖析需要功力，材料的组织和融贯，需要理解。”“第三得要有证据——假设能否变成通则，就看证据充分不充分。一个严正的研究者得要抱着‘有几分证据说几分话’的态度。”“第四得要有结论——单有材料而没有意见，就会流于破碎，单有意见而没有证据，就会流于空疏，从材料提出假设，拿证据证成通则，自然而然就得出顺理成章的结论来。一个研究工作若是没有果断确切的结论，那就像画龙没有点睛、做衣服没装领子一样！”罗常培还认为“这四个步骤，在研究的过程中是缺一不可的”。“一个真正科学的研究或实验，能有惊天动地的假设固好，但是主要的特征，还是根据特意搜集的材料，求得归纳的结论。能够提出果断确切的结论来，一个研究工作才算完成。”[3]语文教育研究又何尝不是如此呢？同样需要树立问题意识，针对语文学科课程设置、教材编写、教学实施、考试评价等各环节中的实际问题开展研究，而且还要有自己“果断确切”的结论。

第三，要有严谨的治学态度。

罗常培在《语言与文化》中说：

咱们应该知道借字在语言研究中的重要，但咱们切不可陷于牵强附会的错误。正确的结论是由充实的学问、致密的方法、矜慎的态度追寻

[1] 刘坚. 当代杰出的语言学家罗常培先生[M]//刘坚. 人与文——忆几位师友论若干语言问题. 北京：北京语言文化大学出版社，1998：29.
[2]《罗常培文集》编委会. 罗常培文集：第1卷. 济南：山东教育出版社，2008：1.
[3]《罗常培文集》编委会. 罗常培文集：第10卷. 济南：山东教育出版社，2008：367-369.

出来的。[1]

《语言与文化》中讨论了从亲属称谓看婚姻制度，罗常培总结说：

民族中的亲属称谓颇可作为研究初民社会里婚姻制度和家庭制度的佐证，不过，应用它的时候，得要仔细照顾到其他文化因素，以免陷于武断、谬误的推论。[2]

罗常培认为："研究工作的价值，不在乎篇幅长短，两三页的一个研究结果，可以有惊天动地的发明；几百页的大书也许是尘羹土饭的废话！"他还列举了不是研究的种种表现，如"长编"或"资料"，"讲义"或"教科书"，"索引"或"引得"，"标点古书"，"集解"或"校注"，"调查"或"报告"等。至于"没有证据的臆断"，"剽窃陈言，没有本来的精神或创见"等，当然更不是什么研究了。他特别推崇蔡元培送给中华民国政府"中央研究院"历史语言研究所同仁的一副对联——"多闻阙疑，慎言其余；遭人而问，少有宁日"[3]。科研要有自己的创见，用充实的学问、致密的方法、矜慎的态度追寻出结论，避免武断、谬误的推论，这也是当前语文教育研究迫切需要提倡的。

5. 对语文工具论的启示。

1919 年 1 月 1 日，正在苏州第五高等小学任教的叶圣陶、王钟麒在《新潮》创刊号上发表《对于小学作文教授之意见》，指出小学作文教学的目的"在令学生能以文字直抒情感，了无隔阂；朴实说理，不生谬误。至于修词之工，谋篇之巧，初非必要之需求。能之固佳，不能亦不为病"。小学作文教学"当以顺应自然之趋势而适合学生之地位为主旨。于读物则力避艰古，求近口说；于命题则随顺其推理之能力而渐使改进；于作法则不拘程式，务求达意，只需文字与情意相吻合；于批改则但为词句之修正，不为情意之增损"。在谈到作文命题时，叶圣陶、王钟麒说：

文题取材应广博。不特学校中之所诵习所闻见可以命题，即家庭社会之事，苟学生能思议及之者，亦无不可命题。事事物物，与学生接触

[1] 罗常培. 语言与文化[M]//《罗常培文集》编委会. 罗常培文集：第5卷. 济南：山东教育出版社，2008：131.
[2] 同 [1] 165.
[3] 罗常培. 研究工作的性质[M]//《罗常培文集》编委会.罗常培文集：第10卷. 济南：山东教育出版社，2008：379-381.

而引起其思想情感者，均可为文题之材料。如是，既能收各科联络之效，亦能练随遇肆应之才。不知此义，弊即随生。学生遂以为作文乃国文科中独有之事，其作用但在虚理缴绕，修词琢句，而于应用转不甚措意。迨夫事物当前，宜有所撰录，斯正应用之机会矣，而欲求应用之具竟不可得。庸讵知向以为独有之事者，正普通应用之利器耶？[1]

这里说作文教学不仅仅是国文科“独有之事”，而是“普通应用之利器”，“既能收各科联络之效，亦能练随遇肆应之才”，显然叶圣陶、王钟麒把作文教学培养写作能力看作学生学习其他学科、练习生活能力的利器，已经注意到语文教学的工具性。潘新和在《从修己到指向自我实现——中国语文教育史论之一》（2001）中谈到这一时期的语文教育时说：

五四运动前后的文学革命、白话文运动、国语教育等的兴起，给语文教育带来了“现代”气息。叶圣陶、黎锦熙、梁启超、陈望道、夏丏尊等一批国文界的精英，在对八股传统口诛笔伐的同时，都不约而同地重新把目光投向生活，投向言语主体的塑造。他们把语文教育的目的定位在为生活上。从外部看，强调的是工具性；从内部看，注重的是主体性，是运用这一工具的言语主体求真、立诚的人格修养。[2]

程其保在《初级中学课程标准之讨论》（1931）一文中，对国语的工具性已有了明确认识：

国语的教学，应注意两种功用：一即利用语文以协助思想的进程，一即利用语文以为传达思想的工具。

中学国语教学根本的目标，就在发展学生的能力，使能应用已得的字汇，为表示思想的工具。[3]

抗战胜利后，延安革命根据地逐渐成为中国文化教育中心。叶圣陶在为大学一年级国文课本《大学国文〔现代文之部〕》写的序（1949）中说：

我们选材的标准不约而同。那些怀旧伤感的，玩物丧志的，叙述身边琐事的，表现个人主义的，以及传播封建法西斯毒素的违反时代精神

[1] 商金林. 叶圣陶甪直文集[M]. 北京：人民教育出版社，2017：289-292.
[2] 潘新和. 从修己到指向自我实现——中国语文教育史论之一[J]. 中学语文教学，2001（2）：58-61.
[3] 程其保. 初级中学课程标准之讨论[M]//李杏保，方有林，徐林祥. 国文国语教育论典（下）. 北京：语文出版社，2014：488-490.

的作品，一概不取。入选的作品须是提倡为群众服务的，表现群众的生活跟斗争的，充满着向上的精神的，洋溢着健康的情感的。我们注重在文章的思想内容适应新民主主义革命的要求，希望对于读者思想认识的提高有若干帮助。[1]

针对语文教学中过于偏重“精神或思想”、忽视“技术”的现象，叶圣陶和朱自清在为《国文教学》一书所写的序（1945）中，明确提出批评：

我们都做了多年的国文教师，也编过一些国文科的读物给青年们看，本书的文章就是根据这些经验写成的。这些文章偏重教学的技术方面，精神方面谈到的很少。因为精神方面，部订的课程标准里已经定得够详细的。再说“五四”以来国文科的教学，特别在中学里，专重精神或思想一面，忽略了技术的训练，使一般学生了解文字和运用文字的能力没有得到适量的发展，未免失掉了平衡。而一般社会对青年学生要求的却正是这两种能力，他们要求学生第一要写得通，其次要读得懂。我们根据实际情形立论，偏重技术一面也是自然而然。[2]

这里的“技术”，就是指学生“了解文字和运用文字的能力”，前者是阅读，后者是表达，实际上就包含语文的工具性质。

1949年8月，叶圣陶受华北人民政府教科书编审委员会委托，起草《中学语文科课程标准》，目标包括两条：

1. 通过语言文字的学习，从感性的认识出发，在学生的情操和意志方面，培养他们：

（1）对劳动跟劳动人民的热爱；

（2）对祖国的无限忠诚；

（3）随时准备去克服困难战胜敌人的决心和勇气；

（4）服从公共纪律爱护公共财物的集体主义精神。

2. 顺应学生身心的发育和生活经验的扩展，逐步培养他们凭我国语言文字吸收经验表达情意的知能。

[1] 叶圣陶.《大学国文〔现代文之部〕》序[M]//中央教育科学研究所. 叶圣陶语文教育论集. 北京：教育科学出版社，1980：205.

[2] 叶圣陶. 教材、教法和教学效率——《国文教学》序[M]//刘国正. 叶圣陶教育文集：第3卷. 北京：人民教育出版社，1994：113.

（1）初中

①听人说话，能够了解对方的要旨，不发生误会。又能够加以评判，对或不对，妥当或不妥当，都说得出个所以然。

②对个人或公众能够说出自己的意思，能够做辩论，不虚浮，不夸张，老老实实，诚中形外。说话的时候又能够不违背论理和我国的语言习惯，明确，干净，不含糊，不啰唆。

③能够就语汇、语法、修辞格三方面区别方言和普通话，能够彼此转译，达到相对的准确。

④能够自由阅读适合程度的各种书籍、报章、杂志、文件，遇有疑难，凭自己的翻检和参考大部分能够解决。

⑤能够写出自己的意思，像第②条所说的。

（2）高中

①听话、说话、阅读、写作四项，承接着初中的第①②④⑤四条，更求其提高。

②能够通解普通文言，能够辨明口语和文言的区别，把文言转译成口语达到相对的准确。[1]

程其保已明确认识到中学国语教学的工具性。叶圣陶为中学语文科课程标准所拟订的这两条教学目标，前一条侧重思想性，后一条侧重工具性，即“凭我国语言文字吸收经验表达情意的知能”，既是对我国近代以来语文教学经验的总结提炼，也为新中国成立后语文工具论的形成奠定了基础。这对我们认识语文工具论具有积极意义。

[1] 中央教育科学研究所．叶圣陶语文教育论集（上册）[M]．北京：教育科学出版社，1980：199-200.

第三节 语文工具论的形成（1950—1966）

20世纪后期（1950—2000）的中国语文教育，大致可分为前后两个时期。前期指新中国成立初期，1950—1966年，语文工具论正式形成，并且成为我国语文教育的主导思想。后期指1979—2000年，虽经"文化大革命"的破坏，语文课曾一度被取消，工具性被异化，但"文化大革命"结束后，经过拨乱反正，工具论很快就得到复苏，仍然是语文教育的主流思想。1950—1966年的语文教育，主要具有以下特点。

一、学习语文成为政治任务

近代中国曾经遭受帝国主义侵略，新中国成立伊始，百废待兴，经济落后，一穷二白。当时，摆在全国人民面前的首要任务，就是要尽快把我国建设成为一个具有现代工业、现代农业和现代科学文化的社会主义国家。而现代工业、现代农业都离不开现代科学文化。郭沫若在第一次全国少年儿童工作干部大会上做的报告——《在春天抢着来播种》（1950）中说："占全国领导地位的《人民日报》每天只销九万份，这说明了很大的一个问题：第一是文盲多，第二是文字困难，很值得我们考虑。"[1]

为了尽快建设独立、统一、富强的现代国家，需要一大批适用的高中级建设人才，要培养能够掌握现代科学文化的人才，就要求在国家统一指导下尽快发展教育，扫除文盲，进行文字改革。显然掌握语文工具，不仅是语文教育的重要内容，也成为全党全国人民的政治任务。

早在新中国成立前，为了帮助广大工农干部学文化，何凯丰、徐特立、范文澜就编写了《文化课本》，毛泽东在其序言（1942）中说：

一个革命干部，必须能看能写，又有丰富的社会常识与自然常识，以为从事工作的基础与学习理论的基础，工作才有做好的希望，理论也

[1] 转引自费锦昌. 中国语文现代化百年记事（1892—1995）[M]. 北京：语文出版社，1997：130.

才有学好的希望。没有这个基础，就是说不识字，不能看，不能写，其社会常识与自然常识限于直接见闻的范围，这样的人，虽然也能做某些工作，但要做得好是不可能的；虽然也能学到某些革命道理，但要学得好也是不可能的。[1]

毛泽东还多次讲到语文学习和运用语言文字的问题。比如，在陕甘宁边区文化协会第一次代表大会上发表的报告《新民主主义的政治与新民主主义的文化》（1940）（即《新民主主义论》）中，他指出："文字必须在一定条件下加以改革，言语必须接近民众。"毛泽东在延安干部大会上做的报告——《反对党八股》（1942）中说：

为什么语言要学，并且要用很大的气力去学呢？因为语言这东西，不是随便可以学好的，非下苦功不可。第一，要向人民群众学习语言。人民的语汇是很丰富的，生动活泼的，表现实际生活的。我们很多人没有学好语言，所以我们在写文章做演说时没有几句生动活泼切实有力的话，只有死板板的几条筋，像瘪三一样，瘦得难看，不像一个健康的人。第二，要从外国语言中吸收我们所需要的成分。我们不是硬搬或滥用外国语言，是要吸收外国语言中的好东西，于我们适用的东西。因为中国原有语汇不够用，现在我们的语汇中就有很多是从外国吸收来的。例如今天开的干部大会，这"干部"两个字，就是从外国学来的。我们还要多多吸收外国的新鲜东西，不但要吸收他们的进步道理，而且要吸收他们的新鲜用语。第三，我们还要学习古人语言中有生命的东西。由于我们没有努力学习语言，古人语言中的许多还有生气的东西我们就没有充分地合理地利用。当然我们坚决反对去用已经死了的语汇和典故，这是确定了的，但是好的仍然有用的东西还是应该继承。[2]

1951年6月，《人民日报》发表题为《正确地使用祖国的语言，为语言的纯洁和健康而斗争》的社论，号召"建立正确地运用语言的严肃的文风"，并且开始连载吕叔湘、朱德熙合写的《汉语修辞讲话》（到当

[1] 毛泽东.《文化课本》序言[M]∥中共中央文献研究室. 毛泽东文集：第2卷. 北京：人民出版社，1993：387.

[2] 毛泽东. 反对党八股[M]∥毛泽东. 毛泽东选集：第3卷. 北京：人民出版社，1991：837-838.

年 12 月 15 日全部登完）。《汉语修辞讲话》的目的在于纠正当时在使用语言文字方面的混乱现象，内容切合实际，影响很大。所以说，在当时特殊的时代背景下，学习语文，正确地使用祖国语言文字，不仅是每个公民自身发展的需要，而且是国家的需要，政治的需要。

二、工具论成为语文指导思想

工具论成为语文教育的指导思想，不仅是语文教育界的呼声，也得到了有关领导的认可。

陆定一在中央教育工作会议上的讲话（1959）中说："中、小学的培养目标，最主要的是掌握学习的工具。学习工具有这么一些：一个是语文、文字。有白话文、有文言文……这是一类基本工具。"[1] 陆定一在中央文教小组讨论《小学条例》会议上，也讲到语文的工具性（1962）："语文是一门技术训练，只要掌握一种工具，识字不决定一个人的思想。""学语文是为了掌握语言文字，掌握语言文字是为了掌握一种工具。"

陆定一还在《教学必须改革》（1960）中指出：

全日制中小学的最主要的课程，是语文（包括中文和外国文）和数学，这是学生所必须掌握的最基本的工具。语文和数学学得好，学物理、化学、生物、历史、地理等就比较容易。[2]

对陆定一主张的语文教学工具性，陈钟梁在《工具性的黑点与光环》一文中有过生动的描述：

在"大跃进"旗帜鼓舞下，学生在教师带领下抛掉书本，离开课堂，投入大炼钢铁的行列中。语文教学的常规不见了。1962 年开始，实行调整、巩固、充实、提高的方针。隔了一年，下达了小学工作条例、中学工作条例，学校无不拍手赞好。当时，语文老师曾悄声互传，某位主持中宣部工作的领导同志问大家："你们敢不敢不提语文教学政治性，而提工具性？"现在知道，这位领导同志便是赫赫有名的陆定一。1963 年出台的"大纲"，正式提出了"工具性"三个字。字、词、句、篇、语、修、逻、文八字"宪

[1] 陆定一. 陆定一文集[M]. 北京：人民出版社，1992：624-625.
[2] 同 [1] 637.

法”应运而生。文艺界有“说不尽的老三届”,教育界也爱说老三届的文化基础好。我想,这“基础”多多少少得益于语文教学的工具性。[1]

1959年6月3日,《文汇报》发表上海市育才中学语文教师刘培坤的《“文”与“道”——关于语文教学目的和任务之我见》,引发了一场全国范围内“关于语文教学的目的和任务问题”的讨论,即“文”与“道”关系的大讨论。刘培坤在结束语中分析了语文教学任务还不够明确的原因,首先就是“对于语文学科工具性的特点认识不足,因而对培养学生掌握这门工具的技能技巧重视不够,不能坚决贯彻这门学科的教学任务”。1961年1月,《文汇报》又开展“怎样教好语文课”的讨论。这两次讨论的问题,都是从语文教学的实践中提出来的,反映出广大语文教师对语文教学的目的和任务的认识正在不断深化,也可以看出语文教学的质量正在不断提高。

在深入讨论和实践的基础上,1961年12月3日,《文汇报》以《试论语文教学的目的任务》为题发表社论,从“正确理解党的教育工作方针与语文教学目的任务之间的关系”“正确处理语文教学中语文知识教学和思想政治教育的关系”和“必须进一步掌握语文教学的客观规律和正确的教学方法”三个方面,对这次讨论进行了总结:

中、小学里的各门课程,都是根据党的教育工作方针和国家规定的学制课程、教学计划而设置的。语文是一门重要的课程。学生的语文知识基础打得是否牢固,直接影响到政治、数学、物理、化学、生物等其他学科的学习,也会影响到以后的继续深造和生产、工作。语文,归根结蒂是一种工具……是交流思想和感情的工具,是传播知识的工具,是学习马克思列宁主义和攀登文化科学高峰的工具,一句话,是人们用以认识世界和改造世界的一个重要工具……要培养能够掌握现代科学文化的又红又专的队伍,就非首先在受基础教育时,学会掌握语文这个工具不可!

由于语文教材固有的思想性,语文科一向是对学生进行思想政治教育的重要阵地之一。就语文的性质来说,它既是工具,就有作用的对象,正如木匠的工具作用的对象是木头一样。可是语文这个工具不同于任何物质生产的工具,它所作用的对象是人的思想,它是表达思想的工具。

[1] 陈钟梁. 工具性的黑点与光环[M]//中国语文报刊协会. 21世纪语文对话. 南昌:江西教育出版社,2001:166.

一接触到这个工具的时候，立刻要接触到这样或那样的思想……教师指导学生学习课文，不仅要使学生知道所学的课文表达了什么思想，更重要的是要使学生懂得作者是如何运用语文这个工具来表达其思想的，并通过基本训练，使学生学会如何运用语文来表达自己的思想。

语文教学的目的任务应当是：使学生正确、熟练地掌握与运用祖国的语言文字，培养与提高学生的阅读和表达能力，并通过教学内容的教育和感染，培养学生具有正确的观点、健康的思想感情和高尚的品德。[1]

时任教育部副部长叶圣陶在全国语文教学会议上做报告——《改进语文教学，提高语文教学的质量》（1956），具体阐明了语文教学的性质和任务：

在许多学科之中，语文科是带有综合性和基础性的一门。语文科的教学包括三个方面。

（一）指导学生阅读有典范性的文章——特别是文学作品。这有极大的教育意义。文学作品反映过去和现在的人们的生活，反映他们的社会关系，这是通过形象来反映的，所以不但能使人认识那些生活，而且能使人深切地受到感动，仿佛自己也参加到那些生活里去。因此，文学作品以形象的力量，以它所反映的真实，培养学生的世界观，培养学生的生活能力，陶冶学生忠于祖国和人民的情感。文学作品又可以使学生领会什么是美。花木山川的美，城市乡镇的美，道德品质的美，广大群众为伟大祖国而斗争的美，都可以从文学作品中得到深切的领会。这就把美育跟德育紧密地结合起来。

（二）指导学生学习语言。这也有极大的教育意义。语言跟认识事物有密切的关系。传授知识的教学过程是一种认识过程，是通过语言来实现的；学生对于语言理解得越精确，就越能顺利地掌握各种知识。语言是进行思维和表达思想的工具。思维必须依傍语言，离开语言就不能进行思维。语言教学担负着发展学生的语言的任务，也就是担负着发展学生的思维能力的任务。语言是学习一切学科必需的工具。阅读，听讲，观察，参观，这些活动都必须依傍语言进行思维，靠语言把认识的结果

[1] 试论语文教学的目的任务[N]. 文汇报，1961-12-03.

固定下来。

学习祖国的文学和语言，可以逐步认识祖国文学和语言的丰富优美，从而热爱祖国文化，热爱祖国人民。

（三）培养学生运用语言（包括口头语言和书面语言）表达思想的能力，也就是培养学生作文的能力。这在中小学教育中也是非常重要的。说得清楚，写得明白，是做好任何工作的重要条件之一。说得含糊，写得马虎，就会给工作带来损失。因为任何工作都不是一个人做的，必须跟别人合起来做，这就必须跟别人交流思想。同时，提高作文能力，也就是提高学生运用语言把认识的结果表达出来的能力。这对于任何工作都是有好处的。因此，中小学毕业生，无论升学或参加各项建设工作，都需要一定的作文能力。

包括以上三个方面的语文教学，在中小学教育中负有非常重大的任务，占着特别重要的地位。语文科在中小学的教学计划中分配到最多的教学时间，就是为此。[1]

可见，工具论已成为我国语文教育的指导思想。

三、汉语、文学分科教学实验

谈到新中国成立初期的语文教育，不能回避一个重要的事实，那就是汉语、文学分科教学实验。文学、汉语分科教材是在中央语文教学问题委员会指导下编写的。当时有一种观点认为，中小学语文教学把语言和文学混在一起教，结果必然顾此失彼，两败俱伤，不可能得到良好的效果。后来，在全国开展“学习苏联教育经验，推广《红领巾》（小说）教学法”的热潮中，要求语言、文学分科教学的呼声越来越高。1954 年 2 月，中共中央决定，中学语文实行汉语、文学分科教学。1955 年 7 月，人民教育出版社在当时教育部副部长、著名教育家叶圣陶的领导下，分别制订了《初级中学汉语教学大纲（草案）》《初级中学文学教学大纲（初稿）》《高级中学文学教学大纲（草案）》等文件。到 1958 年，大纲还没有编完，《初级中学文

[1] 何东昌. 中华人民共和国重要教育文献（1949~1975）[M]. 海口：海南出版社，1998：648.

学教学大纲》只编到第二学年，《高级中学文学教学大纲》只编到第一学年，有人称这是“新中国成立以来最严谨、最详尽的教学大纲”。1957 年，汉语、文学分科实验突然被中止。这次实验名义上前后历时 5 年，实际上在全国实施只有三个学期。时间虽然不长，却是我国语文教育史上一次具有开创性的改革实验，其中的经验教训，值得认真总结。

1955—1956 学年度，初中第一、第二册文学和汉语教材在全国 74 所中学进行试教。1956 年 6 月，教育部召开全国语文教学会议，会议重新规定了分科教学试验的安排和课本的使用[1]。

教育部党组在 1957 年 4 月 30 日提交的《关于中学文学和小学语文教学问题的请示报告》中，检讨了文学课本存在“内容太深”“分量过重”“选材有的不适当”“编排也不恰当”“课本供应不及时”等问题。

1957 年 9 月，康生指示，文学课本非改不可。很多课文思想性不强，语言也混乱，可砍去百分之三十到五十，改选政治论文、社论和应用文[2]。于是，一场轰轰烈烈的汉语、文学分科教学实验也就中止了。

张传宗在《对中学语文教学目的任务问题历史发展的一些认识》（1984）中对汉语、文学分科实验也有过总结：

1956 年实行汉语和文学分科，就分科和确定教学目的任务来说，学习苏联经验的多，总结我国语文教学实际经验的少。例如，对当时提出的带有关键性的作文教学问题，就未能从我国实际出发，进一步明确目的任务。后来虽然在大纲里补入“文学教学中的语言教学”一节，仍未能解决实际问题。1959 年在人民教育出版社召开的中学语文通用教材编写问题座谈会上，对汉语和文学分科的经验，未能做出全面的正确的结论。以后分科教学不断受到批判，更不能作为经验来提，甚至不再提文学教学，直到 60 年代，人民教育出版社在语文教材编辑工作的计划和总结中，还一再提出要“减少文学因素”。这样对分科教学采取完全否定的态度，显然是不公正的，也是不科学的。[3]

[1] 凌远征. 学好用好祖国的语言文字：胡乔木的语言文字思想[M]. 北京：语文出版社，2008：63.

[2] 同 [1] 70.

[3] 张传宗. 对中学语文教学目的任务问题历史发展的一些认识[M]//《新中国中学语文教育大典》编写组. 新中国中学语文教育大典. 北京：语文出版社，2000：245.

第四节 语文工具论的复苏(1979—2000)

一、语文教育界拨乱反正

"文化大革命"给我国文化教育事业带来灾难性的破坏,语文教育也未能幸免。专门负责编写中小学教材的人民教育出版社被撤销,语文教材停止使用,编写人员被下放,语文教育工作停滞不前,语文教育研究难以继续。1976年粉碎"四人帮"后,邓小平复出,他提出抓教育和科学,纠正"文化大革命"中的错误做法。这无疑为我国中小学语文教育劫后重生、凤凰涅槃奠定了基础。为了集中力量编好教材,1977年9月,教育部以召开全国中小学教材编写工作会议的形式,以原人民教育出版社的编辑力量为主,同时抽调部分优秀教师和教研员参加,制订教学计划,集中编写中小学各科教材。

1978年3月,在吕叔湘主持下,中国社会科学院语言研究所召开北京地区语言学科规划座谈会,特邀部分语文教师参加。吕叔湘于1978年3月16日在《人民日报》发表《当前语文教学中两个迫切问题》,文中指出:"十年的时间,2700多课时,用来学本国语文,却是大多数不过关,岂非咄咄怪事!"[1]该文被誉为语文教育改革的一声惊雷。叶圣陶的《大力研究语文教学,尽快改进语文教学》、章熊的《我对"语文教学科学化"的几点想法》也在1978年第2期《中国语文》上发表。1978年9月,《中国语文》编辑部又召开了北京地区语文教学座谈会,从而大大激发了广大语文教育工作者的改革热情。张志公提出小学低年级语文教改应走"分进合击"之路的设想[2],华东师范大学原校长刘佛年提出"初中语文能力过关"的改革构想,上海的陆继椿、吉林的张翼健、辽宁的欧阳代娜等都有自己的改革思考。1978年11月下旬,东北师范大学附属中学举办部分省区市语文教学座谈会,北京、上海、吉林、辽宁、广西等地50余

[1] 吕叔湘. 当前语文教学中两个迫切问题[M]//吕叔湘. 吕叔湘全集:第十一卷. 沈阳:辽宁教育出版社,2002:37.

[2] 顾黄初. 中国现代语文教育百年事典[M]. 上海:上海教育出版社,2001:477.

名代表应邀出席。会议不仅就语文学科的性质、任务及当前语文教学存在的问题展开热烈而充分的讨论，还提出一个具有历史意义的提议，即决定向教育部申请成立全国中学语文教学研究会。后经教育部批准，全国中学语文教学研究会于1979年12月25日在上海成立，吕叔湘被推举为首任会长。这就是今天中国教育学会中学语文教学专业委员会（简称“中语会”）的前身。

1979年冬，根据吕叔湘的倡议，在张志公、刘国正指导下，人民教育出版社中学语文室派出两个调查组，分别到四川、福建两省进行实地调查。调查结果表明：学生的语文基本功太差，掌握语文基础知识的情况也不太令人满意。张志公写了《语文学科的现代化问题》，刘国正写了《谈谈中学语文教学改革的几个问题》[1]。1981年7月，全国语法和语法教学讨论会在哈尔滨召开，王力、吕叔湘等语言学家参加了会议。会议讨论通过了张志公主持制订的《中学教学语法系统提要》。

1983年10月1日，邓小平为景山学校题词“教育要面向现代化、面向世界、面向未来”，语文教育界开始思考“三个面向”与语文教学的关系。大家认识到，语文教学改革必须贯彻实事求是的路线，正确处理好数量与质量、继承与批判、借鉴与创新的关系。广大语文教育工作者的积极性空前高涨，可以说，这一时期，我国中小学语文教育界思想解放、教改经验丰富，研究成果卓著。思想理论界也进入百花齐放、百家争鸣时期。语文教育界开始就工具性与人文性、科学主义与人文主义等关系展开争论。1987年第8期《读书》杂志上发表了申小龙的《汉语的人文性与中国文化语言学》一文，从语言学研究的角度提出了汉语人文性问题。同年第8期《语文学习》上发表了陈钟梁《是人文主义，还是科学主义——语文教学的哲学思考》一文，将人文主义与科学主义并举，认为“现代语文教学发展的趋势，很可能是科学主义思想与人文主义思想的结合，指导改革开创一个新局面，以实现语文教学科学的艺术化与语文教学艺术的科学化”。

[1] 人民教育出版社中学语文编辑室. 中学语文教学现状和设想[M]. 北京：人民教育出版社，1980：179.

二、重新确立工具论地位

"文化大革命"结束后，重新确立语文工具论的地位成为当务之急。正如陈钟梁所说：

在"十年动乱"的梦魇日子里，课堂成了大批判的战场，语文教学的"工具性"彻底丢失了。在三中全会春风沐浴下，教育复苏首先是从告别"无政府主义""读书无用论"开始的。70年代末颁布的"大纲"重申了工具性，强调"语言这东西，不是随便可以学好的，非下苦功不可"。习惯是终身受用的，字要规规矩矩地写，课文要仔仔细细地读，作文要认认真真地作。当时，大家追求的理想境界就是再现60年代的书声琅琅，一切井然有序。[1]

叶圣陶在《大力研究语文教学，尽快改进语文教学》一文（1978）中说：

语文是工具，自然科学方面的天文、地理、生物、数、理、化，社会科学方面的文、史、哲、经，学习、表达和交流都要使用这个工具。要做到个个学生善于使用这个工具（说多数学生善于使用这个工具还不够），语文教学才算对极大地提高整个中华民族的科学文化水平尽了分内的责任，才算对实现四个现代化尽了分内的责任。[2]

叶圣陶在《略谈学习国文》（1942）中说："语言文字的学习，就理解方面说，是得到一种知识；就运用方面说，是养成一种习惯。这两方面必须联成一贯。就是说，理解是必要的，但是理解之后必须能够运用；知识是必要的，但是这种知识必须成为习惯。语言文字的学习，出发点在'知'，而终极点在'行'；到能够'行'的地步，才算具有这种生活的能力。这是每一个学习国文的人应该记住的。"[3]学习语文首先是学习祖国语言。学习祖国语言就是汲取知识，加深认识，拓宽视野，锻炼思维，

[1] 陈钟梁. 工具性的黑点与光环[M]//中国语文报刊协会. 21世纪语文对话. 南昌：江西教育出版社，2001：166-167.

[2] 叶圣陶. 大力研究语文教学，尽快改进语文教学[M]//刘国正. 叶圣陶教育文集：第3卷. 北京：人民教育出版社，1994：202.

[3] 叶圣陶. 略谈学习国文[M]//刘国正. 叶圣陶教育文集：第3卷. 北京：人民教育出版社，1994：88-89.

并将思维活动的过程和结果定型为语言，或说或写，表达出来，达到交流或发表的效用，并在交流或发表的过程中影响他人，提升自己。教授语文，就是帮助学生养成使用祖国语言文字的良好习惯。

三、语文高考的导向

考试是中华民族的伟大创造，是对人类文明的重要贡献。从历史上看，我国古代经过"策问""察举""九品中正制"之后，到隋唐时逐渐形成科举考试制度，一直延续到清末。1952年开始实行全国统一高考。"文化大革命"期间，高校停止招生，废除高考制度。1970年起，高校陆续恢复招生，但不再实行以文化考试选拔新生的办法，而是实行工农兵推荐上大学，即所谓"自愿报名、群众推荐、领导批准、学校复审"的办法，所招新生良莠不齐，学生总体水平明显下降。1977年，在邓小平的极力推动下，我国恢复了高考制度，被认为"挽救了我们的民族和国家""改变了一代人的命运和前途"。我国高考制度恢复几十年来，大致经历了摸索阶段（1977—1982）、成型阶段（1983—1987）、调整阶段（1988—1993）、稳定阶段（1994—1998）、新课改阶段（1999—2003）、开放阶段（2004—2006）、课标改革阶段（2007年至今）[1]，已经形成了一套较为完整的人才选拔制度。

1977年我国恢复全国统一高考之初，因为来不及准备，教育部根本无法组织当年高考统一命题，只好采取分省命题的方式。全国有570万名考生满怀期望地走进期盼多年的考场。笔者就是其中的一员，笔者以回乡知青、民办教师的身份参加了1977年高考，至今还记得河南省高考语文的作文题目是"我的心飞向毛主席纪念堂"。

针对当时各地教材不统一的情况，为了做好1978年招生工作，教育部组织一流的学科专家研究制订《一九七八年全国高等学校招生考试复习大纲》。著名语言学家、北京大学朱德熙教授主持制订了语文学科的复习大纲。《一九七八年全国高等学校招生考试复习大纲　语文》明确指出：

考生在复习语文课时，应着眼在提高自己的阅读能力和写作能力上。为了争取在考前一段短时间内使考生有一定程度的提高，我们对阅读能

[1] 北京天利考试信息网. 1978—2010中国高考真题全编语文[M]. 拉萨：西藏人民出版社，2010：前言.

力和写作能力两方面提出了一些具体要求。考生应根据这些要求从本地区的语文教材里选取若干篇课文作为复习的重点，并以这些课文为借鉴进行写作练习。选择课文时应注意：(1)要包括各种常见的文体，(2)文言文要占适当的比例。

(一)阅读

要求考生在阅读语体文时：

(1)能够正确地理解常用词语和常用成语的含义。

(2)对于结构比较复杂的长句能够看出它的基本结构，从而正确地理解句子的意思。

(3)能够理解一篇文章的组织和层次以及各部分之间的逻辑联系。

(4)能够确定一篇文章的中心思想(即主题)。

(5)能够看出一篇文章在写作方法上的特色。

(6)对于重要的作品，能够联系文章的时代背景以及作者的生平和思想来理解其思想内容和社会意义。

对于文言文的具体要求是：

(1)初步掌握古汉语中最重要的基本句式，特别是与现代汉语不同的句式。

(2)懂得最重要的常用文言虚词的作用，并且知道跟这些虚词相当或相近的现代汉语虚词是什么。

(3)理解最常用的文言词语和成语的含义。

(4)了解作品的时代背景以及作者的生平和思想，能分辨作品的积极意义和消极因素。

(二)写作

要求考生能够用自己的语言比较准确地状物，记事，说理，抒情。具体地说：

(1)不论写什么样的文章，都要言之有物，实事求是。这是一个有关文风的问题。我们要反对说空话，说假话，肃清“帮八股”的恶劣影响。

(2)文章的中心思想要明确，要有积极意义。

(3)要学会写得比较准确。无论是描写一种事物，叙述一件事情或是说明一个道理，都要力求做到如实地反映客观实际。

（4）文章要写得清楚明白。要学会剪裁，知道哪些该写，哪些不该写；哪些应作为重点详写，哪些只能略写。要注意文章的条理，哪些话先说，哪些话后说，哪些话要放在一处说，哪些话要分开说，都要有恰当的安排。要学会合理地划分段落，通过段落的划分，反映出文章的层次。

（5）能选用合适的词语来表达思想，不堆砌辞藻，不生造词语。句子的结构要合乎语法，虚词用得恰当，语病较少。注意字的写法，少写错别字。注意正确运用标点符号。

这份高考语文复习大纲，明确了高考语文所要考查的基本要求，包括阅读和写作两部分内容，阅读又分语体文（现代文）和文言文，突出了对考生阅读能力和表达能力的考查，要求明确具体，要言不烦，不仅对纠正“文化大革命”给语文教学带来的混乱发挥了拨乱反正的作用，也为今天的高考语文考试大纲奠定了坚实基础，具有积极而正确的指导意义。

1978 年高考结束后，朱德熙在《光明日报》发表了《高考语文试题和中学语文教学》（1978）。他指出：

今年高考语文试题和往年相比有一些变化，一是没有命题作文，二是测验考生语文基本功的题目比重较大。听说在一些中学里有这样一种议论，认为今后教学重点要放到语文知识上去，用不着再花力气抓作文教学了……今年高考不考命题作文，主要是从考试方法的角度考虑的，并不说明作文教学不重要。中学语文课的目的就是培养学生的阅读能力和写作能力，作文教学的重要性是不容否认的。而且从当前语文教学的实际情况来看，作文教学也只能加强，不能削弱。

高考语文试题怎么出，对于中学语文教学有直接的影响，这是事实，因此有人说高考是中学语文教学的指挥棒。但从另一方面说，中学语文教学也好，高考语文试题也好，都得服从中学语文教学的根本目的，这就是培养学生的阅读能力和写作能力。如果说高考试题是指挥棒，那么语文教学的目的就是更大的指挥棒。看清了这一点，中学语文老师就没有必要从每年的高考题里去探测风向了。风向已经定了，是不会变的，会变的只是具体的考试方法。只要我们致力于从根本上提高学生的阅读能力和写作能力，就可以“以不变应万变”，不管高考出什么样的题目，我们的学生都能应付自如。[1]

对 1978 年的高考语文试卷，叶圣陶在 1979 年给予极高的评价：

入学考试要考语文，目的是什么呢？目的是测验考生的阅读能力和写作能力，也就是理解语文的能力和运用语文的能力，看他们够不够得上大学所要求的水平。这一回的作文题兼顾这两方面，因此我认为值得称赞。这当然不是唯一的方式，只要认真想，别的比较好的方式一定还有。尤其值得称赞的，这一回的作文题打破了命题作文的老传统，是思想上的大突破，大解放。[2]

阅读能力和写作能力，既是中学语文教学的根本目的，也是高考语文所要考查的主要内容，这一指导思想延续至今。

20 世纪 90 年代以后，改革开放成为我国的主旋律。逐渐开放的经济体制改革大大改善了我国经济状况，增强了综合国力，同时也刺激了部分人对自身利益的关注和追求，加之现实生活中经济利益的多元化和利益差别的逐步扩大，出现了文化、精神的滑坡，滋生出功利主义、拜金主义等不良风气。反映在教育上，就是急功近利的应试教育思潮兴起，而且愈演愈烈。语文教育由早期强调“双基”（基础知识和基本技能）训练，逐渐转向语言知识的学习和语文考试的技能训练。对此，语言学界和语文教育界都有着十分清醒的认识。章熊、汪寿明、柳士镇在《汉语表达》的前言（1991）中说：

我们三个人有一个共同的感觉，就是当前的语言知识教学问题很大，关键在于脱离语境，完全是静态描述，日益烦琐而不务实用。

教学中的问题和语法研究有关，吕叔湘先生给在华东师大召开的现代汉语语法研讨会的贺信上说：

“关于语法研究，近几年常有一种想法在我脑子里打转：我们的语法研究是不是太偏重静态研究，忽略了动态研究。我说的静态研究指的是语句的分析，成分的归类等。我说的动态研究指的是句子内部各种成分

[1] 朱德熙. 高考语文试题和中学语文教学[M]//朱德熙. 朱德熙文集：第4卷. 北京：商务印书馆，1999：100-101.

[2] 叶圣陶. 去年高考的语文试题[M]//刘正国. 叶圣陶教育文集：第3卷. 北京：人民教育出版社，1994：210.

之间的相互制约；一个句子可以怎样不变内容（或基本不变）而改变形式；某一句式适用于哪种环境（上下文及其他），环境有某种变动的时候，句式要不要随之变化，如此等等。静态的研究当然重要，这是基础，可是语言毕竟只在使用中存在，这方面的研究似乎更联系实际。我觉得过去这方面的研究太不够了。”

吕先生的话说到了我们的心上，我们想尽自己之所能，在现代汉语的研究，特别是中学语言知识的教学方面努力开拓出一些新的领域。

我们原定的目标是写出一本教程，可以供教师参考，可以供学生参考，也可以供未来的高中选修课采用。[1]

这一时期的中学语文教学已陷入“考什么教什么”的怪圈，大量的机械训练、题海战术使学生的课业负担越来越重。特别是进入 20 世纪 90 年代后，教育改革严重滞后于经济改革，“应试教育”逐渐使语文教育走入“死胡同”，人们不禁开始反思和批判。“山雨欲来风满楼”，一场语文教育的暴风骤雨也就不可避免了。

[1] 章熊，汪寿明，柳士镇. 汉语表达[M]. 南京：江苏教育出版社，1994：1.

第三章 语文工具论受到的挑战

语文工具论之所以受到挑战，主要有四个方面的原因：一是语文大讨论的冲击，二是文学教育的影响，三是语文人文论的兴起，四是语文新课程的融合。

第一节 语文大讨论的冲击

语文工具论受到挑战，首先是以世纪之交那场语文大讨论为起源的。这里试从大讨论的基本情况、对语文教育的批评、语文教育界的回应及语文大讨论的影响等方面加以梳理总结。

一、大讨论的基本情况

1997 年《北京文学》第 11 期发表了邹静之的《女儿的作业》、王丽的《中学语文教学手记》和薛毅的《文学教育的悲哀》，对中小学语文教育提出尖锐批评。文章发表后，如同一石激起千层浪，很快在社会上引起热烈的反响，多家报刊和电视台纷纷予以转载和报道。以此为标志，引发了一场声势浩大的中小学语文教育改革大讨论。参加讨论的人数之多，讨论的时间之久、范围之广、气氛之热烈，都堪称空前。讨论涉及语文教育的方方面面，包括语文教育的性质、目的与任务，语文教育的宗旨、功能与方法，语文教材的编写与使用，以及语文教育的成败得失和改革方向等，可以说是对语文教育的总体检阅和全面观照。

关于这次语文大讨论，具有代表性的著作主要有以下几种（以出版时间先后为序）：王丽编的《中国语文教育忧思录》（教育科学出版社，1998 年版），孔庆东、摩罗、余杰主编的《审视中学语文教育——世纪末的尴尬》（汕头大学出版社，1999 年版），钟晓雨主编的《问题与对策——中小学语文教育改革》（人民教育出版社，2000 年版）[1]，中国语文报刊协会编的《21 世纪语文对话——21 世纪中小学语文教育座谈会论文选》（江西教育出版社，2001 年版）。

1997 年 12 月 3 日，《北京文学》邀请北京教育界、新闻界和文学界有关人士 30 余人举行“中国语文教育座谈会”。据《北京文学》时任主编浩然介绍，《北京文学》“几年来一直努力地寻找路子，就是怎么样把

[1] “钟晓雨”是笔名，指人民教育出版社中学语文编辑室、小学语文编辑室，同时也代表中国教育学会中学语文教学专业委员会、中国教育学会小学语文教学专业委员会。

这个刊物办得更贴近生活、贴近时代、贴近读者，这回我们集中编发了一组有关教育的文章，社会反响比较大”[1]。《光明日报》《中国青年报》《中国教育报》《北京青年报》《南方周末》等报刊相继转载或开展讨论。一时间，社会各界人士通过各种媒体纷纷发表文章或谈话，对中小学语文教育提出自己的看法。中央电视台《实话实说》栏目也就语文教育问题组织专题讨论。《北京文学》和其他报刊都接到大量读者电话和来信。北京、上海和其他省、自治区、直辖市很多报刊都相继开辟专栏，就语文教育问题组织讨论。

王丽曾当过多年语文教师，是一位有梦想、有追求和教育情怀的语文教师。她对中小学语文教育中存在的利与弊、成绩与不足、发展与局限有着切身的感受。她在《中国语文教育忧思录·我的教育梦（代序）》中说：

在我心中，教书，并不仅仅是一种职业，它更寄托着我的一个梦——一个凝聚着我的爱、热情和人生理想的梦。我以为，教育的本质和真正价值在于将人类世代积累下来的文明一代一代地传递下去，并不断为它添加新的辉煌。从这个意义上来说，教育本身便寄托着人类对未来的希望。

因此，在我看来，语文课的意义绝不仅仅在于教给孩子某种知识和技能，更重要的是，它通过一篇篇凝聚着作家灵感、激情和思想——代表人类创造的精神财富的文字，潜移默化地影响一个人的情感、情趣和情操，影响一个人对世界的感受、思考及表达方式，并最终积淀成为他精神世界中最深层最基本的东西——价值观和人生观。

当王丽走上北京某重点中学的讲台，当了中学语文教师后，美好的语文教育理想与严酷的现实形成了巨大的反差：

比过去更加痛切地感到我国语文教育中的积弊之深，从教材、教法、训练到考试，都存在着许多严重的问题。尤其是近些年引进计算机改卷和标准化考试后，试题越来越刁钻古怪，花样更层出不穷……捉弄人的程度，而且答案越来越僵死，完全背离了语文课的本义。[2]

从 1998 年 4 月开始，在《北京文学》编辑部等单位的支持下，王丽

[1] 王丽. 中国语文教育忧思录[M]. 北京：教育科学出版社，1998：46.
[2] 同[1] 1-2.

就中国语文教育问题，采访了北京、上海两地近20位高校教授，如北京大学的钱理群，北京师范大学的王宁、童庆炳、王富仁、郑敏、刘锡庆，华东师范大学的王元化、施蛰存、夏中义、胡晓明，上海师范大学的许纪霖等。后来，王丽编成《中国语文教育忧思录》，由教育科学出版社出版。该书的“出版说明”（1998）说：

我们认为，中小学语文教育是关乎提高全民族科学文化素质的基础和根本，许多现实中的问题，如相当部分的青年人语言文字水平低，写作能力差，与传统文化之隔膜以及对文学艺术、哲学历史的生疏，都可以从中小学的语文教育中找到根源。这样说，不是否定我们的语文教育，而是希望全社会都来关心语文教育，正视和解决语文教育中存在的那些不利于学生综合提高语文修养，不利于激发他们学习祖国语言文化的兴趣，仅仅为了应试而被动学习等问题……我们衷心地希望，所有关心我国语文教育改革的同志，都能广泛地听取各个方面、各种不同的意见，认真吸取其中的精华，齐心协力，共同把语文教育改革推向深化。[1]

如果说《北京文学》组织的语文教育讨论是为了研究刊物如何贴近生活、贴近时代、贴近读者的话，那么，由贺雄飞总策划，孔庆东、摩罗、余杰主编的《审视中学语文教育——世纪末的尴尬》则从另一个层面和视角发起了对语文教育的猛烈控诉与批判。该书编委会阵容强大，学术顾问有严家炎、钱理群、王富仁、蓝棣之、童庆炳、王晓明、夏中义、黎鸣、王得后、郑敏、朱学勤，皆是京沪文学界一时之选，代表着文学精英对语文教育更加激烈的批评。正如《编者的话：拯救语文》所说：

这是一本批判的书，但批判的对象不是老师，批判的方式不是谩骂。这是一本控诉的书，但控诉的被告不是作家，控诉的结果不是宰杀。这是一本伤心的书，因为再不伤心我们的孩子将不会说话。这是一本拯救的书，因为再不拯救，我们的民族将由聋而哑。

语文课应该给学生情感美的滋养，应该给学生文艺美的熏陶。可是今天的语文课成了艺术的屠宰场，成了情感的死囚牢。少数有个性有才华的学生，受压抑受苦闷，少数有锋芒有见解的老师，招嫉恨招烦恼。

[1] 王丽. 中国语文教育忧思录[M]. 北京：教育科学出版社，1998：1-2.

语文是我们民族文化的载体，是我们立国立人的依靠。从远古的圣贤，到我们共和国的三位领导，都把语文问题看得十分重要。幸好，举国上下已经意识到当今语文的积弊，四面八方飞来燕山雪片般的声讨。这些声音难免有一点夸张和激愤，那是因为他们要拯救的，是世上最多学生乘坐的、最豪华的“泰坦尼克号”。拯救语文，就是拯救中华文明……让我们的弟弟妹妹们，儿女侄孙们，绕过冰山和暗礁，在通畅无边的艺术公海上，自由地选择最适合他们性情的轨道。[1]

不可否认，参加这次语文教育大讨论的各方都认识到语文教育的重要性，也都认为语文教育存在问题，而且有些问题还相当严重，但由于参与讨论者缺乏应有的沟通和理解，遂致壁垒分明，各执一词，言各有当而不相融合。这种讨论显然不利于学术争鸣，也无助于问题的解决。在这样的背景下，中国语文报刊协会于 1999 年 12 月 24 日在北京香山举行“21 世纪中小学语文教育座谈会”。为了开好这次座谈会，主办单位对参会人员、会议目的及讨论原则等都做了精心的准备，希望给大家提供一个“当面锣、对面鼓”和互相切磋交流的机会，让持不同学术观点的人坐到一起，通过平心静气、实事求是的分析讨论，共同探讨语文教育改革的途径和方法。经过研究，对参会人员、会议目的、讨论原则做了详细规定。要求参会人员应该是关心语文教学，对语文教改有独到见解的各方面的代表人物，包括：（1）在教学第一线工作的中小学语文教师；（2）教育理论工作者（包括教育学、心理学、课程教学论等各个方面）；（3）人文、社会、自然科学工作者；（4）各级教育行政部门的领导同志。会议的目的在于：（1）为语文教学把脉，对语文教学的现状做出较为客观实际的分析，并能找出影响语文教学改革的症结所在；（2）探讨语文学科改革的途径，结合信息社会的特点（对交际的要求），提出一些切实可行的改革措施（哪怕只有几条原则性的措施也好）；（3）提供一个机会，加强语文教育工作者之间，以及语文教育工作者和其他各方面人士的交流，相互沟通，加强理解，以利于一起行动，共同为搞好语文教学努力。讨论的原则是：（1）根据百家争鸣的方针，各抒己见，畅所欲言，在目

[1] 孔庆东，摩罗，余杰. 审视中学语文教育——世纪末的尴尬[M]. 汕头：汕头大学出版社，1999：1-2.

标一致——搞好语文教学的前提下，允许不同意见存在；（2）要善于听取不同的意见，对同一个问题（或现象）不同人从不同角度出发，完全可能会有不同的看法，这只会对我们全面、透彻地了解事物本来的面貌更有帮助；（3）讨论一定要心平气和，对事不对人。发言者论点要明确、清晰，分析要有事实有根据，力求避免片面性。不同意见可以进行同志式的平等交流，强调沟通和尊重；（4）在讨论中一定要尊重事实，服从真理。[1]

座谈会得到有关部门领导及社会各界人士的热烈赞同和大力支持，与会者出于公心，唯真理是求，对语文教育的现状做出比较客观、实际的分析，找出影响语文教育的关键所在，提出一些切实可行的改革措施。会议开得很成功，达到预期的目的。

这次语文大讨论还有一个现象，就是参与讨论的人士以从事文学研究的学者和作家居多，却很少有语言学家参与其中。这就不免给人一种印象，似乎人文论更多是文学家们的意见，而语言学家基本上保持沉默。至于广大一线的中小学语文教师，更是属于“沉默的大多数”。

1999年，教育部发布修订后的语文教学大纲，修订后的语文教材也于同年秋季开始使用。2000年，教育部发布了《基础教育课程改革纲要（试行）》、义务教育阶段各科新的课程方案和《全日制义务教育语文课程标准》，秋季开学后，小学、初中起始年级使用新的语文课标实验教材，新课改正式拉开帷幕，这次语文大讨论就此画上了句号。

二、对语文教育的批评

对语文教育的批评，包括以下几个方面：

1. 语文教材陈旧落后。

这次语文大讨论，有很多文章都对中学语文教材提出了批评。比如，全套六册初中语文课本“大量充斥于课本的是说教性内容。这类作品，语言拙劣、枯索如大报社论，发起议论来又观念陈腐，读着令人恍若隔世……更糟的是，还有一些课文歪曲历史、掩盖真相、粉饰太平。这些课

[1] 李行健. 21世纪中小学语文教育座谈会开幕词[M]//中国语文报刊协会. 21世纪语文对话——21世纪中小学语文教育座谈会论文选. 南昌：江西教育出版社，2001：1-3.

文用谎言去欺骗孩子,用意识形态偏见去扭曲孩子"[1]。吴晗的《谈骨气》"其实是变着法要青年,当然也包括所有平民百姓在受蒙蔽的情况下,硬着头皮去承受大人物造下的孽"。《谁是最可爱的人》"透着偏狭的党派精神,透着宣扬国与国、民族与民族间仇恨的意味"[2]。语文教材选贺敬之《桂林山水歌》,有人批评说:"贺敬之当时写此诗,固然不足为训,因为诗人成'歌德派'是'进步'的表现,谁不想'进步'呢?何况这'进步'里有更多的'利益'。诗人粉饰残酷的现实,在饿殍遍地的情况下,还去当'歌德',这不是有同情心的人应该做的,有伤人心处不必说。但编教材的人选这样的诗,其用意何在?我没有看到关于理解该诗的教参材料,但我想绝不会是让学生知道那段人祸的惨痛历史。在今日还去粉饰那样的伤痛,不让我们的民族去反思历史灾难的过去……实在是对个体生命的轻贱。"[3]语文教材的"编者对外国文学是持一种轻视的态度,他们仅仅是把外国文学看成是课文里的'点缀'而已……'天朝大国'的心态显露无遗,我们是'夏',他们是'夷',我们的文学是最好的,他们的文学是次一等的,我们选进一两篇就已经是给他们面子了"[4]。

应该说,这些批评者的初衷也许是希望加快语文教学改革,但这些批评却是不符合实际的。新中国教育培养出来的无数建设者和接班人,成功地建设着和保卫着我们的国家,其中有不少是我国各条战线上的栋梁,是在各自领域中取得重大成就、赢得世界声誉的英才。我国的语文教材确实受到各种政治因素的制约,一些选文确实突出了阶级斗争,强调政治性,但这是由当时我们国家的主流价值取向所决定的,有着复杂的时代和社会原因。把这一切都归咎于语文教材的编者,说鲁迅的杂文"局限性大,火药味浓,缺乏和平心,宽容心",《周总理,你在哪里?》《一件珍贵的衬衫》等是"歌德派",《人民英雄纪念碑》是"压在心头的坟"[5],

[1][2] 肖雪慧. 遗忘和隔离的工具[M]//孔庆东,摩罗,余杰. 审视中学语文教育——世纪末的尴尬. 汕头:汕头大学出版社,1999:222-226.
[3] 冉云飞:岂有此理的教科书[M]//孔庆东,摩罗,余杰. 审视中学语文教育——世纪末的尴尬. 汕头:汕头大学出版社,1999:93-107.
[4] 余杰. 阉割外国文学[M]//孔庆东,摩罗,余杰. 审视中学语文教育——世纪末的尴尬. 汕头:汕头大学出版社,1999:154-155.
[5] 刘程英,凌永照,贝为任,等. 大学生的控诉[M]//孔庆东,摩罗,余杰. 审视中学语文教育——世纪末的尴尬. 汕头:汕头大学出版社,1999:11-18.

等等，显然是不公平，也是不符合实际的。

2. 语文考试荒谬绝伦。

语文考试，特别是高考也是这次讨论的重要话题之一。《审视中学语文教育——世纪末的尴尬》在扉页上就印着："现在的考试，用对付敌人的办法，搞突然袭击，出一些怪题、偏题，整学生。这是一种考八股文的办法，我不赞成，要完全改变。"有论者说："以学生为敌的倾向以语文考卷最为突出，有些甚至达到荒谬绝伦的程度……长期如此，弄成了一个可悲的局面：中学教师辅导不了小学生，大学中文系教授做不好高考语文试题。""到了1998年春夏之交……考试引起的不满突然爆发了出来。从《北京文艺》到《文艺报》，从《文汇报》到《羊城晚报》不约而同地发起了声讨。最有气魄的是《羊城晚报》，一连一个星期，头版头条，以通栏标题表示对于语文考卷的愤慨。第一天是：语文考卷，误尽苍生。第二天是：考倒鲁迅、巴金！"作者最后得出结论："当前最为迫切的任务就是及早废除全国性统一的高考体制。让高考从全国大一统的镣铐中解放出来。"[1] 在当年的全国"两会"上，也有废除高考的提案。时任教育部考试中心主任杨学为发表了《高考改革与国情》(1999)，他明确指出，"高考不是单纯的教育问题"，"脑体差别是高考竞争的根源"，"考试是竞争的手段"，"高考是选拔性考试"，"高考将继续改革"。最后他针对高考存在的重要缺陷，指出高考内容与形式改革的方向：

高考的一个重要缺陷是考试内容仍然偏重于知识，不能适应知识经济时代高等学校培养创新人才的需要。高考内容改革的目的是为了加强对创新能力的考核，从而有利于高等学校选拔优秀新生，也有利于中学实施素质教育……高考的另一个重要缺陷是只有一次、一个水平。而千余所高校，水平参差不齐；几百种专业，要求各异。高考的共性太大，个性太小。教育部考试中心曾多次提出方案，变每年一次考试为两次考试；变一种水平的试卷，为甲、乙两种水平的试卷，由高等学校任选。[2]

针对讨论中对高考语文试卷的批评，教育部考试中心张伟明发表《语

[1] 孙绍振. 炮轰全国统一高考体制[M]//孔庆东，摩罗，余杰. 审视中学语文教育——世纪末的尴尬. 汕头：汕头大学出版社，1999：389-399.
[2] 杨学为. 高考改革与国情[J]. 求是，1999（5）：32-35.

文教学和高考的问题及改进策略》(1999),指出:

高考的目标是为高等学校选拔人才,同时它对中学教学也具有反馈作用。从语文学科来看,考试要求公正、公平,而教学要求开放、灵活;试题的答案要求是唯一或可控制的,而教学则是鼓励思维的多样性和合理性。这是一对矛盾,协调起来非常困难。有人主张放弃考试的科学性来迁就教学,这是一种消极的态度,甚至隐含了对教学更大的伤害。“文化大革命”时取消高考就是例证。考试不讲科学就等于取消考试,教学的地位、教师的地位都会因此受到影响。可见,考试改革要坚持科学的方向,并考虑到教学的实际情况,逐步向前推进,而不是后退。[1]

讨论中也有不少论者建议中考、高考只考一篇作文,如黄玉峰的《单考作文行不行》,曾本宇的《只考一篇作文——语文考试改革的思考》、《再谈“只考一篇作文”》(署名曾本宇、董学平)、《三谈“只考一篇作文”》[2]。其实,类似这样的议论早已有之。如阮真在《国文科考试之目的及方法》(1932)一文中说:“通常所谓学生国文程度之好坏,仅据一篇作文以定分数者,实缺乏科学的根据也。盖学生对于各种文体,各种题目,恒以知识经验之差别,而各有其短长。仅据一篇作文以判断其国文程度,固未得为甚当也。”[3]由于语文考试不仅是考查学生的写作能力,还包括阅读能力和语言文字运用能力,所以只考一篇作文的建议至今也没有被接受。

3. 语文工具论导致高耗低效。

这次语文讨论中还有一种观点,认为工具论直接导致了语文教学的高耗低效,主张要以人文性取代工具性。事实上,否定语文的工具性,放弃基本的语文知识技能训练,一味追求趣味和审美,是违背中小学语文教育规律的。有些教师则从当前语文教育实际出发,认为语文的工具性与人文性要和谐统一。如毛光伟在《教育与训练兼顾,规范与自主统一》(1994)一文中指出:“不强调语文教学的工具性,忽视语言是交际交流的工具、表情达意的工具、认识和改造世界的工具这一基本事实,不给

[1] 张伟明. 语文教学和高考的问题及改进策略[J]. 中学语文教学,1999(1):1-3.
[2] 王丽. 中国语文教育忧思录[M]. 北京:教育科学出版社,1998:186-196.
[3] 阮真. 国文科考试之目的及方法[M]//李杏保,方有林,徐林祥. 国文国语教育论典(下). 北京:语文出版社,2014:511.

语文训练以恰当的位置，语文教学就会像醉汉一样左右摇摆，甚至摔跤。同样，过分强调它的工具性，尤其是缺乏整体观念的‘工具论’，忽视语言同自然界、人类历史和精神活动都有着天然的密切联系，既属于认知领域，也属于价值领域这一根本特点——人文性，语文教学就难免成为不顾及人的完整心灵的‘教学’，只会停留在语文训练这个档次上，难以实现素质教育所要求的真正的人的语文教育。”“训练与教育、教养统筹兼顾，相辅相成应该是新时期语文教育界最需重申和突出的原则之一。”[1]其实，所谓工具论缺乏整体观念，所谓“过分强调”工具性，这所谓“过分强调”跟所谓“纯工具”一样，根本就是个伪命题，因为事实上是根本不存在的。正如王世堪在《人文性、工具性及其他》(2009)一文中所说：

要批（工具论），怎么个批法呢？于是找到一个简洁省力而又效果绝佳的批法：在“工具”二字前面，加一个“纯”字。“绝不是所谓的‘纯工具’。”妥了。着一字而置论敌于死地。

于是，工具论者惴惴的，蔫了。

仔细想想，这“纯工具”其实是个假命题。

第一，环顾宇内，远的不说，这半个多世纪以来，没有一个鼓吹宣传过“纯工具”的，即便在批极左时，也生怕削弱了政治思想性。进课堂看看，进行思想教育，简单生硬者有之，牵强附会者有之，哪见过“纯工具”的教例？

第二，语文这东西，一进入交际，一进入大脑，是想“纯”也纯不起来的。“语言是思想的直接实现”，“语言是思维之家”，而“思维是存在之家”，故而“语言是存在之家”。谁有本事找到空荡荡的“纯工具”呢？[2]

对于这次语文大讨论，顾黄初后来总结道：

从1997年下半年由一家文学刊物掀起的那场关于中国语文教育现状的大讨论，在中国教育界（或者说是“中国社会各界”也许更准确些）引起巨大的震动。论者中，不乏真知灼见，于改革语文教育客观存在的

[1] 毛光伟. 教育与训练兼顾，规范与自主统一[J]. 语文学习，1994（3）：5-8.
[2] 王世堪. 人文性、工具性及其他[J]. 课程·教材·教法，2009（6）：42-45.

弊端有益；但仔细推敲，议论中的肤浅和片面，也比比皆是。其中的一个重要原因，是对中国语文教育的历史缺乏起码的了解……让更多的关心中国语文教育现在和未来的人，从中国语文教育史中了解历史，洞察规律，实在大有必要。[1]

语文教育经常成为被批评的对象，甚至成为社会热点、焦点新闻。如鲁迅作品的增删、武侠小说该不该进教材，对这些问题的讨论语文教育工作者已见怪不怪。早在20世纪30年代，针对社会上出现“中学生国文程度低落”的舆论，叶圣陶说：“有一点可以注意的，就是叹息着‘不行’的人似乎都不很顾到学生的阅读能力方面，而只偏重在写作能力方面。”至于写作，叶圣陶说：“一定要作了文言文，才算国文程度不低落，这成什么话！”[2]中国教育学会中学语文教学专业委员会会刊《中学语文教学》创刊时，张志公发表《向〈中学语文教学〉提点希望》（1979）一文，对社会指责语文教学的原因做了分析：

你问任何一位语文学通了的人：“您是怎么学通的？可以请您谈点经验吗？”你得到的回答十之八九是：“我是自己读了一些书读通的，不是从语文课里学通的。”……语文课就是这样一门课。它是最不能“立竿见影”的，它给学生的帮助是最不容易被察觉到的。可是，当人们发现不少中学毕业生文理不通的时候，却想起了语文课，想起了语文老师，从而交相责难，简直闹得语文老师们有点抬不起头之感。学通了，功不在语文课；学不通，责在语文课。世界上难道还有比这更不公允的事情吗？……不懂abc就很难给外语课提意见，不懂点 $x+y=z$ 就很难给数学课提意见，只有对语文课，人人都有发言权，于是意见从多方来。因而，受到“关心”最大，受到责难最多的是语文课。[3]

如果我们换一个角度来看这个问题，可以更为清醒。语文教育正是在种种批评声中前进的。作为语文教育工作者，应该以淡然的心态看待社会对语文的批评。正如朱绍禹所说：“在我国，只要翻开语文教学的历史，

[1] 刘正伟，顾黄初. 关于中国语文教育史研究的对话[J]. 中学语文教学，2000（10）：16-18.
[2] 刘国正. 叶圣陶教育文集：第3卷[M]. 北京：人民教育出版社，1994：33-41.
[3] 张志公. 向《中学语文教学》提点希望[J]. 中学语文教学，1979（1）：3-4.

就不难发现，在每一阶段，人们都在发出语文教学质量下降、学生语文学习成绩今不如昔的感叹。而在国外，比如美、英、法、日等国，从历史发展过程看，其母语教学也无不存在过类似的情况，而且至今，也未得知哪个国家的母语教学是多快好省的！事实上，语文教学又总是在这种感叹声中前进着。只不过这种前进并不是直线的，而是曲折中的前进。谁能不承认，我国目前的语文教学已达到了前所未有的水平！”[1]

三、语文教育界的回应

对这次语文大讨论，语文教育界是欢迎支持的。《北京文学》举行“中国语文教育座谈会”时，不少教育界专家、教研员和教师都非常积极参与讨论。据《北京文学》时任副社长吴双明说：“我跟文喆同志说，我们文学期刊发这些文章，开这个讨论会，干预这个事，是不是有点越位啊！他说不是，这说明社会的进步。社会的方方面面都来关心教育，这本身是好事。”[2]李建平在《中国教育报》上以“对中小学语文教育现状的调查与思考”为题发表系列文章，呼吁要认清语文教育的功能和目的，加强阅读教学，走出识字教学的误区，突破僵化的思维模式，转变教育观念，改革考试方法。

面对铺天盖地的批评、质疑声音，语文界并没有急于表态。因为讨论中涉及的问题，比如，语文教材选文的陈旧落后问题，应试教育带来的语文教学导向技术化训练问题，高考语文的标准化试题过多问题等，正是语文教育界同仁感同身受，并且正在积极努力、想方设法要解决的问题。在经过一段广泛而深入的分散讨论后，语文教育界逐步转向深刻反思，围绕讨论中提出的问题进行了理性思考。教育行政部门、人民教育出版社、中国教育学会中学语文教学专业委员会（简称“中语会”）和中国教育学会小学语文教学专业委员会（简称“小语会”）、中国语文报刊协会及其他相关组织，或组织召开座谈会、研讨会，或开展征文活动、编辑论文集，或在媒体上发表谈话，纷纷发出自己的声音，回应社会关切。

[1] 朱绍禹. 关于语文教学的思考——答《中学语文教学》杂志问[J]. 中学语文教学，1998（7）：10-13.

[2] 王丽. 中国语文教育忧思录[M]. 北京：教育科学出版社，1998：46-47.

1. 教育行政部门。

钟易之在《求是》杂志上发表《语文教育改革必须坚持正确的方向》（2000）一文中指出：

在这场语文教育改革的大讨论中，许多同志包括《审视》一书的多数作者提出了很好的意见，表现了对发展我国教育事业的高度热忱。这种旨在深化教育改革的讨论，将会继续坚持“百花齐放，百家争鸣”的方针，在摆事实、讲道理的讨论方法和尊重事实、服从真理的讨论态度中深入开展。教育部门正在积极推动教育改革和教材建设，各科课程和教材包括语文课程和教材正随着客观情况的变化进行调整和修订……教育改革包括语文课程改革正在沿着正确的方向进行着。语文教育是一定能够承担起提高国民语文素质这项光荣而神圣的使命的。《审视》一书中的某些作者却借讨论语文教育改革之名，散布一些错误言论，不仅无助于教育改革，反而为教育改革和教材建设制造了障碍。《审视》一书中的某些作者对语文教育的诸般“审视”，不是孤立的现象，而是历史虚无主义思潮的一种表现。事关我国教育改革的方向和是非，事关我国青少年的健康成长，因而我们不能不对《审视》一书中某些作者的错误言论进行严肃的批评，对混淆了的黑白是非予以澄清。[1]

柳斌曾任国家教育委员会副主任，主管基础教育，他还当过中学语文教师、语文教研员，对语文教育更是感同身受。他在“21世纪中小学语文教育座谈会”上的发言（1999）中指出，语文教育的问题，更多的是出在“应试倾向”上，而不是出在教材上。从教材的功能和作用方面来讲，语文教材是能够承担得起提高国民语文素质的任务的。问题主要出在“应试倾向”上，出在考试思想、考试内容和考试方法上，由于考试“指挥棒”，尤其是所谓标准化试题的导向作用，导致语文教学存在诸多令人忧虑、不满的问题，使得语文教育在教学过程中的文化传统教育、情感教育、审美鉴赏等作用被淡化了，语文知识也被搞得支离破碎，语文课潜移默化地升华思想感情、激励创造思维的作用，提高口语、书面语表达能力的作用，也在一定程度上被死记硬背的努力和选择现成答案的侥幸心理

[1] 钟易之. 语文教育改革必须坚持正确的方向[J]. 求是，2000（14）：33-37.

淹没了。他最后指出："对于语文教育中存在的一些问题，首先认识到并率先进行改革实践的不是别人，正是许多中小学教师和中小学教育工作者。教学改革试验最早、试验最多、改革思路最活跃、最有成效的，我看还是语文学科……语文教育改革的主力军，我看还是中小学语文教师。"针对讨论中出现的一些偏激不实之词，柳斌严词批驳道：

提出问题要有调查研究，问题应当是客观存在的，不要无的放矢，更不能无中生有；开展批评要有善意，要与人为善，治病救人，扶正救失，而不是图个人情绪的发泄，更不能恶意中伤；解决问题要有诚意，找出问题是为了解决问题，那种离开语文教育现实的空洞指责是没有多少价值的。我们应当提倡实事求是地找出语文教育改革的症结所在，并提出一些切实可行的改革措施……什么"误尽苍生是语文"，什么语文"祸国殃民"，什么"中学语文教育承担的重要功能，就是培养听任流氓语言支配的奴隶和奴才"，等等。从这些咬牙切齿的恨恨之声中，我们看不到严肃的科学态度，更看不到丝毫对语文教育甚至是对自己言论的负责精神。[1]

2. 人民教育出版社。

1998年10月，人民教育出版社中学语文编辑室在北京召开"中学语文教育座谈会"，邀请北京大学、北京师范大学、中国社会科学院等高校和科研院所的专家学者，就语文教育讨论中提出的问题进行座谈。谢冕、钱理群、陆俭明、何九盈、王理嘉、王宁、童庆炳、刘锡庆、张炼强、林连通等专家参加了座谈会。1999年6月，人民教育出版社中学语文编辑室又在云南昆明召开"中学语文课程教材专家研讨会"，邀请教育部中学语文教材审定审查委员冯钟芸、刘国正、潘钟茗、朱绍禹、顾黄初、钱梦龙、张鸿苓、欧阳代娜、申士昌等参加了会议。这两次座谈会，都围绕世纪之交的语文教育大讨论、语文教育改革的方向和路径及语文教材的编写修订等问题开展，语言学家、文学家、语文教育家和一线语文教师进行了充分交流与沟通。在此基础上，人民教育出版社中学语文编辑室和小学语文编辑室分别向全国语文教育界发起征稿，得到了热烈反

[1] 柳斌. 为提高国民的语文素质而努力[M]//柳斌. 改造我们的教育. 北京：人民教育出版社，2012：266-267.

应，编辑成《问题与对策——中小学语文教育改革》一书，由人民教育出版社出版[1]。

针对讨论中对中学语文教材选文的批评，人民教育出版社中学语文编辑室（顾振彪执笔）在《光明日报》发表《谈选编中学语文课文的几个问题》（1998），具体回答了讨论中涉及的“关于正面教育的问题”“选取反映阶级斗争内容的课文的问题”“关于语文课文的时代性问题”“关于语文课文的文字加工和删节问题”，既澄清了是非，也表明了态度。

刘国正时任人民教育出版社主管语文教材的副总编辑，兼任中国教育学会中学语文教学专业委员会理事长。针对讨论中的一些错误观点，他及时发表《提倡科学态度，反对危言耸听》（1998）一文，指出：“我欢迎报刊上对中小学语文教育的讨论，提出问题是重要的。希望形成一次祥和、冷静的科学探讨，成为推动语文教育进一步改革的强劲力量。不言而喻，谈语文教育的问题，不意味着否定成绩……但是当前存在的问题也是严重的，如任其发展，可能导致改革的失败。”文章强调：

第一，语文教育一向是个老大难的问题，徐特立同志曾说，语文教学的问题，近百年来未能很好地解决。叶圣陶同志也说，半个世纪未能很好地解决，可以看出它的复杂程度。因此在讨论中有必要提倡良好的学风，采取心平气和、互相尊重、实事求是的态度谈问题，挖苦讽刺，或危言耸听，无助于问题的解决。我们编语文教材的历史很长，领导和参加选定课文的专家大都已故去，其中有德高望重的语文教育家、文学家，有著名的散文家、现代文学史家、语言学家。考虑到这个因素，使用那种语言更显得不妥。第二，讨论所依据的事实要尽可能求得准确。多一点交流和对话，不准确之处会大大减少，这对讨论是有利的。[2]

刘国正在《展开双翼才能腾飞——宜昌市课内外衔接语文能力训练的状况和思考》一文（1998）中，总结了近20年来语文教育改革和建设取得的优异成绩：一是制订了新的教学大纲；二是编写了新的教材；三是从全国到各地，成立了许多语文教学研究的群众性组织，出版了许多

[1] 钟晓雨. 问题与对策——中小学语文教育改革[M]. 北京：人民教育出版社，2000.
[2] 刘国正. 提倡科学态度，反对危言耸听[M]//王丽. 中国语文教育忧思录. 北京：教育科学出版社，1998：172-175.

语文教育报刊；四是教学研究十分活跃；五是许多地方进行了语文教学改革的实验。最后他总结道：

个别人说我们“误尽苍生”“祸国殃民”，以上事实，足以驳倒这种不负责任的谬论。对这种以偏概全，无限上纲的大字报式的语言，我们坚决予以反驳，不能接受。[1]

针对《审视中学语文教育——世纪末的尴尬》对语文教材选《纪念白求恩》作为课文的批评，刘征发表了《“毫无自私自利之心”赞》(1999)，他指出：

而今，在改革开放和市场经济的大潮中，人们的各种不同的思想观念竞现纷呈，丰富多彩却也泥沙俱下。当此之时，尤其需要以《纪念白求恩》推崇的“毫无自私自利之心的精神”以及为实现“共同的崇高理想”的献身精神教育我们的青年一代。我们要高唱“毫无自私自利之心”赞，使之深入人心，在青年中乃至社会思想中成为一个宏大的强音，成为一道明亮的强光。我国实现社会主义现代化的征途还很长，还会遇到许多艰难险阻，还可能从外部压来狂风骇浪，我们的青年一代要能够继前贤之踵武，挺得住，站得牢，不怕牺牲去争取胜利。如果不是这样，他们在逆境和险境面前竟然抱头闭目，大叫“可怕”，我们民族的希望何在？我们这些教育者将成为千古罪人！……

如果我仍有机会为编选中学语文课本提供意见，我仍要极力推荐《纪念白求恩》这篇“毛泽东人学思想的重要文献”选为课文，如果这就是“迂腐”，那么我将以“迂腐”为光荣。[2]

3. 中语会、小语会和中国语文报刊协会。

中语会、小语会中国语文报刊协会也先后举行座谈会、研讨会，对讨论进行正面回应。中语会、小语会是我国研究中小学语文教育教学的两个群众性学术团体，在全国语文教师中具有很大影响。面对这场大讨论，中语会、小语会结合自身特点，开展学术研讨，总结语文教育取得的成绩，

[1] 刘国正. 展开双翼才能腾飞——宜昌市课内外衔接语文能力训练的状况和思考[M]//刘征. 刘征文集：第1卷. 北京：人民教育出版社，2000：386-387.（刘国正，又名“刘征”）
[2] 刘国正.“毫无自私自利之心”赞[M]//刘征. 刘征文集：续编二（文章卷）. 北京：人民教育出版社，2009：386.（刘国正，又名“刘征”）

力求用事实说话，用数字说话，实事求是，澄清错误认识，起到了拨乱反正、正本清源的作用。

1998年3月7日，中语会联合人民教育出版社中学语文编辑室、人民教育出版社报刊社、《中学语文教学》编辑部和北京市语文学会，举行语文教学座谈会。刘国正、章熊、张定远、孙移山、陈金明、苏立康、顾德希、王俊鸣、李镗等语文教育专家、特级教师，以及《人民教育》《光明日报》《中国青年报》《中国教育报》记者等30多人参加。时任中语会副理事长张鸿苓主持会议。与会人员围绕"语文教学的成绩、问题与改进办法"各抒己见，畅所欲言，在融洽的气氛中展开讨论，并取得以下共识：第一，"近20年来的语文教学，无论是理论研究还是教学实践都取得了可喜的成果"；第二，"当前语文教学存在的问题很多，有的还相当严重，如果任其发展，不仅影响从根本上解决效率不高的问题，而且还会使已经取得的教改成果化为乌有"。需要从科学、发展的视角看待语文教学存在的问题，进而探求解决的途径。[1]

在中国语文报刊协会举行的"21世纪中小学语文教育座谈会"上，时任中语会理事长刘国正在《目前值得关注的几个问题》（1999）的发言中，总结了这次语文教育大讨论的几个特点，也对讨论寄予厚望：

一是国运的日益昌盛，科技的一日千里的发展，呼唤语文教育的深入改革。语言文字不仅是促进两个文明建设的不可或缺的手段，而且是增强中华民族的凝聚力和爱国精神的利器。语文教育必须不断前进，以满足形势发展的需要。二是50年来，我们有教学改革的正反两方面的经验，近20年来是改革的最佳时期，门户打开，融合中外，取得丰富的成果，也提出了许多尚待解决的问题，其中有些问题是老大难或者新大难。成绩和问题都比较明朗，给大讨论提供了较好的基础。改革，不是推翻此前的一切，而是进行科学的分析，对20多年的教改进行反思，继续开拓向前，试图把前面的路修成高速公路。三是"双百"方针得到贯彻，有了学术讨论的自由的空气……我们有理由希望这次大讨论会产生重大影响，引起语文教学的一次重大改革。从长远的观点看问题，当前出现的

[1] 从科学、发展的视角看当今的语文教学——北京语文教学座谈会纪要[J]. 中学语文教学，1998（5）：5-7.

某些不协调的声音，不过是小小的插曲。我们有信心为这新世纪献上一杯品味非凡、无比醇香的美酒。[1]

时任中语会副理事长张定远也在“21世纪中小学语文教育座谈会”上代表中语会发言，共谈了十个问题，其中第一个问题就是“对当前语文教学大讨论的看法”，对此他提出四点看法：

第一，在新世纪就要到来之际，在深化语文教学改革，全面推进素质教育的今天，开展这场大讨论从总的方面看是有益的。它将促使我们对语文教学存在的问题进行深层次思考，它将对语文教学改革起到促进和推动作用。

第二，我们热诚欢迎社会各界人士对新世纪的中学语文教学献计献策，提出有理有据的建议。倡导民主、祥和、实事求是的学风，心平气和，相互尊重，自由探讨，通过讨论达到明辨是非，推进语文素质教育的目的。

第三，讨论应当以党的四项基本原则为指针，应当在四项基本原则范围内进行。这次讨论还应当统一在改革的大旗之下。

第四，应当用辩证的、全面的、发展的观点看待20年来中学语文教学改革。用这样的观点看待语文教学，改革开放20年来，语文教学的成绩是主要的，第一位的，不能否定。但是，语文教学存在的问题不可低估，不可小视，有些问题还是相当严重的，值得高度重视，要下决心逐步加以解决。[2]

1998年4月6日至8日，全国小语会在上海召开语文教学讨论会。到会的20多位专家教授、特级教师、教材审查委员、教学研究工作者和教改实验区代表，对小学语文教学进行了认真的反思，对如何评价小学语文教学现状、小学语文教学存在哪些主要问题及怎样进一步改进小学语文教学等问题达成共识。会议首先肯定了新中国成立以来，特别是改革开放近20年来小学语文教学取得的成绩。指出不能以偏概全否定语文教学的成绩，不能轻率地否定语文教学经验。小学语文教学存在的问题，

[1] 刘国正. 目前值得关注的几个问题[M]//中国语文报刊协会. 21世纪语文对话——21世纪中小学语文教育座谈会论文选. 南昌：江西教育出版社，2001：120-121.
[2] 张定远. 对新世纪中学语文教学若干问题的思考[M]//中国语文报刊协会. 21世纪语文对话——21世纪中小学语文教育座谈会论文选. 南昌：江西教育出版社，2001：14-15.

主要有三个方面：一是投入和产出不成比例，语文教学费时多而收效低的状况没有得到根本改变；二是学生没有真正成为学习的主人，而是被动地学，盲目地练；三是语文教学较为封闭。产生上述问题的根本原因，是语文教学长期受应试教育的影响，考什么就教什么、练什么，怎么考就怎么教、怎么练，应试使语文教学走进了死胡同，忽视了对人的全面培养。大家认为，小学语文教学必须进行全方位的改革。从素质教育的高度出发，转变语文教学观念是改革的首要问题。转变观念，一是要从思想上实现由应试教育向素质教育的转变，深刻认识应试教育的危害，自觉摒弃片面追求高分数的“短视”行为；二是要变“老师教学生学”的教学观念为在教师指导下，学生自主学习，自觉获得知识，不断提高听、说、读、写能力的观念；三是要树立“大语文”教育观。[1]

1999年12月，中国语文报刊协会发起，在北京香山召开“21世纪中小学语文教育座谈会”。出席座谈会的有教育部、国家语言文字工作委员会、中央教育科学研究所、中语会、人民教育出版社等单位的有关领导和专家，部分有影响的中小学特级教师、教研员、作家、大学教授，中国语文报刊协会会员代表等80余人。许嘉璐、柳斌、孟吉平、刘国正、李行健、李建国、张定远、陈钟梁、刘锡庆、饶杰腾、申士昌、吴心田、张富、周正逵、顾德希、顾之川、程翔、高万祥、窦桂梅、尹世霖、韩石山、汤吉夫等人受邀参加。会议受到社会各界人士的关注，气氛空前热烈，与会者畅所欲言，各抒己见，对中小学语文教育的现状做了比较实事求是的评价，对其症结所在做了比较准确、全方位的分析，对语文教学改革的前景、措施提出了规划和设想。这次座谈会的主要成果，集中反映在《21世纪语文对话——21世纪中小学语文教育座谈会论文选》（江西教育出版社，2001年版）一书中。

也有人针对王丽的批评提出“反批评”（1998）：“王丽女士只是提出了问题，如何解决问题却语焉不详且方法不当，再加上对问题的归因和所用的语调有些盛气凌人，便引起了不少教师的反感，可以说‘王丽们’对语文教育的有些观念也出现了偏差。”张巨龄等把“王丽们”的偏差归

[1] 张瑛. 脚踏实地深化改革——“语文教学研讨会”在上海市召开[J]. 小学语文教学，1998（6）：32.

纳为四个方面：一是以偏概全，无视语文教学已有的改革成果，将语文教学说得一无是处；二是对语文教学的归因不对；三是提出的改革方法不可实行，也不应实行；四是以专家或“知识精英”自居，认为一线老师封闭保守，实在伤害广大教师的感情。应当特别强调，没有语文教师们的参与，任何教改都是不可能改好的。[1]

四、语文大讨论的影响

关于这次语文大讨论的影响，有论者归纳为四个方面：一是“恢复语文学科人文性的属性，否定单纯工具论的学科定性”；二是“恢复文学教育在语文教育中的地位和功能，纠正非文学的语文教育”；三是“回归人文性的语文课程内容观，否定‘双基’为中心的语文教学内容观”；四是“回归语文教学的实践性特点，摒弃知识传授和技能训练的教学体系”[2]。在笔者看来，这次讨论对语文教育造成的深刻影响，主要表现在以下几个方面。

1. 提高了全社会对语文教育重要性的认识。

由于这次讨论参与面广，影响大，语文教育成为全社会讨论的话题。在过去一个时期里，一些人只把语文看作应试教育中的一门学科，语文教师缺乏成就感，学生围绕着考试，深陷题海。通过讨论，语文教育的育人功能得到了比较充分的阐释，这无疑有助于提高全社会对语文教育重要性的认识。如陈建功在《给21世纪中小学语文教育座谈会的贺信》（1999）中就充分肯定了这次讨论的意义：

中小学语文教育对于培养高素质的人才乃至提高全民族的文化水平有着极其重要的作用。同时，也为我国文学创作后备军的建设打下坚实的基础。几乎每一位作家都对他们文学的启蒙者抱以由衷的感念……最近一个时期以来，不少社会人士，其中也包括文学界人士就中小学语文教育的改革展开了讨论，其目的是为了使语文教学更加体现鲜明的时代精

[1] 张巨龄，等. 语文教育，忧喜交加[M]//孔庆东，摩罗，余杰. 审视中学语文教育——世纪末的尴尬. 汕头：汕头大学出版社，1999：375-376.
[2] 朱贻渊. 语文教育的理性自觉之路[J]. 中学语文教学，2009（6）：4-9.

神，更能激发学生的学习兴趣，更适应新世纪全民素质提高的需要。[1]

时任全国人民代表大会常务委员会副委员长许嘉璐在《对当前研究中小学语文教育的几点想法》（1999）一文中提出了四条建议：一是提高和评判学生语文水平的任务都不是语文教学一家所能独自承担得了的，应该由多学科共同承担起培养学生语文水平的职责，并以社会的需求为衡量学生语文水平的标准；二是语文教学研究要百花齐放，百家争鸣；三是要尽快做起来，不能老停留在研究室、会议室里或报刊上；四是要把现代化的教学手段提到十分显著的地位[2]。这无疑是一种积极务实的态度。

2. 推动了语文教育改革步伐。

上海《新民晚报》转载了《北京文学》发表的文章，一名市民将报纸寄给当时主管教育的国务院副总理李岚清。李岚清当即给教育部批示，要求对语文教育问题进行调查，教育部基础教育司组织会议，讨论语文教学问题[3]。随后，教育部很快就陆续出台了一些具体的改革措施，如2000年1月31日印发《全日制普通高级中学课程计划（试验修订稿）》，3月6日印发《中小学教师继续教育工程方案（1999—2002）》及实施意见，9月23日发布《〈教师资格条例〉实施办法》。2001年6月，国务院召开全国基础教育工作会议，发布《基础教育课程改革纲要（试行）》；9月1日秋季开学，全国除上海以外，高中语文开始使用《全日制普通高级中学语文教学大纲（试验修订版）》和教材。人民教育出版社编写的高中语文教材，1997年起在山西省、江西省、天津市开展试验，也借这次语文大讨论的东风，率先推广到全国正式使用。

3. 促进了语文教育研究进一步深化。

叶圣陶在为郭绍虞的《中国体育史》所写的序（1918）中说：

学术之进步，恒由于批评之目光。罗举众异，彼此互衡，或此是而彼非焉，或此是什四而彼是什六焉。及一一如量显露，罔或隐匿，于是

[1] 陈建功. 给21世纪中小学语文教育座谈会的贺信[M]//中国语文报刊协会. 21世纪语文对话——21世纪中小学语文教育座谈会论文选. 南昌：江西教育出版社，2001：12.
[2] 中国语文报刊协会. 21世纪语文对话——21世纪中小学语文教育座谈会论文选[M]. 南昌：江西教育出版社，2001：4-5.
[3] 同[1]3.

取此之是而舍彼之非，或合此什四与彼之什六是而汰其余。于是此种学术从而增一进程。批评为进步之先导，固信而有征矣。而罗举众异，衡其得失者，学术史之事也。[1]

经过这场疾风暴雨般的语文大讨论，语文教育界进一步思考：语文教育的性质、目的、任务究竟是什么，语文教材该怎么编，教材选文怎么选，怎样提高语文教师的素质，语文高考该怎么考，等等。这在客观上促进了语文教育研究的进一步深化。讨论中有很多很好的意见和建议，如钟晓雨主编的《问题与对策——中小学语文教育改革》、中国语文报刊协会编的《21世纪语文对话——21世纪中小学语文教育座谈会论文选》中的许多文章，既是对这次大讨论的回应，也是语文教育界进一步深入研究的成果，其中不缺乏理性思考与客观分析。如王俊鸣在《阅读能力是一种独立的能力》（1997）中说：

有的人抹杀阅读能力的独立地位，实是出于某种“情结”，比如“传道”情结。在有些人看来，语文教学就是“传道”，阅读教学自然也就要以使学生“受道”为基本目标。由此出发，有的人甚至认为“语文教学”对目前社会道德水准下降“负有重大责任”。这种道德救世的热忱和义勇诚然可嘉，但这也只能是一种热忱和义勇而已……作为语文教师，看不到自己的职责不行；把自己的职责看得过重，恨不得“语文教天下”，也未必行得通；如果一方面似乎很有责任感，可实际上根本没看清自己真正应负的责任，那就更危险。“语文是最重要的交际工具”，这就是语文的本质特征。所谓“文化载体”云云，不过是从一个特定的角度揭示了语文作为交际工具的功能的一个特定方面。[2]

陈钟梁认为，语文教学的主要弊病出在阅读教学中的课文分析上，“有的微言大义，有的牵强附会，有的生搬硬套，有的无限拔高。宝贵的时间不让学生自己读，却在问题来问题去地分析；记忆力最旺盛的时期，不让学生多记一些名篇，却去背那些干巴巴的结论，诸如‘主题鲜明’、‘选材精当’‘情景交融’‘动中有静’之类的话，实在派不了什么用场”。[3]

---

[1] 商金林. 叶圣陶甪直文集[M]. 北京：人民教育出版社，2017：312.
[2] 王俊鸣. 阅读能力是一种独立的能力[J]. 中学语文教学，1997（8）：16–18.
[3] 陈钟梁. 成绩与问题[J]. 中学语文教学，2000（3）：10–11.

即使当时看来有些偏激的文章，也不乏有价值的观点。比如，洪禹平在《误尽苍生是语文——也谈语文教育》一文中谈到他对提高语文教师素质的期盼，一些观点在今天看来还是值得重视的：

而现在呢，中学语文教育似乎与文史界、文学界绝无相干，中学语文教师只用一本教材一本“教参”就可以教一辈子的书。有真才实学者多千方百计离开中学，即便留下来的也很难有所作为。这种可悲的状况，不管解决起来有多大困难，总得设法解决；不解决，语文教育绝无好转的希望。[1]

显然，作者已意识到高质量的语文教学，必须有“真才实学”的高素质语文教师，这是难能可贵的。事实上，语文教师的素质问题，至今仍然是困扰语文教育改革的关键问题。

这次讨论是语文教育研究进入新时期以后深入发展的必然要求，有助于人们对语文这一学科认识的深化，也为新一轮的语文课程改革做了某些理论上的准备。

另外值得一提的是，20 世纪 90 年代末，语文教育乃至教育改革面临三种难得的机遇。一是 1999 年迎来新中国成立 50 周年；二是 2000 年标志着 20 世纪即将过去，世界迎来了 21 世纪；三是新千年即将到来，人类迎来了第二个“千禧年”[2]。在这样一个时间节点，面对即将到来的新机遇、新挑战，置身于我国改革开放的大环境，人们不由自主地抚今追昔，很自然地想到要总结过去，观照当下，展望未来，承前启后，继往开来。语文教育工作者在这一时期，或着眼于百年来语文教育发展历程的梳理，或着眼于百年语文教育发展历史的观照，或着眼于新中国成立 50 年来的研究成果，或着眼于 50 年来语文教学名师的教育思想、教学经验的归纳总结，取得了丰富的研究成果，为我国语文教育研究做出了卓越贡献，至今仍惠及语文教育的几部总结性文献，正是在这一背景下策划、编纂并问世的。如刘国正主编的《中国著名特级教师教学思想录·中学语文卷》（江苏教育出版社，1996 年版），张定远主编的《中学著名语文特级教师

[1] 洪禹平. 误尽苍生是语文——也谈语文教育[J]. 北京文学，1998（3）.

[2] 千禧年，又名“千福年”，据说源于基督教，最早的含义可追溯至犹太人对来世的期待。

教育思想精粹》（语文出版社，1999 年版），顾黄初主编的《中国现代语文教育百年事典》（上海教育出版社，2001 年版），顾黄初、李杏保主编的《二十世纪后期中国语文教育论集》（四川教育出版社，2000 年版），张鸿苓、陈金明、张定远、苏立康主编的《新中国中学语文教育大典》（语文出版社，2001 年版），林治金主编的“20 世纪中国小学语文教育丛书”（青岛出版社，2001 年版），等等。

第二节　文学教育的影响

语文工具论在世纪之交受到挑战，除了受语文大讨论的冲击，与当时文学教育的影响也有着密切关系。

文学教育是教育者与受教育者之间，经由文学文本的阅读、讲解与接受，丰富情感体验，获得审美愉悦，培养语文能力，进而传授人文知识、提高文化素养、陶冶情操的一种教育行为[1]。按照这一理解，文学教育在我国经历过一个长期的曲折历程，起起伏伏，腾挪跌宕。

一、我国古代的文学教育

我国古代的文学教育源远流长，形成了生生不息的优良传统。但是，我们也应该清醒地看到，中国古代的文学教育并不是我们今天所理解的文学教育，而是以文学为手段的人文教育，重在传授人文知识，培养人文精神，文学教育不过是伦理教育的手段，是培养道德人格的基础。因为当时教育的目的是“在明明德,在亲民,在止于至善”[2]。孔子所说“博学于文,约之以礼”[3],这里的“文”,包括一切文化知识。直到清朝末年，学生的必读教材都是“四书五经”，丰富的人文知识成为中国古代教育的基本内容。其中虽有文学教育，但并不是纯粹的文学，而是与经学、史学、哲学、伦理学融汇在一起的，成为人文素养教育的一部分。孔子说，“兴于诗，立于礼，成于乐”[4]，“诗可以兴，可以观，可以群，可以怨。迩之事父，远之事君，多识于鸟兽草木之名”[5]。显然，孔子所谓“诗教”，实际上是一种为“事父”“事君”做准备的素质教育。唐代裴行俭说：“士之致远，先识器而后文艺。”南宋朱熹说：“熹窃观古昔圣贤所以教人为学之意，莫非使之讲明义理以修其身，然后推以及人，非徒欲其务记览、

[1] 郭英德. 中国古代文学与教育之关系研究[M]. 北京：北京大学出版社，2012：1.
[2] 出自《礼记·大学》。
[3] 出自《论语·雍也》。
[4] 出自《论语·泰伯》。
[5] 出自《论语·阳货》。

为词章，以钓声名、取利禄而已也。”[1]

古代比较纯粹的文学教育内容，主要体现在三个方面：一是以《千家诗》作为文学启蒙的基本读物，二是以《文选》《唐宋八大家文钞》《唐诗三百首》《古文观止》作为文学阅读与写作的文学范本，三是以各种诗法、诗格、韵书、词谱、曲谱等工具书作为文学写作知识的辅助读物。这三个方面的内容，也仅仅是作为经学教育的补充。[2]

二、我国近代的文学教育

我国近代的文学教育最初也是继承古代文学教育的传统，文学教育仍是经学的附庸，基本目标仍然是培养“新人”。如梁启超在《论小说与群治之关系》（1902）中说：

欲新一国之民，不可不先新一国之小说。故欲新道德，必新小说；欲新宗教，必新小说；欲新政治，必新小说；欲新风俗，必新小说；欲新学艺，必新小说；乃至欲新人心，欲新人格，必新小说。[3]

真正使文学教育摆脱经学附庸地位的，是从清政府颁布《奏定学堂章程》（1904）开始的。《奏定学堂章程》规定，小学、中学、大学课程设置“中国文学”科。

王国维在《文学小言·文学与教育》（1904）中说：

生百政治家，不如生一大文学家。何则？政治家与国民以物质上之利益，而文学家与以精神上之利益。夫精神之于物质，二者孰重？且物质上之利益，一时的也；精神上之利益，永久的也。[4]

蔡元培在答《时代画报》记者问时（1930）说：

我们提倡美育，便是使人类能在音乐、雕塑、图画、文学里找见他们遗失了的情感。我们每每在听了一支歌，看了一张画、一件雕刻，或者读了一首诗、一篇文章以后，常会有一种说不出的感觉，四周的空气

[1] 转引自郭英德. 中国古代文学与教育之关系研究[M]. 北京：北京大学出版社，2012：3.
[2] 郭英德. 中国古代文学与教育之关系研究[M]. 北京：北京大学出版社，2012：5.
[3] 梁启超. 饮冰室合集（第2册）[M]. 北京：中华书局，1989：6.
[4] 王国维. 文学小言·文学与教育 [M] //李杏保，方有林，徐林祥. 国文国语教育论典（上）. 北京：语文出版社，2014：10-11.

变得更温柔，眼前的对象会变得更甜蜜，似乎觉到自身在这个世界上有一种伟大的使命。这种使命不仅仅是使人人要有饭吃，有衣裳穿，有房子住，同时还要使人人能在保持生存以外，还能去享受人生。知道了享受人生的乐趣，同时更知道了人生的可爱，人与人的感情便不期然而然地更加浓厚起来。[1]

三、新中国初期的文学教育

新中国成立伊始，中小学语文课程方案参照当时苏联的做法，曾将中学语文课分设汉语、文学两科，文学教育在我国被提到很重要的地位。

1951 年 3 月，在第一次全国中等教育会议上，胡乔木在报告中说："文学教育的任务是要使学生从文学作品中生动地了解国家人民的生活、命运、幸福与痛苦，以引起学生对劳动人民发生强烈的感情，和对文学发生兴趣和爱好。所以在爱国主义教育上有着很大的重要性。文学应以本国文学为主体，在教学时指导学生阅读、朗读、欣赏中国文学作品，使学生爱好中国文学作品，对中国文学有足够的估价和正确的认识，并通过作品中的人物环境描写、生活斗争等的影响，养成学生高尚的人格。""若把文学教育单纯变成政治教育或完全与政治隔绝，都是不正确的。"[2]"语文教学目前存在着特别混乱的现象，其原因就是没有把语言教育和文学教育分开……语言教育与文学教育可联系起来，但不能混淆。"[3]

1953 年 12 月，中央语文教学问题委员会主任胡乔木向中央提交了《关于改进中小学语文教学的请示报告》，认为"我国中小学语文教学，历来都是把语言和文学混在一起教。这样教学的结果，不论从语言方面看，从文学方面看，都遭到了很大的失败"。"一般语文课都不注意文学教育，没有经过文学培养青年的高尚的品格和健康的人生观，也没有使学生得到必要的系统的文学基本知识和文艺欣赏能力。这些事实都说明了语文混合教学的结果是语言教育和文学教育两败俱伤，都不能得到应有的效果。"因而提出把实行中小学语文一门课程分为语言和文学两种独立的学科进行教

[1] 转引自薛毅. 文学教育的悲哀[M]//孔庆东，摩罗，余杰. 审视中学语文教育——世纪末的尴尬. 汕头：汕头大学出版社，1999：60.
[2] 钟晓雨. 问题与对策：中小学语文教育改革[M]. 北京：人民教育出版社，2000：349.
[3] 顾黄初. 中国现代语文教育百年事典[M]. 上海：上海教育出版社，2001：320.

学[1]。这一课程设置方案于1954年2月1日经中共中央政治局扩大会议批准。教育部责成人民教育出版社根据中央批准的“关于改进中小学语文教学方案的报告”，拟定中学汉语、文学课本编辑计划。人民教育出版社中学语文编辑室根据工作需要，分成文学编辑室和汉语编辑室，并从1954年3月起着手编写语言、文学分科的教学大纲、课本和教学参考书。这是我国实行新学制以来，首次在中学语文教学中实施系统的语言教育和文学教育。人民教育出版社编写了从初中到高中的文学课本。这次课程改革，由著名语文教育家、文学家，时任教育部副部长兼人民教育出版社社长、总编辑叶圣陶直接领导，主要参与人员中有文学编辑室的张毕来、王微、蔡超尘、隋树森、张传宗、刘国正、姚韵漪等，汉语编辑室的张志公、吕冀平、洪心衡、张中行、郭冀舟等[2]。在编辑过程中，还召开了多次作家座谈会，茅盾、老舍、臧克家、萧三等都提供了意见。

1956年制定的《文学教学大纲》（草案），对中学文学教育的任务做了系统完整的规定。以高中为例，高中文学教育的任务有两个方面。一方面是教养任务，即增进文学、语言素养的任务。通过教学，“进一步提高学生阅读、理解和欣赏文学作品的能力，培养学生阅读文言著作的初步能力，提高他们运用语言的能力，巩固学生经常阅读文学作品的兴趣和习惯，进一步扩大学生对社会生活的认识”。另一方面是教育任务，即思想品德教育。1963年，《人民教育》发表了洛寒的《不要把语文课教成文学课》，提出：“语文是学好各门知识的基础和从事各种工作的重要工具。语文教学的目的无非是教学生能正确地理解和运用祖国语言文字，达到能读会写，以适应继续学习和将来从事工作的需要。”从此，文学教育逐渐成为中学语文教学中的一个禁区。对此，张传宗在《语文教学的基本任务和其他任务》（1984）一文中曾有过深刻反思：

1956年的文学教学大纲强调纯文学教学，忽视了一般读写能力的培养，教学目的任务就有一定的片面性，不能全面地体现语文学科的性质。1958年以后的语文学科偏重思想政治教育，不再提文学教学的要求；

---

[1] 出自贵州省教育厅研究室编的《汉语教学语法研究资料（二）》，1983年版第21页。

[2] 课程教材研究所. 新中国中小学教材建设史（1949—2000）研究丛书：中学语文卷[M]. 北京：人民教育出版社，2010：37-38.

1963年的语文教学大纲只要求培养一般的读写能力，也不提文学教学；1978年以后的语文教学大纲，继续提培养读写能力和思想政治教育两方面的任务，仍然没有恢复文学教学应有的地位。这些同样都具有或多或少的片面性，不能全面地体现语文学科的性质。1982年六年制重点中学试教本的《编辑意图》，才重新提出"要加强文学教学"，但仍未把它作为整个语文教学目的任务的一个方面。应当明确，语文教学具有文学教学的任务，在语文课进行一定的文学教学，既有利于"文"的教学，又有利于"道"的教学，特别是在美育方面能起特有的作用。[1]

这种对文学教学的反思，值得后来者引以为戒。

四、新时期文学教育的复苏

直到20世纪80年代，语文教育界才又重提文学教育的任务，文学教育"春风吹又生"，重新成为中小学语文教学的重要内容。

不少人对于20世纪50年代的文学教育及文学教材表示深切怀念。当年主持编写《汉语》教材的张志公，一生专注于中学语言教学（包括汉语和外语）的研究，认为培养和提高学生的现代语文能力是中学语文教学的特定任务。张厚感在《站在现代社会发展的制高点思考——评张志公的语文教育思想》（1988）中说：

说到中学语文教学的特定任务，张志公先生的观点很明确：培养和提高学生的现代语文能力。不含文学欣赏能力，也不含阅读浅近文言文的能力。在现代生活中，语言能力、文学欣赏能力都很重要，缺一不可。但这是两种不同的能力：语文教学只能承担前者，不能承担后者；否则，两败俱伤。语文教学主要是进行语言训练。有人强调横向联系，认为学点文学可以促进语言学习。志公先生认为这是不必说的，学习其他任何学科同样有这样的作用。问题在于，如果失于主次参半，互相打架，是学不好的，一定要明确自身的任务。平面几何的推理、论证，对于学议论文是大有助益的。然而几何课是几何课，不是语文课，不承担教写议论文的任务。学习语文情同此理。

[1] 张传宗. 语文教学的基本任务和其他任务[M]//《新中国中学语文教育大典》编写组. 新中国中学语文教育大典. 北京：语文出版社，2001：246.

有人强调语文的综合性，认为文学欣赏要综合在语文课里。志公先生不这样看。他所理解的语文综合性，体现于文道的统一，是知识、能力、智力的综合，而能力则是读、写、听、说能力的综合。[1]

后来，张志公在《语文教学要同现代化建设接轨》（1994）中谈到文学教育与培养创造性思维的关系：

我很重视文学教育。不是要求学生们人人成为文学家，但是人人要接受文学教育。文学教育，当然要培养学生欣赏文学作品的能力，这是不在话下的。更重要的是文学可以发展学生思维能力，这一点时常被忽略。思维，一般说可以分为形象思维、逻辑思维。文学培养形象思维。不过，不要绝对化。文学作品，不论诗歌、散文、小说、戏曲，也各有各的逻辑结构，同样有培养逻辑思维能力的作用。只不过文学作品之所以感人，首先是靠形象，而不是靠逻辑推理。文学最足以唤起人们的联想、想象，进而诱发创造性思维……所谓现代化，首先要科学，要科学化，而科学研究、科学工作、科学发明，不仅要有逻辑头脑，更要有创造性思维能力。文学教育与科学文化即现代化，在这里接上轨了。[2]

到 20 世纪 90 年代，在中学语文教学中加强文学教育已成为语文界的共识。1996 年，教育部颁布的《全日制普通高级中学语文教学大纲》已提出培养学生的“初步的文学鉴赏能力”的要求。其实在此之前，人民教育出版社的周正逵主编了一套高中语文实验课本。这套实验课本按文言（高一）、文学（高二）、文化（高三）的体系编写，以培养学生的文学鉴赏能力为主线，按照文学作品体裁分类，兼顾时代顺序，以鉴赏课文为主体，辅之以简要的鉴赏常识和多种形式的鉴赏练习。这套课本包括诗歌鉴赏、散文鉴赏、小说鉴赏和戏剧鉴赏四个部分。除了课堂学习，还有丰富的自学篇目。课内课外合计，选入古今中外的优秀文学作品近 200 篇，其中多数是脍炙人口、历久弥新的文学经典作品。

正当语文界开始探索文学教育时，20 世纪 90 年代末的语文大讨论对中学文学教育发起了“总攻”。正如后来朱贻渊所说：“那次大批判中，

[1] 张厚感. 站在现代社会发展的制高点思考——评张志公的语文教育思想[J]. 中学语文教学，1988（8）.
[2] 张志公. 语文教学要同现代化建设接轨[J]. 中学语文教学，1994（12）：1-3.

以文学家为主要阵容的精英们对语文教育的非文学化状况痛心疾首，大张挞伐。非文学的语文教育一是指缺少文学作品，或者把文学作品教成非文学的‘读写训练’；二是指不正确的文学解读方法抹杀文学教育精神实质……”[1]

五、语文界对文学教育的反思

尽管文学教育是语文教育的重要组成部分，但并不是语文教育的全部。也就是说，除了文学，语文教育还有更多实用的内容。中小学语文教育的任务并不是培养作家。据商金林的《叶圣陶全传》，提及叶圣陶意识到：

“国文的含义与文学不同，它比文学宽广得多，所以教学国文并不等于教学文学。”语文课不是文学课，也不是思想品德课，中学教育并不是要培养专门人才，而是要使学生掌握应对生活的基本知识和技能；就中学语文教育而言，着力点在于培养和提升语文能力，于领略先哲思想、欣赏名家著作之外，更须切合日常的“应酬”和“应用”，能够写文通字顺的“普通文”和“应用文”，因而把中学语文教学的任务定为“阅读与写作的训练”。[2]

尽管叶圣陶本身就是一位著名的作家，作品甚丰，但他对国文教学却有着十分清醒的认识。他说：

国文所包的范围很宽广，文学只是其中一个较小的范围，文学之外，同样包在国文的大范围里头的还有非文学的文章，就是普通文。这包括书信、宣言、报告书、说明文等应用文，以及平正地写状一件东西或载录一件事情的记叙文，条畅地阐明一个原理发挥一个意见的论说文。中学生要应付生活，阅读与写作的训练就不能不在文学之外，同时以这种普通文为对象。[3]

王力在《谈谈提高语文教学水平问题》（1980）中说：

最重要的就是要教会学生能写现代文，不是要把学生造就成文学家。

[1] 朱贻渊. 语文教育的理性自觉之路[J]. 中学语文教学，2009（6）：4-9.
[2] 商金林. 叶圣陶全传：第二卷[M]. 北京：人民教育出版社，2014：298-299.
[3] 同 [2] 500.

我们的中学生毕业以后，恐怕一大半的学生不是学文科，更不是将来要培养成文学家的，他们最要紧的是把文章写得很通顺，逻辑性强，又能深入浅出，把道理讲清楚。[1]

张志公在《语文教学要同现代化建设接轨》(1994)中也说：

语文教学的首要的、专门的任务是学习、使用语言文字。文不通理不顺，说话结结巴巴，就什么也谈不上。包子铺卖包子，切面铺卖切面，各有专司，不能一个铺子什么都卖，捎带着卖点别的，未尝不可，不能卖的样数太多……要是让语文课背的包袱太重了，它什么都搞不好，还谈什么接这轨，接那轨啊！[2]

刘国正在《似曾相识燕归来——中学文学教育的风雨历程》(2000)一文中梳理了我国文学教育的历史，最后得出以下结论：

一、要充分估计文学教育的作用，应在中学语文教育中给予重要的地位。但是并非任何文学教育都是有益的，文学教育必须遵循正确的指导思想。二、文学教育可以分为思想品德教育和语言教育两个方面……文学是语言的艺术，优秀的文学作品凝聚着历代文学大家运用语言的高超艺术，足为学生学习语言的典范。鉴赏文学作品从品味语言入手，鉴赏的过程也是品味语言的过程。艺术鉴赏和掌握语言是一致的，相辅相成的。三、中学文学教育的主体是阅读我国优秀的文学作品，也包括适量的外国作品，并辅以文学史和文学理论的常识。古今中外的文学作品是无比丰富的，教材的选取，决定文学教育的质量。要着重主流，兼顾多样，在比较中增进学生的鉴赏力。要力求文质兼美，着重选取名家名篇。四、文学教育在中学语文课中的安排要适当，应只占其中的一部分，低年级少些，高年级多些。另一部分用于教学识字、写字。阅读和写作一般的实用性文字，这也是十分重要的。五、进行文学教育要着重于发挥文学作品的艺术感染力，循循善诱，熏陶渐染。要与生活相联系，开展多式多样的课外文学活动。文学源于生活，是生活的艺术反映。只有联系生活才能使教学生动起来，取得理想的效果。[3]

---

[1] 王力. 谈谈提高语文教学水平问题[J]. 中学语文教学，1980(8)：3.

[2] 张志公. 语文教学要同现代化建设接轨[J]. 中学语文教学，1994(12)：1-3.

[3] 刘国正. 似曾相识燕归来——中学文学教育的风雨历程[J]. 课程·教材·教法，2000(6)：18-27.

但是，这些观点，在随之而来的语文大讨论中受到置疑，在语文教育中增强文学教育逐渐成为主流声音。

文学教育固然是素质教育的一项重要内容。中小学语文课要加强人文教育，培养学生的审美情趣和一定的审美鉴赏能力，提高其文化品位，发展其健康个性，使其形成健全人格，无疑应该想方设法引导学生尽可能多地阅读古今中外优秀的文学作品。但是，绝不能把语文课等同于文学课。这方面我们是有过教训的，也是由语文的工具性决定的。正如余应源所说："语文教育绝不等于文学教育，文学只是语文的一部分而已，况且中学的文学教学也不能等同于大学的文学教学。夸大现今语文教学'丧失文学—人文性'也是片面的。从根本上说，语文课最致命的伤失，恰恰是'言语工具性'——教会学生使用语言工具的技能性、实用性的失落。"[1]

[1] 余应源. 语文"姓"什么？——认识与从事语文教学的逻辑起点[J]. 中学语文教学，2001（3）：9-12.

第三节 语文人文论的兴起

如果说语文教育大讨论给语文工具论带来冲击，文学教育的兴起对语文工具论造成影响，那么语文人文论则对语文工具论形成了直接冲突。语文人文论的提法，根据笔者目前所掌握的资料，民国时期已有学者提出类似观点，并产生过相当激烈的争论，但争论的结果是大多数人都倾向于认同语文工具论。

语文人文论作为语文工具论的对立面，出现于20世纪80年代末，在20世纪90年代渐成风气，到世纪之交最为流行，并曾一度成为我国语文教育的主流声音。2001年教育部颁布《全日制义务教育语文课程标准（实验稿）》，指出："语文是最重要的交际工具，是人类文化的重要组成部分。工具性与人文性的统一，是语文课程的基本特点。"课程标准的这一定义，可以看作是一种融合，暂时平息了工具性与人文性的争论，在当时自有其意义和价值。但是，语文教育界一直都没有停止对工具论与人文论的思考与探索。经过深入讨论与语文教育教学实践，语文教育界的意见逐渐趋向统一，即语文教育应吸收人文论的有益成分，丰富其内涵，但语文教育的根本性质不是人文性，而是工具性。一个不可否认的事实是，经过近20年的过滤、净化，人文论尽管还很有市场，但已明显逐渐式微，工具论重新回归语文教育的主流地位。

吕叔湘说："凡是经常钻研一种事物的人，很容易就事论事，把注意力局限在许多具体问题上。如果能够稍微拿出点时间来，站远些，站高些，对所钻研的事物的整体做一鸟瞰，包括它的背景和前景，一定能够获得对那个事物的更通达的理解，能够按照实际的、长期的而不是表面的、短期的需要安排自己钻研的力量。"[1]本节试图对影响语文教育甚巨的人文论"整体做一鸟瞰"，从中国文化的人文传统追根溯源，探讨人文论产生的背景，梳理其发展过程，分析其主要内容与局限，挖掘其对语文教

[1] 吕叔湘. 汉语文的特点和当前的语文问题[M]//吕叔湘. 吕叔湘文集：第4卷. 北京：商务印书馆，2004：138-139.

育的积极影响。这对于我们今天的语文教育研究，或许不无裨益。

一、中国文化的人文传统

有人认为，人文精神源于20世纪80年代传入的西方的人文主义，是舶来品，这种说法如果不是数典忘祖，至少是对中华传统文化缺乏足够了解。殊不知，人文精神正是中国文化传统之一，以人为本恰恰是中国人的原创，是我们的“土特产”。以人为本的中国文化是中华民族对人类的一项重要贡献。西方曾经在很长的一个时期里都是神本位，基督教是西方文化的精神核心之一，所以当时西方的教育目的之一就是培养僧侣。直到欧洲文艺复兴时期才高举人本主义的旗帜，提出不要做神的奴隶，要做人自己。这样，神本位才逐渐被人本位所取代，人本主义占据社会文化的主导地位，主张教育的目的是发展人的个性。据哲学家楼宇烈研究，西方思想界的这一转变，主要有两个来源，一是古希腊罗马文化，二是16世纪以后，西方传教士从中国带回以人为本的思想，而且认为后者是更重要的来源[1]。他们以中国文化中的人本思想，对欧洲中世纪以来的神本文化进行了比较和批判性反思，高扬独立自主的旗帜，逐渐形成近代西方文化所倡导的人本主义价值观。从某种程度上讲，欧洲的人本主义深受中国传统文化的影响。人文精神在20世纪80年代，伴随着中国改革开放大潮回归中国。今天我们再来看以人为本的精神，可以说是“礼失而求诸野”，至少也是“出口转内销”，因为它原本就是我们自己的东西。

在我国古代文献中，“人文”是与“天文”相对而言的。《周易·贲卦·彖传》中说：“刚柔交错，天文也。文明以止，人文也。观乎天文，以察时变；观乎人文，以化成天下。”可见，在远古时代的中国人的认知中，“天文”与“人文”是一对相对立的概念。“天文”指宇宙中的各种自然现象，人们通过观察天文，可以搞清楚四时的变化；“人文”是指人类社会存在的各种现象，包括各种社会思潮和文化现象。通过人文，可以观察人心向背，化成社会风气。楼宇烈认为，人文的“化成”有两个方面的含义：一方面是以人为本，以人为中心；另一方面就是文化，与“武化”相对。

[1] 楼宇烈. 中国文化的根本精神[M]. 北京：中华书局，2016：47.

以人为本指保持人的主体性、能动性、独立性，不要让人沦为神的奴隶、物的奴隶，同时也不要让人成为天地万物的主宰。文化是以礼乐教化，让人们自觉遵守社会的行为规范，自觉自律，让人们知道该怎么做，不该怎么做，达到“文明以止”。可以说，人文精神是中国文化的一个根本特征，以人为本的中国文化是中华民族对人类的一项重要贡献。[1]

那么，为什么原本属于中国文化的人文精神会被误认为是从西方传进来的呢？换句话说，人文精神为什么会出现“出口转内销”的现象？这就牵涉到以下两个问题：一是中国与世界的融合关系，二是中华传统文化在中国的曲折发展与起起伏伏。

1. 中国与世界的融合关系。

中国在明代以前，一直走在世界前列，引领世界潮流。只是到明代以后，中国才逐渐趋向保守，到清代达到极致。清政府的腐败无能，闭关锁国，更是加剧了这种衰败。相反，西方自近代工业革命以来异军突起，世界中心逐渐由东方转向西方。落后就要挨打。当清朝走向穷途末路之际，西方列强大举入侵。1840 年鸦片战争，清政府被打败。1894 年中日甲午战争后，中国失去了在亚洲的强国地位。被列强欺侮的严酷现实，促使了中国仁人志士的觉醒。魏源编撰《海国图志》，提出“师夷长技以制夷”。张之洞等人提出“中学为体，西学为用”。在此背景下，中国出现了第一波出国留学潮。无数仁人志士、文化先驱，开始向西方学习。主编《国粹学报》（1905—1911）的邓实曾指出，当时中国知识界求新求变心切，“尊西人若天帝，视西籍如神圣”。

到五四运动时期，胡适、陈独秀、鲁迅、周作人、钱玄同、刘半农等新文化运动先驱提出“打倒孔家店”，请进“德先生”“赛先生”，即民主与科学。陈独秀在为《新青年》写的发刊词《敬告青年》（1919）中指出：“近代欧洲之所以优越他族者，科学之兴，其功不在人权说下，若舟车之有两轮焉。”“国人而欲脱蒙昧时代，羞为浅化之民也，则急起直追，当以科学与人权并重。”《新青年》前几期文章主要是介绍欧洲和日本的文艺和教育理念，提倡新文学，批判国民性，强调革新教育。毛泽东在《论

[1] 楼宇烈. 中国文化的根本精神[M]. 北京：中华书局，2016：7.

人民民主专政》中说："自1840年鸦片战争失败那时起，先进的中国人，经过千辛万苦，向西方国家寻找真理。洪秀全、康有为、严复和孙中山，代表了中国共产党出世以前向西方寻找真理的一派人物。"近代中国学习西方，即所谓"西学东渐"，大致经历了三个阶段：第一阶段是学习西方的坚船利炮，振兴实业以富国强兵，以洋务运动为代表；第二阶段是学习西方的政治制度，维新变法，进行政治体制改革，以康有为、梁启超发起戊戌变法为代表；第三阶段是学习西方的文化教育，改造国民素质，以中国现代教育制度的建立为代表[1]。正如有论者说：

那是一个中西文化相互激荡的时代，我们民族最杰出的一部分人，有勇气有魅力继承全人类最灿烂的文化，有能力站在一个文化的制高点上，来认识基础教育的关键意义，并亲力亲为，百折不回。面对中国的积贫积弱，他们长怀家国之忧。他们选择的道路是做事，务实而不务虚，克服重重困难来办基础教育，这既是启蒙，又是救亡。[2]

焦菊隐（1905—1975）这时正就读于直隶省立第一模范小学，校长刘寿慈是"教育救国论的一派新的人物"，"一心想把学校办好，教育出好学生来，好使国家走上日本式的富强地位"，学校专设挂图室，"室内存有很丰富的日本印刷的中外地图，动植物、矿物挂图，还有生理解剖挂图"[3]。

可以说，中国现代教育就是以科学教育的普及为标志的，如果不能处理好科学教育与人文教育的关系，科学教育的普及有可能削弱人文教育，使语文学习受到影响。对此，浦江清曾做过分析："正因为现在的青年需要学习的科学很多，所以也就没有时间，而且也没有古人那样的耐性，来做文字上的水磨功夫，因此一般学生的国文程度便渐渐低落。""青年人需要学习的科学太多；如果我们再要把经史子集的重担放在他们身上，

[1] 程漫红. 先驱者的探索追求与失落——中西文化撞击中的严复[M]//汤一介. 北大校长与中国文化. 北京：北京大学出版社，2010：40.
[2] 蔡朝阳. 追寻传统是为了接续传统——读《过去的中学》[M]//傅国涌. 过去的中学. 增订本. 北京：同心出版社，2012：357.
[3] 焦菊隐. 终身受益的小学教育[M]//傅国涌. 过去的小学. 北京：同心出版社，2012：108-109.

各方面都要他们能，结果他们索性一概不理，早已打球看画报去了。”[1]

新中国成立后，我国曾一度拜苏联“老大哥”为师，中学语文也学苏联语文教材的编写模式。“文化大革命”期间，语文课变成“政文课”，甚至一度被取消，造成语文教育质量大滑坡。

到20世纪70年代末期，我国实行改革开放，东西方文化的交流渐多，为我国语文教育打开一扇窗，必然在语文教学观念上发生碰撞。如章熊在《语文教学沉思录（一）》（1997）中说：“国外关于教学法的一些争论，例如行为心理学派的‘程序法’，认知心理学派的‘发现法’，等等，各持一端，观点截然相反。但在我们这些教师身上，不同的观点却得到和谐的统一……在这里，我们已经可以感觉到东西方两种文化的碰击。孕育在两种不同文化中的母语教学，各有其渊源所自，有着不同的面貌，也各有其长处和弱点。西方文化以细节的精确性居优，我国文化以整体的综合性见长。细节精确，容易失之于烦琐；整体综合，又容易失之于模糊。如何保持我国语文教学的传统特色，又努力克服其不足，使广大教师便于把握，就是需要我们解析的难题。”[2]

如今，中国提出实现中华民族伟大复兴的中国梦，中国的和平崛起已势不可当，中国与世界各国必然是一种相互包容、彼此尊重的关系。中国语文教育更应该以开放、包容的态度看待西方的母语教育，吸收对我们有益的东西。

2. 中国传统文化的曲折历程。

中华文明之所以能够历经五千年生生不息，就在于中国人民勤劳勇敢、刚毅坚卓，在于中华文化博大精深、源远流长、包容性强。中华民族发愤图强，永不停息，是其生命力、凝聚力、创造力的不竭源泉。正所谓“天行健，君子以自强不息。地势坤，君子以厚德载物”[3]。中国传统文化经历了一个曲折发展的历程。中国是一个非常注重人文教育的国家，《论语》中说：“质胜文则野，文胜质则史，文质彬彬，然后君子。”

[1] 浦江清. 论中学国文[M]//李杏保，方有林，徐林祥. 国文国语教育论典（下）. 北京：语文出版社，2014：615-618.

[2] 章熊. 语文教学沉思录（一）[M]//《新中国中学语文教育大典》编写组. 新中国中学语文教育大典. 北京：语文出版社，2001：281.

[3] 出自《周易·象传》。

自从汉代董仲舒提出“罢黜百家，独尊儒术”之后，孔子及其儒家文化取得了一统天下的地位，孔子被尊称为“大成至圣先师”。在封建科举时代，国家以文取士，所谓士子十年寒窗，无非是在经、史、子、集，即中国传统文化上下功夫。近代引入西方教育，对中华传统文化造成冲击。五四新文化运动时期出现“打倒孔家店”，陈独秀在《孔子之道与现代生活》（1916）中提出“孔子生长封建时代，所提倡之道德，封建时代之道德也……其范围不越少数君主、贵族之权利与名誉，于多数国民之幸福无与焉”[1]。李大钊在《孔子与宪法》（1917）中说：“孔子者，历代帝王专制之护符也。宪法者，现代国民自由之证券也。专制不能容于自由，即孔子不当存于宪法。”[2]中国传统文化受到质疑。

从五四运动后到改革开放前，中国社会在“尊孔”与“批孔”中反复，中国传统文化不断受到质疑。

1978年改革开放以后，孔子及中国传统文化再次受到人们的关注。1987年，为了推广汉语文化，中国政府成立“国家对外汉语教学领导小组”，简称“国家汉办”。进入21世纪后，随着中国综合国力不断提升，国际地位日益提高，海外学习汉语的热情逐渐升温。从2002年开始，教育部和国家汉办开始酝酿借鉴英、法、德、西等国推广本民族语言文化的经验，在海外设立中国语言文化推广机构，并于2004年正式将该机构定名为“孔子学院”。孔子学院是中外合作建立的非营利性教育机构，致力于适应世界各国（地区）人民学习汉语、中国文化的需要，增进世界各国（地区）人民对中国语言文化的了解，加强中国与世界各国教育文化交流合作，发展中国与外国的友好关系，促进世界多元文化发展，构建和谐世界。孔子学院开展汉语教学和中外教育、文化等方面的交流与合作，包括开展汉语教学，培训汉语教师，提供汉语教学资源，开展汉语考试和汉语教师资格认证，提供中国教育、文化等信息咨询及开展中外语言文化交流活动，现已成为各国人民学习汉语言文化、了解当代中

[1] 陈独秀. 孔子之道与现代生活[M]//任建树. 陈独秀著作选编：第1卷. 上海：上海人民出版社，2009：268.

[2] 李大钊. 孔子与宪法[M]//中国李大钊研究会. 李大钊文集（上）. 北京：人民出版社，1984：258.

国的重要场所。截至 2016 年，中国已在 100 多个国家和地区建立 500 多所孔子学院和上千个孔子课堂。[1]

文化是民族的血脉，是人民的精神家园。中国传统文化博大精深，学习和掌握其中的语文教育思想精华，对深化语文教育改革具有重要意义。只有坚持从历史走向未来，从延续中华民族语文教育血脉中开拓前进，我们才能担当起语文教育工作者的使命。对以往的语文教育遗产，要坚持古为今用、推陈出新，有鉴别地加以对待，有扬弃地予以继承，努力用中华民族创造的语文教育精神财富来以文化人、以文育人。为了增强中华民族的凝聚力、向心力，树立文化自信，2017 年，中共中央办公厅、国务院办公厅颁布《关于实施中华优秀传统文化传承发展工程的意见》，要求将中华优秀传统文化传承发展贯穿到国民教育全过程。当然，我们不是回到过去，而是要把现代植根到优秀传统中，再继续向前发展，做现代中国人。无论是对待我们自己的传统文化，还是对待外来文化，都需要采用鲁迅说的“运用脑髓，放出眼光，自己来拿”的原则。先要“占有，挑选”，然后根据需要，“或使用，或存放，或毁灭”，实行拿来主义，为我所用。对中华优秀传统文化，更要根据今天的需要，进行创造性转化和创新性发展。

二、人文论产生的背景

我国语文人文论在 20 世纪末逐渐兴起，有着深刻而复杂的背景。既有社会、教育的背景，也有语文学科本身的背景。前者可以看作外部原因，后者可以看作内部原因。

1. 外部原因。

以 1976 年粉碎“四人帮”为标志，我国结束了“文化大革命”。邓小平主持中央工作后，带领中国进入一个新时代。政治上，确立改革开放为基本国策，提出建设社会主义“四个现代化”的总目标；经济上，以安徽小岗村联产承包责任制为标志，以经济建设为中心；思想上，以真理标准的讨论为标志，这一讨论成为拨乱反正和改革开放的思想先导。

[1] 柴如瑾. 语言文字事业发展报告首次发布[N]. 光明日报，2017-07-19.

1978年党的十一届三中全会，把解放思想、实事求是重新确定为党的思想路线；教育上，以恢复高考为标志，营造出“尊重知识、尊重人才”的社会氛围；文化上，由过去的“大一统”趋向多元，人们的思想观念开始松动，理论研究日趋活跃。中国要实现现代化，就必须向发达国家学习。中国派出了大量留学生，到西方国家去，到日本去，学习先进国家的科学技术与管理经验，同时也引入他们的文化。到了20世纪90年代，中国对外交流日益频繁，“地球村”变得越来越小。现代化在无形中演变成一种西方化思潮，影响着中国人的价值观，甚至出现一些以西方文化马首是瞻的现象。

在改革开放初期，中国与西方在文化上、价值观上难免发生碰撞。一些思想界、文学界的“先锋之士”，开始用西方价值观来审视中国教育，无论是课程设置、教材编写、课堂教学，还是考试评价，必然是方枘圆凿，处处不如意。要反思中国教育，急需寻找一个突破口，而语文教育关乎千家万户，理所当然成为最好的突破口。语文教育遭遇了“世纪末的尴尬”，“语文，我为你流泪”“文学教育的悲哀”“中学语文坑死人”“以学生为敌”“炮轰全国统一高考体制”“误尽天下苍生是语文”等成为各大媒体竞相转载的热词。学者杨东平分析说：

中学语文教学的种种问题，一言以蔽之，是人文价值、人文底蕴的流失。将充满人性之美、最具趣味的语文变成枯燥乏味的技艺之学、知识之学，乃至变为一种应试训练。显然，这种弊端不只表现在语文课上，而是目前学校教育的通病，只是在本应最具人文性的语文课上，这种畸变尤其令人触目惊心。[1]

正是在上述时代背景下，一些“先锋派”教师开始接触到世界现代教育的一些理论，包括赞可夫、布鲁诺在内各种流派的教育理论，不禁对语文工具论产生了怀疑。正如陈钟梁分析的那样：

面对现实问题，他们喜欢用自己的头脑进行哲学思考。他们觉得“工具性”不够用了，因为他们特别关注人的自身完善与发展。于是乎，相继提出过时代性、民族性、社会性、文学性、艺术性、感染性、模糊性、

[1] 杨东平. 语文课：我们失去了什么[M]//王丽. 中国语文教育忧思录. 北京：教育科学出版社，1998：39.

混沌性等。真可谓琳琅满目，令人目不暇接。可惜，这个性那个性的，大多因为界定不清，或过于宽泛，未能真正站稳脚跟。在众多“性”中，当推人文性最有实力。纵观语文教学的各种弊端，人文性认为，最根本的原因是主体的失落，改革的目的是为了寻回失落的主体。而基础性的最大缺陷，就是未能涵盖语文教学丰富多彩的文化教育与生活教育，以及人格的铸造。人文性的矛头，客观上不同程度地指向了工具性。[1]

于是，利用语文教育教学中存在的一些问题，否定工具论，鼓吹人文论，逐渐成为语文界甚至知识界的“新时尚”。有一种观点认为，现行中学语文课本不仅没有具备起码的“世界文化”眼光，反而对外国优秀的文化成果抱着一种敌对的态度。无论是选文数量、选文标准，还是对文章的分析，语文课本的编选者对跟中国文学同样源远流长和丰富多彩的外国文学进行了阉割和改写，把非常片面和狭窄的所谓“最优秀”的外国文学作品灌输给孩子们，进而对这些作品做了极其可笑的扭曲。[2]

而从教育界来看，20 世纪 90 年代末，随着知识经济兴起，深化教育改革，全面推进素质教育，培养创新型人才的历史任务逐渐成为教育改革主流。世界教育发展呈现出几个特点：一是教育先行，二是教育国际化，三是教育信息化，四是终身教育与学习型社会的建立。我国教育也开始改革。1985 年 5 月，中共中央颁布《中共中央关于教育体制改革的决定》。1986 年，全国人大颁布《中华人民共和国义务教育法》。1993 年，中共中央国务院发布《中国教育改革和发展纲要》。1995 年，全国人大颁布《中华人民共和国教育法》。1997 年 10 月，国家教委发布《关于当前积极推进中小学实施素质教育的若干意见》。1999 年 2 月 24 日，教育部发布《面向21世纪教育振兴行动计划》。1999年6月25日，全国各大新闻媒体以“今年全国高等教育招生大幅增加”报道了高校扩招的消息。在 1998 年招收 108 万名新生的基础上，1999 年实际招生 159 万名，增幅超过 41.7%。2001 年 6 月，国务院召开全国基础教育工作会议，颁布《国务院关于基

[1] 陈钟梁. 工具性的黑点与光环[M]∥中国语文报刊协会. 21世纪语文对话——21世纪中小学语文教育座谈会论文选. 南昌：江西教育出版社，2001：167.

[2] 余杰. 阉割外国文学——对中学语文课本中所选外国文学作品的分析[M]∥孔庆东，摩罗，余杰. 审视中学语文教育——世纪末的尴尬. 汕头：汕头大学出版社，1999：152-153.

础教育改革与发展的决定》。教育工作者开始学习借鉴国外的教育理论，逐渐提出教育改革的任务。反对“应试教育”，推进素质教育，教材在统一基本要求的前提下，实现“多纲多本”。

2. 内部原因。

除了以上所说的社会和教育背景，语文教育无论从课程、教材，还是教学、考试，都无法满足人们对语文的期待，无法满足时代、社会、教育改革对语文教育提出的新任务、新要求。语文教育界也开始反思，并从20世纪80年代开始进行广泛争论。争论的焦点集中在语文教育的工具性与人文性，科学主义与人文主义等问题上。1987年第8期《读书》杂志上刊登了申小龙的《汉语的人文性与中国文化语言学》一文，该文从语言学研究角度提出了汉语的人文性问题。同年第8期《语文学习》刊登了陈钟梁的《是人文主义，还是科学主义》，该文将人文主义与科学主义并举，认为“现代语文教学发展的趋势，很可能是科学主义思想与人文主义思想的结合，指导改革开创一个新局面，以实现语文教学科学的艺术化与语文教学艺术的科学化”。此后，语文界围绕科学性与人文性、素质教育与应试教育的争论一直不断。其中尤以应试教育对语文教育的影响最为普遍。正如刘国正在《提倡科学态度，反对危言耸听》（1998）一文中分析的那样：

有老问题，有新问题，教学思想、教材、教师、教法，各方面都存在问题。但当前，最突出的、影响全局亟待解决的问题，是应试教育对语文教学的严重损害。语文教学本来就存在偏于技术训练的问题，受到应试的扭曲，更有不良的发展，陷入误区。

一、把语文课的工具性简单化、程式化、刻板化。把生动的语文能力训练变成枯燥的纯技术训练。如大家所提出，忽略课文生动感人的因素，解词、分段和概括段意，概括中心思想，成为讲解许多课文的固定的程式，特别是不启发学生独立思考，却让他们一字不差地背诵现成的结论。这样做有百害而无一利。

二、脱离生活，脱离社会。阅读，不重视引导学生运用生活体验体会文章的妙要；写作，不重视引导学生开发生活宝库以为写作之源，只在写作方法上打转。这样阅读，难以获得对文章的真正理解，这样写作，只能养成八股调。

三、练习题太多太多了，课外阅读和课外写作太少太少了。总之，消损了兴趣，闭塞了聪明，加重了负担，却并不能真正提高语文能力……不改变还得了吗？应该指出，广大语文老师和教育工作者并不愿意这么做，而是迫于应试的巨大压力才不得不如此。[1]

于漪在《“标准化试题”把语文教学引入了“死胡同”》(1998)中分析说:“语文教学陷入困境,也许考试形式与内容只是一个方面,恐怕观念、教材、教法、师资等各个环节都存在问题，是综合性的。”她把语文教学存在的问题归纳为四个方面：一是对语文学科的性质认识不清楚，二是烦琐哲学在语文教学中泛滥，三是严重地脱离实际，四是语文教学中形而上学盛行[2]。周正逵把语文教学存在的问题归纳为四个方面:一是语文考试指挥不当，教学方向难以把握；二是语文教材体系陈旧，教学效率难以提高；三是语文教研条块分割，教学改革难以深入；四是语文教师素质欠佳,教学质量难以保证[3]。汤吉夫则认为考试使语文教学主体性发生了失落：“干什么不吆喝什么，自己走着走着就丢了自己，连自己是干啥的都不知道了。让语文课找不着北的有两大力量,一是政治,二是考试。先前主要是政治的牵引，如今则主要是考试的拉动。”[4]申士昌把教学方法陈旧归纳为六个方面：

1. 把生动的课文肢解为若干知识点的拼盘，抽出一段话，甚至几个词，零敲碎打，死记硬背，翻来覆去地分析所谓的深刻含义。课课如此，年年如此，学生对语文学习失去了兴趣。

2. 公式化、概念化，老一套。学生说，数理化等学科，一天一个样，环环相扣,缺一个环节也不行;语文课天天一个样,缺几节课也没关系……有人调查表明，学生不喜欢语文的占50%。

---

[1] 刘国正. 提倡科学态度，反对危言耸听[M]//王丽. 中国语文教育忧思录. 北京：教育科学出版社，1998：173.

[2] 于漪. “标准化试题”把语文教学引入了“死胡同”[M]//王丽. 中国语文教育忧思录. 北京：教育科学出版社，1998：198-199.

[3] 周正逵. 对当前语文教学改革问题的几点思考[M]//中国语文报刊协会. 21世纪语文对话——21世纪中小学语文教育座谈会论文选. 南昌：江西教育出版社，2001：32.

[4] 汤吉夫. 语文教改之我见[M]//中国语文报刊协会. 21世纪语文对话——21世纪中小学语文教育座谈会论文选. 南昌：江西教育出版社，2001：84-85.

3. 为了应付各级各类考试，老师不引导学生认真读课文，而是以练代讲，以练代学。大量地做社会上流行的五花八门的练习题，光练不讲，只对答案，临考前还有大量的冲刺练习、模拟练习，急功近利，舍本逐末。

4. 加班加点，疲劳战术。一天应该排6至7节课，可许多学校的毕业班每天排8至9节课，双休日还要办补习班，变相加课。师生都感到疲劳，效率不高，可是“家家习为俗，人人迷不悟”（白居易《买花》）。

5. 只管课内，不管课外。学生的课外阅读面很窄，缺乏必要的组织和指导。一些爱看课外书的学生也只爱看消遣性书籍、明星逸闻趣事，欣赏层次低下，对世界名著知之甚少。

6. 只管教，不管学，只研究教法，不研究学法，许多学生不会浏览、跳读、速读、精读、略读，不会从文章中筛选有效信息，阅读的速度、效率难以提高。

总而言之，语文教学方法的弊端集中表现在重知识传授，轻能力培养；重应试练习，轻智力开发；重课内学习，轻课外学习；重教法研究，轻学法指导。其根源是教学观念陈旧。[1]

对语文教材的看法是：教材编者观念陈旧落后，政治化倾向太强，选文不能及时吸收最新的研究成果，教材对课文的解说落后于文学界。

三、人文论的主要内容

1. 人文论的论点。

（1）人文性是语文教育的本质特征。

有论者认为，人文性是语文教育的本质特征，语文课程的内在价值和意义集中体现在人文性上。一方面，语文是一种文化的构成，负载着多姿多彩的人类文化，包孕着无限丰富的人文精神。任何民族的语言都是该民族认识世界、阐释世界的意义符号体系和文化价值体系，语言的文化代码性质决定了它鲜明的人文属性，而汉语汉字的人文属性尤为突出，它重人生、人伦、人情、人性，讲审美、体验、感悟、直觉，体现

[1] 申士昌. 肯定成绩，找准问题，研究对策[M]//中国语文报刊协会. 21世纪语文对话——21世纪中小学语文教育座谈会论文选. 南昌：江西教育出版社，2001：27-28.

了汉民族独特的心理结构和思维方式，积淀着汉民族深厚的历史文化传统和丰富的民族情感。所以，从根本上说，学习汉语言，就是让学生感受汉民族先贤智者伟大的心灵、深邃的思想、超凡的智慧、杰出的创造，就是接受汉民族博大精深的文化的熏陶和感染。葛红兵在《中小学语文教育应是人文教育》（2005）一文中具体分析说：

我们现在是把语文教育的性质定位在工具教育、知识教育、技能培养上的，所以语文教学教学生的大多是语文知识，教师看重的是学生写作、阅读、表达等技能的培养。但是，实际上语文教育不仅仅是语文技能的教育，同时还是价值观的教育，没有价值观的语文是不存在的，语文和价值观是一而二、二而一的东西……因此，语文教育应当更加重视自己作为价值观教育的作用。语文教育所发挥的价值观功能绝不会低于政治教育、道德教育，因为语文中的价值观是潜在的、渗透性的。

语文教育是一种审美教育，应该把文学性、艺术性放在首位。[1]

"语文人文性的另一层含义就是强调对人、对人的生命价值的尊重，强调对学生健康个性、健全人格的培养。语文教育活动绝不仅仅是一个纯粹的语言习得过程，更是教师与学生双向的、积极的生命运动过程。因为语言是人自身功能的一部分，语言活动是人生命活动的一种方式，任何一种语言形式背后都跃动着一种生命形式，学生阅读一个个文本的过程，就是以自己的全部生命体验、生命情感和生命意识与文本背后潜藏着的生命对话的过程，就是实现学生自我生命成长和提升的过程。正因为语文课程蕴涵着这种高度的生命价值和意义，所以，尊重人、尊重人的生命价值、尊重人的独特体验和感受、尊重人的文化及其多样性，培养健康个性，形成健全人格，同样是语文课程人文性的应有之意。"[2]

钱理群则特别强调语文在精神灌注、文化熏陶方面的作用：

语文教育所用的教育材料是语言文字，是各类文体的文章，文学作品又占据了很大的比重，都无一不积淀着丰富的文化内涵与人文精神。我想强调的是，这样的精神灌注、文化熏陶也是影响终生的。

中小学语文教育主要应培育学生对真、善、美的追求，对彼岸理想

[1] 葛红兵. 中小学语文教育应是人文教育[N]. 中华读书报，2005-10-19.
[2] 转引自倪文锦. 高中语文新课程教学法[M]. 北京：高等教育出版社，2004：31-32.

世界的向往与想象，对人类、自然、宇宙的大关怀，对未知事物的好奇心，并由此焕发出内在与外在的激情，生命的活力，坚强的不屈不挠的意志力，永不停息的精神的探索，永远不满足于现状的批判与创造的欲求。

总之，从语文的基础性质出发，我想强调的是“打底子”的概念：打好终生学习的底子与终生精神发展的底子，以保证每一个人的“一生可持续发展”。[1]

当然，不少主张人文的前辈学者有着比较清醒的认识，他们以自己丰富的学养与睿智来看待语文教育这项神圣的事业。如钱理群就说：

在我投入这一工作时，却不能不时时产生如履薄冰之感——毕竟离开中小学语文教育界太久，对一个自己并未进行过专门研究的领域发言，这是十分危险的，站在“门外”做一些激烈的批评是容易的，也是必要的；但不能只破不立——在这方面，20世纪我们已经有了足够的教训，而要立，就必须有研究。[2]

（2）工具论导致人文价值严重流失。

有论者提出，“数十年来语文教学的一个具有权威性的基本观点是：语文学科是工具性，工具性是语文学科的基本属性。我以为这是导致语文学科人文价值、人文底蕴严重流失的根本原因。语文学科当然是人文学科而非工具学科，尽管它也有纯技术的层面，但绝不是主要的……语文教改曾有以片面强调政治性为基本特征的第一浪潮和以片面强调工具性为基本特征的第二浪潮，为了深化语文教改、提高语文教学质量，应当掀起以突出人文性为基本特征的第三浪潮”[3]。也有人认为，工具论与人文论并不是不可调和的，而是一个问题的两个方面。陆志平在《中小学语文教改若干问题的思考》（2000）一文中说：“我们不妨换一个角度来思考这个问题……从语文教育与人的发展的关系出发，结论也许会更科学。”王富仁在《当前中国中小学语文教学改革的历史依据》（1999）一文中认为，今天的语文教学改革“应当回归到人与语文的关系中来思考，回到语文教学对人的成长和发展的作用中来思考……不是否认语文的工

[1] 钱理群，孙绍振. 对话语文[M]. 福州：福建人民出版社，2005：130.
[2] 同[1] 122-123.
[3] 王丽. 中国语文教育忧思录[M]. 北京：教育科学出版社，1998：136.

具性，而是要把这个工具交到能自由使用它，并为人的精神发展服务的'人'的手里"。

2. 语文教育界如何看待人文性。

王世堪在《人文性、工具性及其他》（2009）中说：

"以人为本"的指导思想要求我们重视并全面理解语文课"人文性"的内涵，明确语文课体现"人文性"的基本途径，从更广阔的角度思考语文课的"人文性"的问题。培养学生的语文能力，是语文课"人文性"的题中应有之义，切不可把"人文性"和"工具性"对立起来。基础教育阶段让学生扎扎实实地掌握好语文基础工具，是天经地义功德无量之事。不能把这些基础教育阶段必须打好的基础贬为"纯工具"而给反对掉。如果这样做，真可谓罪莫大焉。

"以人为本"的指导思想要求我们重视并全面理解语文课"人文性"的内涵，明确语文课体现"人文性"的基本途径。

笼统地说，在语文教学全过程，处处都应体现人文精神。简而言之，大概有以下三项。

其一，人文性、人文精神，作为一种态度，一种修养，指教师要对学生有深切而广博的爱，由此而产生庄重的使命感与责任感：不仅关注学生的现在，而且念及学生的一生；不仅观察学生的外在表现，而且洞悉学生的内在潜质；爱护、珍惜学生的点滴进步，"长善救失"引领学生的成长与发展。

因了解学生，而相信学生，而依靠学生，因而能充分调动发挥学生的自觉性、能动性，使他们的主体作用得以展现。在这个过程中，使他们的人格不断完善,使他们的个性得到发展。这是教育者都应具备的情怀。

其二，发挥语文课的优势，充分展现语文课的人文内涵。语文课反映社会生活，展现人的内心世界，因而具有丰富的人文底蕴。语文课应在培养学生读写听说能力的过程中，引导学生感受、领悟、理解、吸收其丰富的人文滋养，并进而内化为自己的个性发展。这是语文课的特点和优势。一定要使学生在语文学习的过程中获得这种滋养，而不是把读写听说能力的培养放在一边，只着力在精神内容上发挥。

其三，从人文关怀的高度，严格训练学生的语文基本功。语文基本功是学生终身受用、不可稍离的生存和发展的基本能力，是个体人文品质得以形成并不断发展的必备条件。如果基础教育阶段不能给学生打好语文能力的基础——不善阅读，笔下艰涩，听不得要领，说又词不达意——因而困难重重、苦恼终生，还有什么人文可言？故而严格的语文基本功训练，实为“人文性”题中应有之义。把语文基本功训练排除在“人文性”视野之外，把“人文性”与工具性对立起来，以为批倒工具性才能立起人文之大旗，对这样的看法，笔者实实不敢苟同。[1]

关于语文工具性与人文性的关系，刘国正在与笔者谈话中曾引用一则古代寓言予以阐述。

有医者，自称其善外科。一裨将自阵回，中流矢，深入膜内，延使治。乃持并州剪，剪去矢管，跪而请谢。裨将曰：“镞在膜内者须亟治。”医者曰：“此内科事，不意并责我。”

刘国正借这个笑话，生动地阐明了语文学科的本质特征在于工具性与人文性的统一，指出二者是水乳交融的关系。如果一个语文老师只注重传授字、词、句、篇、语（语法）、修（修辞）、逻（逻辑）、文（文章）这些基础知识，却不去关注学生的情感陶冶、思想磨砺、道德提升等人文素养，那么他与那个治标不治本的外科庸医毫无二致，实际上就是一个误人子弟的语文庸师。

于漪则从语文应用性角度分析了工具性与人文性的关系。她认为：

语文学科的文与道、工具性与思想性、实用性与人文性，几经反复，几经争论。中学语文重在应用，重在培养人，不是搞什么语言的专门学问。语文的工具性与人文性是一个统一体的两个侧面，不可机械割裂，否则就会把语文教学引入死胡同，急功近利，舍本逐末。语文教学工具性和人文性，互相依存，不可分割。抽掉人文精神，只在语言文字形式上兜圈子，语言文字就会失去光泽，步入“排列组合”的文字游戏怪圈；脱离语言文字的运用，架空讲人文性，又背离了语文课的宗旨，步入另一个误区。[2]

---

［1］王世堪. 人文性、工具性及其他[J]. 课程·教材·教法，2009（6）：42-45.

［2］于漪. “标准化试题”把语文教学引入“死胡同”［M］//王丽. 中国语文教育忧思录. 北京：教育科学出版社，1998. 198.

值得注意的是，主张人文论的，有些是作家，有些是大学从事文学教育的学者，有些是中学语文教育的新锐。他们视野开阔，思想活跃，在各自的研究领域具有较大的学术影响力，而文学教育在语文教育中的复归，也使得这些作家、学者或教师在语文教育中拥有更多话语权。他们从各自的创作、研究或教学领域，从不同的角度审视语文教学，虽不免掺杂个人的感情因素，甚至是几十年前他们学习语文的经历与感悟，但毕竟适应了当时思想解放、渴望教育尤其是语文教育发生变革的时代潮流，所以能够振臂一呼，应者影从。于是语文人文论受到普遍欢迎。

四、人文论的主要局限

与工具论相比，人文论具有明显的局限性，具体表现在以下几个方面：

1. 混淆了教育与语文的界限。

我国目前的教育，分为基础教育、高等教育、成人与职业技术教育等，基础教育又分为学前教育、义务教育、高中教育等三个阶段。语文教育只是整个教育体系中基础教育里的一个学科，教育—基础教育—语文教育是一般与个别的关系。如果要求整个教育的重任由语文一科来承担，显然是不符合实际的。人文论者所说的“育人”“立人”教育，语文教育当然责无旁贷，而且确有独特优势。但不能因此就把基础教育甚至整个教育所应承担、所能承担的任务，都要求由中小学语文这一个学科来承担，否则就是“人文精神的缺失”。语文教育的目标不宜与整个中小学教育的目标相混淆。

我国古代的语文教育，本来就有“文道统一”的传统。刘勰在《文心雕龙·原道》中说：“道沿圣以垂文，圣因文而明道。”韩愈在《争臣论》中说：“君子居其位，则思死其官；未得位，则思修其辞以明其道。”近代学者相关论述更多，如哲学家、社会学家孙本文在《中学校之读文教授》（1919）中认为“中学教育，头绪纷繁，第论各科教授，其弥重要而弥困难者，莫如国文”。他如此论述国文科的教授方针：

> 按国文教授之作用，不外形式实质二端。形式以涵养能力，实质以陶冶心性。所谓搜集知识发表思想者形式也，所谓启发智德者实质也。搜集知识发表思想之能力，几为向日教国文者出全力以谋之鹄的。读文

作文，非不准是励进。若乃启发智德，则有各科学在，似非国文教学之主鹄，固宜重形式而轻实质矣。虽然，形式实质，自哲学之一元论者视之，本难判别。形式必附实质以行，实质必藉形式以显。[1]

陈启天在《中学的国文问题》（1920）一文中，则把人文教育看作国文教育的“副目的”：

1. 要启发思想，锻炼心力。中学生的思想原来简单，要藉国文来启发……要藉国文来锻炼，与别的学科共同养成他们运用事物的本领。所以在国文教授中应该注意促进学生的思考力、观察力、批评力、研究力等，使他们得到求学和做事的无上工具，这是形式主义的好处。那教学生死读和先生死讲的，弄得学生思想闭塞，心力迟钝，就是没有留心于此咧！

2. 要了解和应付人生和自然。修身、历史、法制、经济等科，是使学生了解和应付人生的；物理、化学、生物等，是使学生了解和应付自然的；地理是供给学生人生与自然相关的知识；国文教授，也是帮助这些科学，使学生对于人生和自然了解的程序加深，应付的能力加大。如果国文是一些不关痛痒的材料，或虽相关，而非学生所急需的，那就难以引起兴趣，使他们得极大的益处了。[2]

宋文翰在《一个改良中学国文教科书的意见》（1931）中，比较了国文与其他学科在性质、目的两方面的不同。从性质上来说：

国文科在学校的一般课程中，含有特殊的性质，不与其他各科相同。别的学科重在知识的传授；国文科重在传授知识的文字的运用的训练。别的学科重在内容实质的深究；国文科重在形式表现方法的探讨。别的学科在使学者明了；国文科则于明了而后，尚须使学者能运用。故别的学科——工艺美术除外，可说是知识的学科，而国文则是技能的学科，两者性质是显然不同的。

从目的上来说：

无论担任何种学科，教者都得把重心倾向到整个教育目的上去。但

[1] 孙本文. 中学校之读文教授[M]//李杏保，方有林，徐林祥. 国文国语教育论典（上）. 北京：语文出版社，2014：101-104.

[2] 陈启天. 中学的国文问题[M]//李杏保，方有林，徐林祥. 国文国语教育论典（上）. 北京：语文出版社，2014：207.

同时除整个教育目的之外，各科为完成整个的教育目的，亦各有其特殊目标，这目标，教者亦须注意设法完成它。而且依个人的意见，各科的目标，较之整个的教育目的，教者尤当重视。何以呢？第一，各科的特殊目标所以完成整个的教育目的的。如果各科的目标都完成了，则整个的教育目的亦完全达到。第二，各科的特殊目标，是根据教育目的随各科的特性而定，各有各的特质，且负有一种为他科所不能负的责任。如果放弃或疏略本科应有的责任，而强拉他人的工作，或包办一切为本科所不能胜任的事，结果，不但本科得不到什么好处，而且侵入他科的范围，妨害他科的统一，破坏学校各科平均发展的趋势。

宋文翰明确指出了国文科与其他学科在性质和目的上的不同，接着又论述国文科的"特殊目标"：

依国文科的性质和所独备的责任来说，我以为最重要的只有两事：（1）阅读，（2）发表……至于养成文艺的兴趣，或要使学生明白文学、学术变迁的大概之类，固不能说是与国文科无关，却是它的次目标，待正目标完成再理不迟。还有涵养德行、启发思想各项，那是要与其他各科共同负责完成，非国文科所能包办，亦非国文科所应包办的。但事实上，我们的贤明的国文教师，绝不甘退让，仅以努力于本科应负的责任，训练学生娴习文字，得到自由阅读与发表的知能为止；他们还自告奋勇，要把全部教育责任放在自己肩上，整个的教育目的在本科教学上实施与完成它。

宋文翰认为，如果谁硬要把整个教育的目的当作国文一科的目的，必然会铸成大错，国文教科书也将编成百科全书，使教师无法胜任。"为分清国文科与其他各科的界限，凡是关于学生品性的涵养，思想的启发，或足以授予学术与文学上的知识，而同时于其发表或阅读无相当助力的，宁可割爱。"[1]

叶圣陶在《国文教学的两个基本观念》（1940）中也说："国文教学自有它独当其任的任，那就是阅读与写作的训练。学生眼前要阅读，要写作，至于将来，一辈子要阅读，要写作。这种技术的训练，他科教学

[1] 宋文翰. 一个改良中学国文教科书的意见[M]//李杏保，方有林，徐林祥. 国文国语教育论典（下）. 北京：语文出版社，2014：464-470.

是不负责任的。”[1]叶圣陶认为，国文教学诚然是精神训练的有关科目，“却不是独当其任的唯一学科”，“把精神训练的一切责任都担在自己肩膀上，实在是不必要的”[2]。周振甫在《技能的训练和理论的研讨》(1946)中说：“中学国文教学的主要目的，在培植学生欣赏文学作品和阅读平易古文的能力，训练写作语体文和浅近文言文的技能。其他虽有使学生了解固有文化等目的，因为那不是国文一科所能独力担负的责任，姑且不论。”[3]语文教育只能做它最应该做的事情，那就是阅读和写作，不应也不可能包打天下，包办一切，更不能“耕了别人的田（尽管这田与自己有着密切关系），荒了自己的地”。在叶圣陶看来，教育与教学虽同为教师的责任，却是判然不同的。他在《答杨苍舒》(1980)中说："我之空想以为各科教师均负熏陶之责，不以教某科为限。易言之，教习某科为教学工作，熏陶善诱为教育工作。凡为教师，固宜教学与教育兼任也。”[4]

2. 无法揭示语文学科的特点。

所谓“特点”，是一事物区别于其他事物的独特之处。如上所述，工具论由于准确揭示了语文和语文学科的特点，因而能够成为语文教学的指导思想。语文教育固然在立德树人方面具有先天的优势，与学生的健康成长，包括拓展视野、培育心灵、丰富情感、培养独立思考能力等关系密切，但这些却是整个教育所应完成的任务，不是语文一科所能独自承担的，其他学科也要承担这样的任务。换句话说，人文论无法揭示语文和语文学科的特点。对此，近代先贤们已有过许多精彩的讨论。其中以穆济波、朱自清、宋文翰等人的观点最具代表性。

穆济波（1889—1976），早期著名语文教育家，四川合江人，曾长期任教于南京东南大学附属中学，为中华书局编过《初级国语读本》《初级文言读本》《高级国语读本》《高级文言读本》。1922年新学制确立后，他负责制定《高中必修科国文科学程纲要》。他的《中学校国文教学问题》

[1] 叶圣陶. 国文教学的两个基本观念[M]//刘国正. 叶圣陶教育文集：第3卷. 北京：人民教育出版社，1994：52.

[2] 叶圣陶. 叶圣陶教育名篇[M]. 北京：教育科学出版社，2013：106.

[3] 周振甫. 技能的训练和理论的研讨[M]//饶杰腾. 民国国文教学研究文丛：总论卷. 北京：语文出版社，2016：226.

[4] 叶圣陶. 答杨苍舒[M]//刘国正. 叶圣陶教育文集：第3卷. 北京：人民教育出版社，1997：542.

（1923）是我国语文教育史上的一篇重要文献。文章包括以下内容：（1）国文国语在教学上有什么价值；（2）语文的本身是不是教育的目的；（3）国文国语教学的目的安在；（4）寻求文学艺术之真价值，为文学的尝试与创造。文中说：

我以为国文国语在教学上的价值，可以分三方面讲。

在个人方面：（1）是满足现实生活的需要；（2）是发展精神生活的需要。

在社会方面：（1）是社会生活巩固的需要；（2）是社会生命永久的需要。

在国家方面：（1）是国家组织的需要；（2）是国家存在的需要。

穆济波从个人、社会、国家三个层面阐发了语文的工具性。在个人层面，他说："假使一个人在这社会里生活，而不能与一社会的群众有情意流通的工具，这人有多少苦痛，这其间又有多少隔膜？……古代文化的存在，所以形成今日的社会生活者，无一不在此共同应用之语言文字中。人类能继续发展，便当首先习成此共同应用的工具。"在国家层面，他说："国家成立以后，其立国之精神，即由语文而继续传衍（所谓国魂者是）。亡人之国，必灭其语言文字；反之，国虽亡而语言文字不灭，文化并不因之衰歇，则古国之生命仍可永远存在……所以必然保持国文国语之教育，正为国家生命与民族精神寄托所在，不能不于此文化征服的势力之中，皎然谋国家与民族精神之独立。""总括我上面所说：国文国语在教学上的价值，并不只如一般学生与学校办事人所想象之单纯，亦并不如一二教师只墨守'知的教育'而忘去'人的教育'；或空言世界化，而忘去民族精神。"

穆济波特别指出："若只注意于文从字顺，便以为尽教师之职责，窃'期期以为不可'。一言以蔽之，'语文的本身绝不是教育的目的所在'，语文只是人类生存必有之一种工具。人类生存之目的别有所在；换言之，即教育之目的亦别有所在，而语文不过为便利达此目的之工具。""在我以为国文国语教学之目的，应根据国文教学本身之价值与现代社会之要求而定。不宜空空洞洞悬一二条具文之目的……可怜一般学者，风来随风，雨来随雨，以零零碎碎之国文常识，七镶八搭之断片的科学知识，如此而欲建筑无数健全人格的青年，有益于未来的国家生命前途，虽抉我目，吾固不信。”[1]

对穆济波这一观点，朱自清在《中等学校国文教学的几个问题》（1925）一文中展开过讨论：

我也和穆济波先生一样，不赞成以语文的本身为国文教学的唯一目的。但他似乎将“人的教育”的全副重担子都放在国文教师的两肩上了，似乎要以国文一科的教学代负全部教育的责任了，这是太过了！即如他所举“本科教学各方面之目的”，初级小学必修科第一条云：

在人生教育上，须使明了人生现实之可贵，及社会的共存，与个人应有之责任。这岂仅是国文一科所应做的事，公民科不也要做同样的事吗？我以为这种是全部中等教育的宗旨，无论哪一科均须以此为基础，谋本科的发展，却不必详细规定于某一科内。穆先生自己说得好：

本科教学目的在贯彻中等教育的宗旨，反对专以本科知识与技能为主的教学。

这就对了！既说“贯彻中等教育的宗旨”，“中等教育的宗旨”原是全部的，何须在一科内详细规定呢？[2]

宋文翰也对穆济波的观点有所批评，他在《一个改良中学国文教科书的意见》（1931）中说：

我且举穆济波先生的主张做个代表。他在《初中国文教学问题》一文里说：“本科唯一的目的，在养成有思想，有作为，有修养，在中等教育范围之内，有充分使用各国语文技能的新中国少年。”……看了这，我们实在不能不怀疑：像这样重大的责任是否国文教师能够胜任？这样繁重的工作是否国文一科所能完成，而且其他各科分内应有的事是否国文科所应包办？这显然是把国文教学的目的和整个的教育目的混为一谈所生的错误。[3]

[1] 穆济波．中学校国文教学问题[M]//李杏保，方有林，徐林祥．国文国语教育论典（上）．北京：语文出版社，2014：302-313.
[2] 朱自清．中等学校国文教学的几个问题[M]//李杏保，方有林，徐林祥．国文国语教育论典（上）．北京：语文出版社，2014：371-372.
[3] 宋文翰．一个改良中学国文教科书的意见[M]//李杏保，方有林，徐林祥．国文国语教育论典（下）．北京：语文出版社，2014：466.

宋文翰进一步分析了这种错把整个教育目的当作国文一科教学目的的行为所带来的严重后果：

自从误认整个的教育目的为国文科教学目标的大错铸成以后，影响所及，教育界以此求，出版界以此应，所有国文教科书几乎成了百科全书，而国文教师亦似乎非具有古今中外的学识不足以胜任。其在实际上，好多的国文教师因为认不真本科的教学目的，发生三种不良的现象：第一种以为国文就是教育，选些什么纲常名教、先圣典型的文字来做教材，日用圣经贤传里的腐话去麻醉青年。第二种以为国文就是国粹，专讲些什么国学，选周秦诸子的，侵入哲学科范围；选史汉传记的，不啻是讲历史。第三种是把国文看作开发思想或涵育感情的工具，日与学生讨论问题，或是专谈文学，结果，前者成了变相的社会学科，甚而迹近宣传主义；后者似乎要把学生个个养成为文学家。像这样教学国文还有什么好成绩！[1]

针对穆济波把"注意青年团体的团结，及共同生活应有的知识与修养"列为初中国文教学的目的，宋文翰批评说：

这岂仅是国文一科所应做的事，公民科不也要做同样的事吗？我以为这种是全部"中等教育"的宗旨，无论哪一科均须以此为基础谋本科的发展，却不必详细规定于某一科内。[2]

沈仲九在《初中国文教科书问题》（1925）中说：

改造思想，不仅靠国文，如历史科、法制经济科、公民科等，只要教科书编得好，教员的见解高，都和改造思想有关系，这是一种。改造思想，并不是国文科唯一目的、主要目的，我们不要以为它就可以尽国文的能事了；这是二种。[3]

周谷城在《文字与教育》（1933）中说：

我以为现在国文教学上的一种浪漫的倾向，是一大原因。这倾向大

[1] 宋文翰. 一个改良中学国文教科书的意见[M]//李杏保，方有林，徐林祥. 国文国语教育论典（下）. 北京：语文出版社，2014：467.

[2] 转引自宋文翰. 一个改良中学国文教科书的意见[M]//李杏保，方有林，徐国祥. 国文国语教育论典（下）. 北京：语文出版社，2014：466.

[3] 沈仲九. 初中国文教科书问题[M]//李杏保，方有林，徐林祥. 国文国语教育论典（上）. 北京：语文出版社，2014：152.

体是把国文看成纯粹灌输学术思想的科目，而丧失了训练语言文字技术的效用。[1]

不少人文论者在谈论语文的人文性时，有时认为语文的人文性指语言的人文性，有时认为其指言语的人文内容，有时又认为其指人文主义教育。其实，这和过去语文界所说的思想性并无二致，只不过换一个说法而已。所以龚向明在《讨论语文学科性质的立足点》（1997）中说：

"人文论"无法揭开语文学科性质之谜……而过分强调"思想性"，比过分强调"工具性"更危险。[2]

余应源认为：

现在有人提出"工具性"是对语文教学的误导，认为"人文性"才是语文教学的本质。这又是一种片面性，是近几十年来在"左"的影响下片面强调"政治思想性"的变种。产生的根源就是不明确语文课的立足点是言语形式，同时也由于多年来没有科学地把握"工具性"这一概念的内涵。看来要重新认识语文课的工具性。[3]

说"语文是工具"，也就是说"口头语言"和"书面语言"中的"语言"，就像工匠们手中的斧、锯、刨、凿等工具一样，必须掌握，必须实践，必须发展；斧、锯、刨、凿后来发展到车床、铣床、刨床、磨床了，但这车床、铣床、刨床、磨床仍然是工具，仍然必须掌握，必须实践，必须发展。有学者抱着"语文万能"的幻想，片面地认为"工具说"否定了"人文性"，其实语言作为思维的工具，"语言"这个工具假如运用得不好，哪来"人文"和"思想"呢？在叶圣陶看来，"赤裸裸的思想"是不存在的。"思想绝不是无所依傍的，思想依傍语言。思想有它的质料，就是语言的材料，就是语汇。思想有它的形式，就是语言的规律，就是语法。无论想得粗浅的，想得精深的，都摆脱不了语言的质料跟形式。无论这个民族的人，那个民族的人，他想的时候都摆脱不了他那个民族的语言的质料跟形式。一个人学会了旁的民族的语言，他也可以依傍旁的民族

[1] 周谷城．文字与教育[M]//李杏保，方有林，徐林祥．国文国语教育论典（下）．北京：语文出版社，2014：517.

[2] 龚向明．讨论语文学科性质的立足点[J]．语文学习，1997（4）：7-13.

[3] 余应源．语文"姓"什么？——认识与从事语文教学的逻辑起点[J]．中学语文教学，2001（3）：9-12.

的语言来思维，可不能一种语言也不依傍。脱离了语言就没法思维。”[1]

按照现代教育的学科分类，一般分为哲学、人文科学、社会科学、数学及计算科学、自然科学。语文同文学、语言学、历史学等学科一样，固然属于人文科学，但如果就此认定语文学科具有人文性，却是毫无意义的。语文教育作为基础教育中的一门学科，只是中小学生需要认真学习的一门功课，不能用人文科学的标准来要求它，也不能从学术意义上来研究语文,因为“语文”在“教学”范围之外,不存在独立的“学术性”。语文教师所应做、所能做的，就是集中精力研究如何提高学生听、说、读、写的能力，培养学生正确理解和熟练运用祖国语言文字的能力。有学者认为，一个学生真正的语文水平的提高只能来自两方面：一是“阅读量的积累”，二是“思想观念的成型与个性化”。“语文教育应该围绕这两方面做文章，而不是舍本求末。”[2]语文教学要培养学生的阅读能力，当然需要有“量的积累”。至于“思想观念的成型与个性化”，却不是语文一个学科所能独自承担的任务了，不能混淆个别与一般的关系。

3. 没有全面理解工具论的内涵。

有一种观点认为，工具论以知识为纲要，以训练为主体，使语文学科患上了一种“丧魂失魄症”，语文教学被分解成一个个与心灵绝缘的知识点、训练点，按点讲授，按点训练。这实在是误解了工具论，没有全面理解工具论的内涵。诚然，确实有些教师在语文教学中，把语文知识细化到不适当的地步，过分强调训练的价值与功能，但这与工具论并没有必然联系。工具论绝不是只讲知识，也不是只讲训练。张志公在《提倡两个“全面发展”——答〈语文学习〉记者》(1996)中指出：

现在，颇有一些人，认为我们的语文教学中科学因素太多，要加强人文性。我有些不同的想法……我们的语文教学,吃亏就在于没有科学性，没有真正地深入调查研究，随意性太强。

加强语文教学中的人文因素，我不反对，但把它与科学性对立起来，就走向了极端。过去，我们是人文性与科学性都谈不上，我称之为四不

[1] 叶圣陶. 文学工作和语言教育——在第二次文代大会上的发言[M]//叶圣陶. 叶圣陶集：第17卷. 南京：江苏教育出版社，2004：51.
[2] 葛红兵. 中小学语文教育应是人文教育[N]. 中华读书报，2005-10-19.

像。把多年来语文教学没搞好的原因归结为强调了工具性，搞多了科学性，就离谱了。科学性和人文性都得加强！[1]

有的论者认为，“工具说”把语言当作工具来教学，结果是人也被工具化了。请看一看那些因接受训练而苦苦挣扎于题海之中的学生吧，语文课本虽然只有薄薄的一本，与之配套的形形色色的练习册，如一课一练、单元练习、语段手册、模拟试卷等却有厚厚的一沓，多则8本、10本，甚至10多本，少的也有三五本。而这些充斥课内课外的题目，几乎全都着眼于语言运用的技术、技能、技巧，无须用“心”，大多不仅无益而且有害于学生语文素质、人文素质的培养。“工具说”崇尚训练的导向与语文学科走向题海的事实确实不无关系[2]。凡因必有果。“题海战术”这个“果”，并不是工具论这个“因”带来的，而是应试教育的弊端带来的。把“题海战术”归咎于工具论，是找错了靶心。语文工具论并不等于支离破碎的字词训练，更不等于题海战术。刘国正在《阅读教学管窥——学习叶圣陶先生语文教育思想一得》（1990）中说：

语文教学的工具性，仅仅理解为语文教学的技术训练是不够的，这种技术训练，关涉到学生的思想和生活，关涉到向古今中外多方面吸取营养。在这里，教育与生活相联系是关键。[3]

有人认为，工具论容易把语文“知识化”，把教师“工匠化”，这也是对工具论的误解。语文课应该由一连串的语言运用实践活动组成，人文精神应该“润物细无声”地渗透，没必要在语文课上高举着“精神”“文化”之类的旗帜。语文教师固然是“经师”“人师”，但首先是学生学习语言文字运用的引路人。如果学生通过语文课更爱读书作文了，更会读书作文了，更善于倾听和表达了，对于语文教师来说，其教学便是成功的，但不能把所有育人的任务都压在语文老师的肩膀上。

[1] 张志公. 提倡两个“全面发展”——答《语文学习》记者[J]. 语文学习，1996（2）：4-5.

[2] 王尚文.“人文说”和“工具说”的分歧[J]. 语文学习，1997（7）：4-17.

[3] 刘国正. 阅读教学管窥——学习叶圣陶先生语文教育思想一得[M]//刘征. 刘征文集：第一卷. 北京：人民教育出版社，1997：282.（刘国正，又名“刘征”）

第四节 语文新课程的融合

1999年，教育部启动实施我国新一轮基础教育课程改革，即新中国成立以来的第八次课程改革。如今，近20年过去了，新课改给我国语文教育究竟带来了哪些变化？经验是什么，教训又是什么，确实值得认真总结。

一、反思基础教育语文新课改

这次课程改革，按照最初设想，是采取自上而下的方式，分两步走：第一步，对当时正在使用的课程方案、教学大纲和教材进行修订；第二步，研制新的课程方案和课程标准，同时编写新教材。修订后的课程方案、教学大纲和教材，于2000年秋季开始，在小学、初中、高中三个学段同时开始使用。先推出义务教育（即小学、初中）课程方案，接着扩展到普通高中。本来，按照以往的做法，每一次新的课程改革，一般都要先在小范围内进行实验，针对实验过程中出现的问题加以修正、补充或完善，再向全国大面积推广。但是，实际上这次课程改革采取的是"边实验、边推广"的方针。2000年秋季开始，全国中小学使用修订后的课程方案、教学大纲和教材。2001年6月，国务院召开全国基础教育工作会议，教育部正式颁布《基础教育课程改革纲要（试行）》《全日制义务教育课程方案（实验稿）》和各科课程标准，标志着新课改正式拉开帷幕。2001年秋季，义务教育课程标准及其实验教材开始进入实验区。以后逐年扩大实验范围，到2005年秋季，全国中小学阶段各起始年级的学生原则上都进入新课程。

新课程提出一些新的理念，如"一切为了学生""为了一切学生"，面向全体，全面发展，主动发展，自主、合作、探究等，确实为教师成长带来了机遇，学生的语文学习环境在某种程度上得到了改善。但是，新课程一直在争议声中曲折前进。围绕新课程出现的争论，有王策三的《认真对待"轻视知识"的教育思潮》（《教育评论》，2004年第7期）、苏长虹的《山东各中学师资不足高中新课程改革受阻》(《人民日报》，2004年10月28日)、全国政协委员姜伯驹院士关于新课标的提案(《光明日报》,2005年3月16日)、王本陆的《当前课程与教学改革理论之争》(《中国教育报》，2006年8月26日)、查有梁的《新课程改革需要“软着陆”》(《传播学论坛》，2006年12月29日)、郭华的《新课改与“穿新鞋走老路”》(《课程·教材·教学》，2010年第1期)等。这些争论，显然使广大教师感到迷惘，产生“找不着北”的感觉。

在教材建设上,新课改延续了我国20世纪80年代开始的“多纲多本”政策。通过教育部审查的语文教材，小学有12套，初中、高中各有7套。在新课改初期，由于多家出版社甚至民营企业都参与到教材大战中，导致无序竞争，给正常的教学教研带来种种负面影响[1]。2006年年初，国务院常务会议提出：减少教科书的种类，提高教科书的质量，降低教科书的成本，防止利用教科书非法牟利。此后，虽然在教材建设领域仍是“多纲多本”的局面，但据统计，人民教育出版社编辑出版的小学、初中、高中语文教材，分别占全国市场的近60%、近70%和近80%，成为覆盖面最大的语文教材，当然也是名副其实的主流教材。

二、工具性与人文性实现融合

1996年,教育部颁布修订后的《全日制普通高级中学语文教学大纲》。大纲首次明确指出:“语文是最重要的交际工具,是人类文化的重要载体。”反映了语文教学大纲研制组希望整合工具性与人文性的良苦用心。一方面，既要尊重语文教育的历史，给工具论以应有地位；另一方面，又必须反映日渐成为文化教育主流意识的人文论，因而把“交际工具”和“文化载体”相提并论。对大纲的这一新的提法，顾黄初曾有评论：

有人看到新修订的语文教学大纲中有“语文是重要的文化载体”的提法,便大加赞扬,以为这是对“语文是重要的交际工具”这一论断的校正,是具有重要历史价值的“发展”。殊不知，把“语文”视为“文化载体”，把“让学生了解现代文化和固有文化”看作是语文学科的重要教育功能，

[1] 顾之川. 多纲多本：语文教科书的现状与思考[J]. 中学语文教学，2009(10)：4-7.

早在20世纪20年代末、30年代初国民政府教育部制定的那些国文学科《课程标准》中已经有过明确的表述，因而并不是什么“新的创造”。[1]

“交际工具”和“文化载体”这一语文学科性质的表述，基本上被后来的《全日制义务教育语文课程标准（实验稿）》和《普通高中语文课程标准（实验）》所沿用，只是在字句上略做调整，《普通高中语文课程标准（实验）》指出：“语文是最重要的交际工具，是人类文化的重要组成部分。工具性与人文性的统一，是语文课程的基本特点。”课标研制组专家解释说：“‘工具性’着眼于语文课程培养学生语文运用能力的实用功能和课程的实践性特点，‘人文性’着眼于语文课程对于学生思想感情熏陶的文化功能和课程所具有的人文学科的特点。指明语文课程的‘工具性’和‘人文性’，目的在于突出这两方面的功能。”“语文课程性质的核心应该是工具性和人文性的统一。”课标组相信：“科学与人文的统一，工具性与人文性的统一，可以成为人们的共识，也反映了社会各界对语文教育的共同期望。‘工具性与人文性’的提法符合当前课程改革的基本理念，也有利于课程目标的展开和实施。”[2]“体现了‘互补与交融’的思想。这一提法符合当前课程改革的基本理念和社会各界对语文教育的共同期望，凸现‘工具性’和‘人文性’两个方面或者说两种倾向的存在及差异，这有利于在课程设计和实施中，注意在两种倾向之间始终保持一种张力，努力将两个方面的目标融合在一起。”[3]为了适应这一变化，课程标准把过去语文教学大纲中“培养学生的语文能力”改为“全面提高学生的语文素养”。

但是，何为语文素养？语文人文性的具体含义是什么？工具性与人文性到底是一种什么关系？在语文教学中，二者又该如何统一？课程标准没有明确的说明，课标专家也没有给出一个明确的说法，语文教育理论工作者众说纷纭，广大教师在实际教学中无所适从。新课程刚开始的

[1] 刘正伟，顾黄初．关于中国语文教育史研究的对话[J]．中学语文教学，2000（10）：16-18.

[2] 巢宗祺，雷实，陆志平．全日制义务教育语文课程标准（实验稿）解读[M]．武汉：湖北教育出版社，2002：33-34.

[3] 语文课程标准研制组．普通高中语文课程标准(实验)解读[M]．武汉：湖北教育出版社，2004：64.

时候，语文教育界许多有识之士认为，作为学术研究，我们现在不妨采取宽容的态度，搁置争议，暂不讨论。笔者理解，当时这种“暂不讨论”的态度无非有两种原因：一是新课程刚开始进入实验，许多新理念需要我们领会思考，许多新内容需要学习理解。如果过多地纠缠于工具性与人文性的争论，对语文教学并没有多少实际意义。二是既然人文性大受追捧，或许真的有助于促进我国语文教育的发展，能够克服语文教育存在的种种弊端，也许可以通过新课程，让人们看看实际效果。虽然暂时搁置争议，原有的分歧在语文界依然存在。

三、给语文教学带来的影响

语文课程标准对工具性和人文性的融合，既承认了工具性，又给人文性以合法地位，而且明确指出“工具性与人文性的统一，是语文课程的基本特点”。这就意味着，在中小学语文教学中，再也不能像过去那样，只抓住“工具性”不放，置“人文性”而不顾，应该二者兼顾，不能顾此失彼。工具性只有与人文性和平共处，相辅相成，语文教学才能风平浪静，相安无事。这一表述，从积极的意义看，体现了兼容并包、和而不同的学术胸怀，可以止息此前有关语文工具性与人文性的争论。

1. 语文教材普遍采用人文主题的组元方式。

教材编者在学习研究课标的过程中，自然会关注课标与过去语文教学大纲的不同之处。因为工具性在过去一直有，现在既然人文性被写进了语文课标，很多教材编者认为，人文性才是语文新课程的精髓所在，语文教材当然要高举人文性的大旗，才符合新课程所倡导的理念，也才符合语文教材的改革方向。故多数新课改后的语文教材，为了紧跟课标，刻意求“新”，锐意“改革”，纷纷以人文主题组织单元，在设计综合实践活动上下功夫，有的直接模仿国外的语文教材。

童庆炳比较了几种语文课程标准实验教材，“终于很遗憾地发现在这类大同小异的教材中并没有更多的新鲜东西，这种编法以及在课堂上的讲法不过是在较简单的层次上对英国、日本等国母语教学的模仿”。“这种以‘生活’或‘价值’为主题组元的做法，不过是用‘新’框框取代旧框框，以道德、伦理、人文的框框取代‘政治’的或‘工具’的框框。

难道我们花了那么大的力量对语文教学改革进行讨论，就仅仅是为了向外国借用这样一个‘新’的框框吗？我们语文教学的民族经验又从何体现呢？所谓人文精神的教育就仅仅体现在这种组元的形式上吗？”[1]

其实，这种以人文主题选课文的编法，早在20世纪二三十年代就出现过。何仲英在《白话文教授问题》（1920）中说：

我听说一个中等学校，全教授白话文，他选材的方法，是以和人生最有关系为纲，以新出版各杂志中关于一问题的文章为目。他的现用分类法是：人生问题、妇女问题、文学问题、科学问题、道德问题……不过仅仅以问题为单位，似乎“喧宾夺主”。况且问题别有专科；国文一科，何能“包罗万象”？长此以往，大家皆欢喜讨论问题，发扬虚气；恐怕和国文教授宗旨，越走越远。[2]

叶圣陶、夏丏尊编《国文百八课》（1935）时说：“时下颇有好几种国文课本是以内容分类的。把内容相类似的古今现成文章几篇合成一组，题材关于家庭的合在一处，题材关于爱国的合在一处。这种办法，一方面侵犯了公民科的范围，一方面失去了国文科的立场，我们未敢赞同。”[3]

2. 给语文教师带来的影响。

语文课程标准对工具性与人文性的融合，也给一线教学带来一些混乱。对此，钱梦龙分析说：

首先，什么是“语文”变得有些糊涂起来了。本来是清楚的：“口头为语，书面为文”，“语文”就是口头语和书面语的合称。叶圣陶先生当年 在解释语文科命名的缘由时就是这样说的。但如今却有些不清楚了……语文教师们教了几十年语文，到头来却连自己教的究竟是一门什么学科都说不清楚，真不知道是可悲还是可笑！

其次，语文课程的性质，本来也是清楚的：工具性。但近年来出现了不少反对意见，于是一下子涌出了许多“性”，诸如“实践性”“社会性”“时代性”“言语性”“语言性”“文学性”“审美性”“人文性”，等等，

[1] 童庆炳. 漫议中小学语文教学的中国经验[J]. 中学语文教学，2008（2）：10-15.

[2] 何仲英. 白话文教授问题[M]//李杏保，方有林，徐林祥. 国文国语教育论典（上）. 北京：语文出版社，2014：197.

[3] 叶圣陶，夏丏尊. 关于《国文百八课》[M]//中央教育科学研究所. 叶圣陶语文教育论集（上册）. 北京：教育科学出版社，1980：179.

时至今日，似乎再谈“工具性”，便是落伍了。当然，所有各种“性”主张，大多言之有理，持之有故，乃至谁也不买谁的账。这个“定性难题”，最后由教育部制订的语文“新课标”做出的权威性规定“工具性和人文性统一”而得到了解决。但似乎还没有完全定于一尊，从各种媒体还时常可以听到一些不同的声音。至于究竟何为“工具性”？何为“人文性”？语文教学究竟怎样体现二者的统一？老师们（尤其是一线的广大语文教师）还是糊涂得很。[1]

王世堪在《人文性、工具性及其他》（2009）中说：

现在的问题是，我们对语文课的人文性缺少全面的理解和准确的把握，常常为了突出人文主旨，淡化语文因素，批“工具论”，误把语文课上成人文课。

我们每每见到，在课堂上，不好好读文章，看个大概就群起大谈“人文话题”，举凡政治的、社会的、历史的、伦理的……方方面面，都构成语文课上的“人文话题”，师生都热烈地共同参与探究一番。于是就有了“每堂语文课都是师生共同的精神盛宴”之说，于是就有了“语文课是政治课和思想品德课的（感性）补充”之说。[2]

3. 可能会造成教学中偏重人文性。

新课程开始实施以后，广大一线教师经过学习、培训，掌握新课程的基本理念，但一涉及具体的课堂教学，就不可避免地出现困惑与迷惘：过去我们有语文教育界“三老”（即叶圣陶、吕叔湘、张志公）提倡的工具论，现在提倡人文论，而且要求二者必须统一。老师们不禁要问：工具论是不是过时了？具体到一堂语文课上，又该如何体现工具性？怎样贯彻人文性？二者究竟该如何统一？应该以什么为主？我们到底该听谁的？对此，张厚感曾分析道：

目前，语文教学中，人文性和文学教育强调过了头，出现了主次倒置，追求形式的倾向，严重削弱了语文基础。随着时间的推移，负面作用会越来越明显……中小学教育是基础教育，而语文又是最基础、最稳定、最传统、最民族的学科，应该是千万不能忘记的。抛开传统，食洋不化、

[1] 钱梦龙. 为语文教学招“魂”[J]. 中学语文教学，2004（2）：8-10.
[2] 王世堪. 人文性、工具性及其他 [J]. 课程·教材·教法，2009（6）：42-45.

生吞活剥人文精神不对，鼓吹精英教育，盲目强调探究性、个性化学习也不对。总之，任凭怎样放言高远，语文教学不能脱离国情，不能脱离学科，不能脱离文本而天马行空。要面向大多数学生，讲求实效。[1]

王宁在《语文教学与提高语言运用能力》（2005）一文中也说：

过去的语文教学有说教和灌输知识的倾向，为了克服这种偏颇，新课标强调“感悟”和“人文性”。但这两个概念带有不确定性，操作起来难以把握，因此，不论在教材的编写中还是在实际的教学中，常常容易产生另一种偏颇，就是忽略语文课中科学理解的一面，使语文课变成一种没有客观规律依托的、主观感受型的课程……这种只凭感悟不讲理解、用“人文性”来冲击“科学性”的倾向，比之说教与灌输语言科学教条，同样具有危险性，是有违于语文教学改革初衷的。[2]

钱梦龙在《“训练”与语言素养——请给“训练”留个位置》（2008）中说：

由于“新课标”本身对如何在教学中落实“工具性和人文性的统一”没有明确的指导性意见，加以语文教学界本已存在的过于张扬人文性的倾向，于是造成了语文教学实践中工具性的失落。说是“两性统一”，实际是人文性“一性独霸”。这种倾向，在阅读教学中表现最为明显。[3]

语文课标对工具性与人文性的融合给语文教学带来的这种影响，恐怕是一些专家所始料未及的。

四、语文界对课程标准的反思

对语文课程标准的反思，语文界从来没有停止过，只不过有的含蓄，有的直接罢了。如王荣生在《语文科课程论基础》中说：

对当前《语文课程标准》所拟订的目标是否合宜、是否完善、是否可行，乃至语文的“课程性质”是否一定要用“工具性”“人文性”这种已被灌注进复杂情感的词语构成的两极框架来表述，是不是一定要说成“性质”，

[1] 张厚感. 归来兮！识字，读书，作文[N]. 中华读书报，2005-10-19.
[2] 王宁. 语文教学与提高语言运用能力[J]. 中学语文教学，2005（8）：58-61.
[3] 钱梦龙. “训练”与语文素养——请给“训练”留个位置[J]. 中学语文教学，2008（1）：4-6.

等等，这些也都有进一步讨论的必要。[1]

潘新和在《语文：表现与存在》(2004)中认为：

这个很简单的意思，似乎不需特殊的语言功力就能表述清楚，可是偏偏顺理成章地违背了逻辑的同一律：第一个复句中的两个分句的主语"语文"，内涵是不一致的。第一分句"语文是最重要的交际工具"，主语"语文"实为"语言"；第二分句"(语文)是人类文化的重要组成部分"，这一主语"语文",应是既指"语言"(语言是文化的地质层)又指"言语"(言语符号编织的历史是人类的文明史)，主要指的是"言语"。这种概念逻辑的混乱带有某种隐喻性。表面上是文字运用上的疏忽造成言不及义，做进一步的精神分析，实质上说明了编写者心理上有一个解不开的"结"，是困惑、矛盾和难言之隐的征象。编写者"无意识"地以语病的形式表明语文课标对语文课程性质的描述，是妥协、碰撞、迁就和无奈的产物。[2]

其实，说到底是三个方面的问题：一是语文课程的性质是什么，二是语文课的特点是什么，三是语文课程改革的目标是什么。

关于语文课程的性质，《义务教育语文课程标准(2011年版)》做了修订："语文课程是一门学习语言文字运用的综合性、实践性课程。义务教育阶段的语文课程，应使学生初步学会运用祖国语言文字进行交流沟通，吸收古今中外优秀文化，提高思想文化修养，促进自身精神成长。工具性与人文性的统一，是语文课程的基本特点。"对课标关于语文课程性质这一表述上的变化，倪文锦在《关于语文课程性质之我见》(2013)中认为，《义务教育语文课程标准(2011年版)》比《全日制义务教育语文课程标准(实验稿)》前进了一大步，但仍有许多值得商榷的地方。具体表现在对语文课程所下的定义不够严密，对义务教育阶段语文课程价值的概括还不够准确，对语文课程特点的揭示还不够科学[3]。

世纪之交那场语文教育大讨论，使人们对语文学科的性质、目的、任务，产生了种种质疑。随之而来的课程改革，教育部颁布了语文课程标准，融合了语文的传统定义，同时又吸收了语文大讨论中的积极成果，

[1] 王荣生. 语文科课程论基础[M]. 上海：上海教育出版社，2009：89.
[2] 潘新和. 语文：表现与存在[M]. 福州：福建人民出版社，2004：104-105.
[3] 倪文锦. 关于语文课程性质之我见[J]. 课程·教材·教法，2013(1)：24-28.

因而提出“语文是最重要的交际工具，是人类文化的重要组成部分。工具性与人文性的统一，是语文课程的基本特点”。课程标准把语文的性质定位为“工具性与人文性的统一”，好处是非常明显的，既继承了语文教育界传统的工具论，也吸收了新的人文因素，丰富了语文教育的内涵，关键是有利于团结一致向前看。但笔者认为，有些地方还是值得推敲的。第一，工具性本来是语文学科专属的，而人文性却是语文学科与其他学科如历史、政治、外语等所共有的，把本不在一个层面上的工具性和人文性并列起来，会使语文教育的基础性目标受到削弱。第二，人文性在语文教育中只能是“随风潜入夜，润物细无声”的，通过精选古今中外的名家名篇，让学生在阅读鉴赏中受到潜移默化的人文熏陶来实现。第三，语文大讨论中确有人把语文教育存在的种种问题归咎于工具论，如此一来，自然使不少人对语文工具论产生误解，有的甚至把当今我国基础教育领域存在的种种弊端都归咎于语文工具论，造成了很多认识上的混乱，给语文教学带来负面影响。近 20 年来语文新课改的实践证明，工具论并没有过时，语文课程的性质就是工具性，语文课就是培养学生正确理解和熟练运用祖国语言文字的一门课程，主要任务是培养阅读和写作等关键能力。

关于语文课的特点，《义务教育语文课程标准（2011 年版）》提出“综合性”“实践性”“工具性”“人文性”。在笔者看来，语文课最主要的特点，首先是工具性。综合性不是语文学科特有的，比如，外语有没有综合性？数学、政治有没有综合性？实践性可以包含在工具性里面。因为任何工具，你要想掌握它，首先就要熟练运用它，运用的过程也就是实践的过程。至于人文性，只不过是过去“文道统一”中的“道”的另一种说法而已。事实上，人文性也不能概括语文课的特点。比如，语文教材中的科普作品，显然不是工具性与人文性的统一，而应该是工具性与科学性的统一。语文教材中的古代诗文作品，既可以培养学生阅读浅易文言文的能力，也有助于学生了解中国传统文化。从这个意义上来说，语文又是工具性与文化性的统一。罗常培在《语言与文化》（1949）中引述萨丕尔的话说：“语言的背后是有东西的。并且，语言不能离开文化而存在。所谓文化就是社会遗传下来的习惯和信仰的总和，由它可以决定我们的生活组织。”[1]他在《中国人与中国文》（1941）中说：“语言文字是一个民族文化的结晶，这个民族过去的文化靠它来流传，未来的文化也仗着它来推进。凡属一国的国民，对于他本国固有的语言文字必须有最低限度的修养，否则就不配做这一国的国民。”[2]另外，如果一定要说语文具有人文性，它与工具性是主从的关系，也不能平分秋色。正如张厚感所说：“工具性与人文性相比，工具性是主要的；语言教学与文学鉴赏相比，语言教学是主要的。语文还是语文，语文教学主要是语言教学。”[3]

学术的进步总是渐进的，有时会有曲折，有时需要搁置争议，但真理总是越辩越明的。对语文工具性与人文性的讨论，有助于我们加深对语文教育本质的理解。在这个问题上，我们需要尊重历史，尊重传统。正如顾黄初所说：

研究历史，首先要尊重历史，要站在当时历史的特定背景之下来衡量一个人、一件事、一场论争、一部论著的是非正误。要讲究历史主义，讲究历史的公正性。在研究历史的过程中，迷信权威是大可不必的，一切以历史的真实为准。发现了新史料，推翻了前人的结论，是创见，是贡献；运用历史唯物主义的观点推倒“左”倾思潮支配下形成的错误结论，还历史以本来面目，是创见，是贡献。不过，有一种认识必须廓清，即以为创新就是要全盘否定旧有的一切；其实，创新和继承之间的关系是不可分割的。正确的提法应该是在继承中求创新，历史的发展是一个承前启后的不断延续、不断更新的过程。[4]

陈钟梁曾把语文工具论比作爱因斯坦的宇宙膨胀理论。他有一段充满敬意与深情的话：

当人们找到工具论缺陷与不足的黑点时，却又发现了它过去未能引

[1] 罗常培. 语言与文化[M]//《罗常培文集》编委会. 罗常培文集：第5卷. 济南：山东教育出版社，2008：88.

[2] 罗常培. 中国人与中国文[M]//《罗常培文集》编委会. 罗常培文集：第5卷. 济南：山东教育出版社，2008：5.

[3] 张厚感. 归来兮！识字，读书，作文[N]. 中华读书报，2005-10-19.

[4] 刘正伟，顾黄初. 关于中国语文教育史的对话[J]. 中学语文教学，2000（10）：16-18.

起人们注目的光环。正如英国著名的科学家霍金，在苦苦的无言思索中，终于发现了爱因斯坦宇宙膨胀理论的缺点，却又惊奇地找到了爱因斯坦理论中更为绚丽夺目的光彩。

透过21世纪的曙光，站在知识经济时代的高度，我们发现，对语文学科的认识，仅仅理解为是学生今天学好各门功课，明天做好各项工作的工具，已经远远不够了。工具性的价值有待进一步挖掘与升华。[1]

陈钟梁认为，语文工具论值得进一步挖掘与升华的价值有：一是民族凝聚的纽带；二是促使人和谐发展的工具；三是特定情况下的一种资本，一种产业。最后，他意味深长地说：

人类不能永远站在历史长河的某一点上观察世界、审度自身，必须持有全面的、发展的辩证观点。对待本来并不复杂的语文教学工具性，也是如此。[2]

今天，语文教育迎来新的发展机遇。在实现中华民族伟大复兴中国梦的征程中，语文教育在立德树人，帮助树立文化自信，继承和弘扬中华优秀传统文化中具有重要地位已成为全社会的广泛共识。语文教育在语言建构与积累、思维发展与提升、审美鉴赏与创造、文化传承与理解中的作用，已作为语文学科核心素养被写进高中语文课程标准。孔子学院在世界各国遍地开花，汉语日益成为世界青年走近中国、学习中华文化的工具。

[1][2] 陈钟梁. 工具性的黑点与光环[M]//中国语文报刊协会. 21世纪语文对话——21世纪中小学语文教育座谈会论文选. 南昌：江西教育出版社，2001：167-168.

第四章 语文工具论的实施

克罗齐说："所有的历史都是当代史。"卡西尔说："历史虽然解释过去，但是人类生活乃是一个有机体，在它之中所有的成分都是互相包含、互相解释的。因此对过去的新的理解同时也就给予我们对未来的新的展望，而这种展望反过来成了推动理智生活和社会生活的一种动力。"[1]开展中国语文教育科学研究，不能仅仅停留在理论层面，放言高论，必须"接地气"，即把先进的教育理论与我国的教育改革实践结合起来，能够实实在在地解决我国语文教育教学中存在的问题，推进我国语文教育现代化建设。语文工具论如何落实？怎样才能具体落实到语文教学实践中？这是广大第一线中小学语文教师最为关注的问题。饶杰腾曾说："纵观我国现代语文教育的曲折历程，归结到一点，就在于反复地求真、求实，向科学化要效率。而求真求实，就必须坚持从培育现代中国人的根本目标出发，系统地认识、处理好体与用、教与学、知与能等关系。"[2]

笔者认为，要落实语文工具论的目标，应该在课程设计、教材编写、教学实施、考试评价、教师素养等方面共同努力，统筹规划，相互配合，方能得到落实，做出成绩。

[1] 转引自刘正伟，顾黄初. 关于中国语文教育史的对话[J]. 中学语文教学，2000（10）：16-18.

[2] 饶杰腾. 科学化与民族化——关于我国语文教育的思考[J]. 中学语文教学，2000（1）：4-6.

第一节　课程设计

一、课程设计须立足语文实际

任何研究都必须建立在已有研究成果的基础上，看看前人都做了哪些努力，还有哪些不足。是其是而非其非，这样才能找到前进的方向。百年大计，教育为本。在整个教育领域，课程设计是前提。课程设计涉及课程标准、教材和教师等方面内容。

语文是人际交往的工具，是文化传承的桥梁，是审美体验的载体。作为母语学科，语文在社会生活中的作用和影响无处不在。语文课程设计是语文教材建设的基本前提，体现着语文教育教学的指导思想，设计必须立足于我国语文教育教学实际。首先，要认真研究梳理我国语文教学有哪些优良传统，有哪些好的做法值得借鉴、吸收、继承；其次，要深入调查研究我国语文教育的现状，包括语文教材、语文教师、语文教学和语文考试评价。当然，借鉴国外母语教学经验可以开阔我们的视野，获得方法论意义上的启示，但是，这种借鉴吸收必须以我国语文教育的实际为基础。正如刘国正、张定远在《中国著名特级教师教学思想录·中学语文卷》的后记（1996）里说："语文教学改革的进一步深化以及长远的发展，靠什么？借鉴外来的东西是必要的，但由于语文教育的特质，主要应该靠自己：一是靠本国的语文教育大家的理论指导，再是靠从实践中产生的优秀的教学经验和教育思想。两者如鸟之两翼，两翼一齐扇动起来，语文教学改变迟滞的步伐，高翔于汗漫的云表，是大有希望的。"[1]

二、语文教育先驱的有益启示

近代以来，许多教育先驱的论著能在语文课程设计上给我们带来启发，是我们宝贵的文化教育遗产，值得我们深入挖掘吸收。

蔡元培在《国文之将来》（1919）中说："从前的人，除了国文，可

[1] 刘国正，张定远. 中国著名特级教师教学思想录·中学语文卷[M]. 南京：江苏教育出版社，1996：859.

算是没有别的功课。从六岁起，到二十岁，读的写的，都是古人的话，所以学得很像。现在应学的科学很多，要不是把学国文的时间腾出来，怎么来得及呢？而且从前学国文的人，是少数的，他的境遇，就多费一点时间，还不要紧。现在要全国的人，都能写能读，哪能叫人人都费这许多时间呢？”[1]

《中学校令施行细则》第三条（1911）说：“国文要旨在通解普通语言文字，能自由发表思想；并使略解高深文字，涵养文学之兴趣，兼以启发智德。”胡适认为：“在当时是理想的标准，并没有实行，所以现在看去还不觉得有什么大错误。最有趣的，是‘通解普通语言文字’一句。这句话在当时是欺人的门面语，可是因为几年来文体的变迁在通解普通文字以外，实在要注重语言了。”所以他把中学国文的目的定为四项：“（一）人人能用国语作文、谈话、演说，都能通畅明白，没有文法上的错误。（二）人人都能看平易的古文书籍，如二十四史《通鉴》和《孟子》、《庄子》一类的子书。（三）人人能作文法通顺的古文——指文言。（四）人人有机会可懂得一点古文文学的大概。”[2]

朱自清在《中等学校国文教学的几个问题》（1925）中说：

我以为中学国文教学的目的只需这样说明：（1）养成读书思想和表现的习惯或能力；（2）“发展思想，涵育情感。”……我以为初中宜侧重（不是专重）文学趣味、人生、国性、现代思潮数方面；高中则可再加世界文学思潮、本国古代学术思想两方面。[3]

夏丏尊在《教学小品文的一个尝试》（1923）中说：“我近来对于学生学国文，有两种见解：一是劝学生不要只从国文去学国文，二是劝学生不要只将国文当国文学。”[4]他在《国文学习三讲》（1936）中说：“所谓国语科，就是学习语言文字的一种功课；把本来用语言文字写着的东

[1] 蔡元培. 国文之将来[M]//李杏林，方有林，徐林祥. 国文国语教育论典（上）[M]. 北京：语文出版社，2014：158.

[2] 胡适. 中学国文的教授[M]//李杏林，方有林，徐林祥. 国文国语教育论典（上）[M]. 北京：语文出版社，2014：179.

[3] 朱自清. 中等学校国文教学的几个问题[M]//李杏保，方有林，徐林祥. 国文国语教育论典（上）. 北京：语文出版社，2014：372.

[4] 夏丏尊. 教学小品文的一个尝试[M]//李杏林，方有林，徐林祥. 国文国语教育论典（上）. 北京：语文出版社，2014：332.

西，当作语言文字来研究，来学习，就是国语科的任务。”[1]他还在《学习国文的着眼点》（1936）中说：“国文科是语言文字的学科，除了文法修辞等部分以外，并无固定的内容。只要是白纸上写有黑字的东西，当作文字来阅读来玩味的时候，什么都是国文科的材料。国文科的学习工作，不在从内容上去深究探讨，倒在从文字的形式上去获得理解和发表的能力……我们学国文所当注重的，并不是事情、道理、东西或感情的本身，应该是各种表现方式和法则……国文和英文一样，同是语言文字的科目，凡是文字语言，本身都附带有内容，文字语言本来就是为了要表现某种内容才发生的，世间绝不会有毫无内容的文字语言。不过在国文科里，我们所要学习的是文字语言上的种种格式和方法，至于文字语言所含的内容，倒并不是十分重要的东西。”[2]

叶圣陶在《略谈学习国文》（1942）中说：

学习国文就是学习本国的语言文字……尽量运用语言文字并不是生活上一种奢侈的要求，实在是现代公民所必须具有的一种生活的能力。如果没有这种能力，就是现代公民生活上的缺陷；吃亏的不只是个人，同时也影响到社会。因此，中学阶段必须继续着小学阶段，学习本国的语言文字——学习国文。语言文字的学习，就理解方面说，是得到一种知识；就运用方面说，是养成一种习惯。这两方面必须联成一贯；就是说，理解是必要的，但是理解之后必须能够运用；知识是必要的，但是这种知识必须成为习惯。语言文字的学习，出发点在“知”，而终极点在“行”；到能够“行”的地步，才算具有这种生活的能力。这是每一个学习国文的人应该记住的。

从国文科，咱们将得到什么知识，养成什么习惯呢？简括地说，只有两项，一项阅读，又一项是写作……这两项的知识和习惯，他种学科是不负授予和训练的责任的，这是国文科的专责。每一个学习国文的人应该认清楚：得到阅读和写作的知识，从而养成阅读和写作的习惯，就是

[1] 夏丏尊. 国文学习三讲[M]//夏丏尊，叶圣陶. 文章讲话大师教你读写文章. 上海：上海文艺出版社，2001：151.
[2] 夏丏尊. 学习国文的着眼点[M]//商金林. 夏丏尊教育文存. 北京：人民教育出版社，2016：491-492.

学习国文的目标。[1]

王力在《谈谈提高语文教学水平问题》(1980)中说：

语文将来一辈子受用不尽，因为不管你学文科理科，将来总有一天要写论文。论文应该好好表达。学生要学会怎么分析表达，我们中学语文教师应当承担这个任务。文章最重要的是逻辑性问题，文章不通，叫作思路不通，思路不通，就是没有逻辑性，层次混乱，前后矛盾……要紧的就是教学生怎么样运用思想。我认为语文水平的提高，有赖于逻辑思维的提高，思想有条理。[2]

三、语文课程体现国家意志

20世纪80年代末90年代初，一些发达国家提出教育国际化、教育全球化的口号，联合国教科文组织和国际劳工组织也大力推动教育国际化。我国在加入世贸组织的谈判中，虽然也曾承诺开放教育市场，但我们是有所保留的。具体地说，我们在两个方面没有做承诺："第一，义务教育不做承诺；第二，关系国家安全和军事方面的教育不做承诺。"[3]这一举措，就是为了保卫国家意识形态安全。尤其是道德与法治、语文、历史等学科，意识形态属性强，对新一代公民的健康成长关系极大，必须体现国家意志。

2016年10月21日，中共中央办公厅、国务院办公厅印发《关于加强和改进新形势下大中小学教材建设的意见》。相关负责人表示，教材是事关未来的战略工程、基础工程，教材体现国家意志；要坚持党的教育方针，把握正确方向和价值导向，加强社会主义核心价值观和优秀传统文化、民族精神教育；要提升教材的思想性、科学性、时代性，逐步形成适应中国特色社会主义发展要求、立足国际学术前沿、门类齐全、学段衔接的教材体系；要深化改革创新，加强完善教材各环节管理，使教材建设规范有序。

[1] 叶圣陶. 略谈学习国文[M]//刘国正. 叶圣陶教育文集. 北京：人民教育出版社，1994：88-89.
[2] 王力. 谈谈提高语文教学水平问题[J]. 中学语文教学，1980(8)：3.
[3] 柳斌. 慎言"教育国际化"——中国教育面向世界的思考[M]//柳斌. 改造我们的教育. 北京：人民教育出版，2012：52.

该意见要求科学制订规划，合理设置基本课程，分类制订课程标准。要围绕人才培养目标，科学规划大中小学课程。中小学语文课程同历史、道德与法治一样，因为意识形态属性较强，根据国家课程意见要求必须合理确定各学段语文课程的学时总量和学时比例，明确学分要求。课程标准是教材编审的主要依据。要按照循序渐进、由浅入深、有机衔接的原则，合理设计各学段的教学基本内容和要求，确保各学段教学内容的纵向衔接和其他课程教学内容的横向配合。定期组织修订完善中小学国家课程标准，优先制订课程的教学基本要求。这无疑为我国语文课程设计指明了方向。

第二节 教材编写

论说教材，首先需明其义。广义的教材是“教学材料”的总称，既指教科书，也可指讲义、讲授提纲、参考资料，甚至包括图片、录像、视频等。狭义的教材专指教科书，即课本，是根据国家制定的课程方案和学科课程标准（或教学大纲）编写的，是通过教育行政部门和国家教材委员会审查，供师生教学的基本依据和物质载体。教材的含义要比教科书大得多，二者既有联系又有区别。这里所称教材，取其狭义。

教育大计，教材为先。要落实语文工具论，必须首先从语文教材做起。语文教材是语文学习的重要载体，语文教材编写要体现学科特点、教学实际和学生进一步发展的需求，注重基础性、科学性与时代性，促进教育公平发展，发挥积极的引导作用。只有对现行语文教材进行深入的比较分析，有一个正确而清醒的认识，才有可能在此基础上提出语文教材的改革对策。

语文教育历来就是基础教育的重要学科，语文教材编写自然也非常受重视。其中以毛泽东、邓小平关于教材的指示最值得关注。

1957 年 3 月 7 日，毛泽东在《在普通教育工作座谈会上的讲话》中指出：“课本要两三年修改一次，使之不脱离实际……语文课可选《水浒》、《三国演义》、唐宋八大家的作品。现在作文太少，至少每星期作一次，如果有困难少一点也可以。”[1]

邓小平说：“教育部要管教材，不能设想我们国家可以没有统一的中学教材。”[2]他在《关于科学和教育工作的几点意见》（1977）中说：“教材要反映出现代科学文化的先进水平，同时要符合我国的实际情况。”[3]1978 年 2 月 5 日，教育部党组为尽快增强人民教育出版社的编辑

[1] 毛泽东. 在普通教育工作座谈会上的讲话[M]//中共中央文献研究室. 毛泽东文集：第7卷. 北京：人民出版社，1999：247-248.
[2] 邓小平. 办教育一要普及二要提高[M]//邓小平. 邓小平文选：第1卷. 北京：人民出版社，1994：282.
[3] 邓小平. 关于科学和教育工作的几点意见[M]//邓小平. 邓小平文选：第2卷. 北京：人民出版社，1994：55.

出版力量，以适应编写教材的急切需要，报请中央批准从各省、自治区、直辖市抽调一批编辑出版干部。邓小平在这份报告上批示："编好教材是提高教学的关键，要有足够的合格人力加以保障。所提要求拟同意。"[1]"教材非从中小学抓起不可，教书非教最先进的内容不可，当然，也不能脱离我国的实际情况。"[2]

一、统编—多纲多本—统编

1. 国家统编："一纲一本"时期。

新中国成立后，我国的中小学教科书一直实行国家统一编写、统一供应的制度。1950 年 12 月 1 日，人民教育出版社在原新闻出版总署编审局的基础上宣告成立。1952 年，曾专门成立"中央语文教学问题委员会"，胡乔木任主任，中央政治局多次研究语文教育教材问题。当时学习苏联的经验，中学语文开设两门课，一是汉语，一是文学。当时，叶圣陶任教育部副部长，但他的主要工作是担任人民教育出版社社长兼总编辑。为了编好语文教材，叶圣陶特邀著名语言学家吕叔湘担任人民教育出版社副总编辑，主管汉语教材的编写；著名文学家吴伯箫担任人民教育出版社副总编辑，主管文学教材的编写；又从中国青年出版社调入张志公，担任人民教育出版社汉语编辑室主任。著名学者游国恩、周祖谟、隋树森、王泗源、张中行、张毕来、刘国正、冯钟芸等都曾在人民教育出版社中学语文编辑室工作，可谓群星璀璨，人才济济。可惜这种辉煌，随着"文化大革命"的兴起而中止。当时人民教育出版社被强令解散，教材编写人员被下放到安徽凤阳五七干校。一些有条件的地方开始自编教材，多数没有条件的地方就选用《毛主席语录》作为教材。直到 1986 年以前，国家历次基础教育课程改革，包括课程计划的制订、教学大纲的研制、教科书及教师教学用书的编写，以及教师的培训等，实际上都是教育部指定人民教育出版社负责组织实施的。

---

[1] 转引自邓小平. 关于科学和教育工作的几点意见[M]//邓小平. 邓小平文选：第二卷. 北京：人民出版社，1994：424.
[2] 邓小平. 邓小平论教育[M]. 2版. 北京：人民出版社，1995：42.

2. 编审分开："多纲多本"的形成。

20 世纪 80 年代中期，随着改革开放的推进，我国于 1986 年 4 月 12 日通过《中华人民共和国义务教育法》(以下简称《义务教育法》)。在《义务教育法》的实施过程中，教育部根据教育领域改革开放的实际，逐步确立了"中小学教材要在统一基本要求的前提下，实行多样化"的方针。国家教育委员会在 1986 年 9 月召开的全国中小学教材审定委员会成立大会上，决定教科书实行编、审分开的制度;逐步建立一支相对稳定的，有专家学者、专职人员和有经验的教师、教研人员参加的教材编写队伍。对 1985 年 1 月 11 日《全国中小学教材审定委员会工作条例(试行)》进行修改后，国家教育委员会于 1987 年 10 月颁布了《全国中小学教材审定委员会工作章程》《中小学教材审定标准》《中小学教材送审办法》。从此，我国的教科书制度就由过去的统编制("国编制")改为编审制。

1989—1997 年，全国中学语文教材审查委员会先后审查通过了 12 套初中语文教材，分别为：人民教育出版社版(三年制、四年制共两套，刘国正、顾振彪主编)，江苏教育出版社版(洪宗礼主编)，广东教育出版社版(曹础基主编)，北京师范大学出版社版(张鸿苓主编)，辽宁教育出版社版(欧阳代娜主编)，北京教育出版社版(沈心天主编)，四川教育出版社版(潘述羊主编)，四川教育出版社版(颜振遥主编)，教育科学出版社版(郑祥五、孟宪和主编)，广西教育出版社版(耿法禹主编，1—4 册审查通过，5—6 册未审查)，北京大学出版社版(张志公主编)。根据国家教育委员会的规划，上海和浙江承担整体改革实验。1991 年 10 月 18 日至 25 日，全国中小学教材审定委员会第二届第一次全体会议审查通过了上海市教委制定的《上海市九年义务教育各学科课程标准》和浙江省教委制定的《浙江省义务教育各学科教学指导纲要》。上海编写了两套初、高中语文教材(分别为 S 版、H 版)，浙江也编写了初中语文教材(王尚文主编)。至此，我国教材建设"多纲多本"的局面初步形成。

3. 新课改："多纲多本"的发展。

2001 年，教育部颁布《国家基础教育课程改革纲要(试行)》、《义务教育课程设置实验方案》和《全日制义务教育语文课程标准(实验稿)》。在教材建设上，教育部沿用了过去"多纲多本"的方针，实行国家统一要求指导下的教材多样化政策，鼓励有关社会机构、出版部门等依据国家课程标准组织编写中小学教材。语文学科小学语文有12套，初中语文有7套，高中语文有6套先后通过教育部审查。此外，长春版初中语文教材（张翼健、张笑庸主编）作为地方教材通过了教育部的审查。北京版高中语文教材（顾德希主编）作为地方教材通过了教育部的审查。

教材建设的多元化，实现教材建设真正意义上的“多纲多本”，被认为是我国新世纪以来课程改革的亮点之一。教材提倡多元化有当时的特殊背景，也有利于调动更多社会资源参与教材编写，引入竞争机制也符合改革开放的大趋势。教材固然具有商品的属性，但它又是一种特殊的商品，不能完全照搬市场商品经济模式管理教材，尤其是对育人具有重要导向价值的语文、历史和德育教材。因为选用哪种版本的教材，直接牵涉到教材教辅图书利润的再分配，所以要避免那些社会不正之风、地方保护主义等侵入到教材选用工作中。

4. 主流教材：教材领域的拨乱反正。

2005年1月，时任教育部部长周济到人民教育出版社考察工作时指出：“当前，一个比较突出的问题是，在教材建设中要形成主流教材。中国文化有一个很大的特点，就是它的统一性。所以在某种程度上，我们要争取有若干教材在使用中占有主流地位。”[1] 2005年12月10日，陈至立致信人民教育出版社，希望人民教育出版社“以高度的政治责任感和使命感，努力为中小学师生编写、出版更多更好的教材。不断开拓进取，提高教材编写质量，以质量争主流，以创新求发展”。2007年12月，许嘉璐、陈至立、周济、柳斌杰等在出席“李岚清篆刻艺术讲座暨李岚清篆刻艺术展”时再次强调，人民教育出版社要发扬优良传统，加强主流教材建设，为我国教育和新闻出版事业的发展做出更大贡献。

当然，主流教材不能是自我标榜，只能靠教材本身的高质量，靠良好的售后服务及较大的市场占有率评定。主流教材的提法，并不是教材建设上“多纲多本”的“倒退”，而是新课程实施以来教材领域拨乱反正的必然要求。

---

[1] 顾之川.“多纲多本”：语文教科书的现状与思考[M]//顾之川. 顾之川语文教育论. 福州：福建教育出版社，2013：298.

5. 统编教材：立德树人的重要抓手。

2012 年，中央领导指示，语文、历史、德育三个学科意识形态属性强，有什么样的教材，就有什么样的国民。也就是说，三科教材，事关举什么旗，走什么路的问题，要求教育部组织专家，编写全国统一的义务教育（小学、初中）三科教材。党的十八大提出教育改革的总目标是立德树人，要求推进教育的现代化。三科教材与立德树人关系最为密切。从 2012 年到 2016 年，三科统编教材的编写一直在艰难推进。其中小学、初中语文教材总主编由北京大学温儒敏教授担任。先后经过 30 多轮送审，经历了学科审查（语言文学专家审查和中小学语文特级教师审查）、专题审查和综合审查。2016 年 6 月，中央宣传思想工作指导小组召开专题会议，决定从 2016 年秋季开始，义务教育阶段小学、初中起始年级开始在原人教版教材实验区使用“部编教材”。2017 年，“部编教材”升格为国家统编教材，在全国逐册替换原来的小学、初中教材。

中共中央办公厅、国务院办公厅印发了《关于加强和改进新形势下大中小学教材建设的意见》（2016 年 66 号文件），明确教材体现国家意志，是学校教育教学的基本依据，是解决培养什么人、怎样培养人这一根本问题的重要载体，直接关系党的教育方针落实和教育目标实现。始终坚持正确政治方向和价值导向，整体推进大中小学教材建设，切实提高教材质量，为学生健康成长提供坚强保障，事关党对教育工作的领导，事关中国特色社会主义事业兴旺发达、后继有人，事关党和国家长治久安，对于实现“两个一百年”奋斗目标、实现中华民族伟大复兴的中国梦，具有重大战略意义和深远历史意义。该意见总结了我国教材建设的成就，也指出了存在的突出问题。改革开放特别是党的十八大以来，党中央、国务院高度重视教材工作。有关部门和各地扎实推进教材建设，始终高度重视政治方向和价值导向，教材内容不断更新，教材质量持续提升，教材门类逐步齐全，教材体系日益完善，育人效果明显增强，为提高教育教学水平发挥了基础性、支撑性作用，有力促进了学生思想道德素质、科学文化素质、身心健康素质全面发展。同时，面对新形势新要求，教材建设还不能完全适应经济社会发展和人才培养需要，存在一些亟待解决的问题：对教材建设重要性的认识还不到位，教材建设的顶层设计和整体规划不够，组织领导有待强化，教材编审质量参差不齐，极个别地方教材的某些内容存在政治导向错误，教材编写、审查、推广、使用的体制机制不够健全，教材研究较为薄弱。要充分认识加强和改进新形势下教材建设的重要性和紧迫性，把教材建设作为一项战略工程、基础工程抓紧抓实抓好。

三科教材在经历了30多年的“多纲多本”时期后，又将逐步进入恢复全国统编的历史新时期。

二、我国中小学语文教材现状分析[1]

首先需要说明的是，这里所说的语文教材，仅指2001年新课改以来，作为国家课程编写的中小学语文教材，即依据教育部颁布的《全日制义务教育语文课程标准（实验稿）》《普通高中语文课程标准（实验）》编写并审查通过、仍在使用的中小学语文教材，不包括2017年开始在全国使用的语文统编教材，也不包括学前教育、中等职业教育、高等教育语文教材和作为地方课程、校本课程编写的语文教材。如表4-1[2]所示。

表4-1　中小学语文教材一览表

学段	出版社	主编	分册情况
小学	人民教育出版社	崔峦、蒯福棣	全12册
	中华书局	郭预衡、章培恒、陈平原	全12册
	长春出版社	张翼健、张笑庸	全12册
	北京师范大学出版社	马新国、郑国民	全12册
	江苏教育出版社	张庆、朱家珑	全12册
	西南师范大学出版社	董小玉	全12册
	河北教育出版社	高雅贤、陶月华	全12册
	语文出版社（A版）	史习江、李守业	全12册

[1] 这里参考了笔者主持的国家社科基金教育学重点项目“中小学语文教育改革研究”之四“语文教材研究”的部分成果，是与顾振彪、郑宇合作完成的，黄厚江也参加了部分工作。谨此向以上诸位和总课题负责人任翔教授致以诚挚的谢意。

[2] 这里统计的依据为教育部基础教育教材审定工作办公室编《义务教育课程标准实验教材概览》“小学篇”“中学篇”，《普通高中课程标准实验教科书概览》，人民教育出版社2006年版。

续表

学段	出版社	主编	分册情况
小学	语文出版社（B版）	王均、杨曙望	全12册
	教育科学出版社	吴景岚	全12册
	湖北教育出版社	王先霈、徐国英	全12册
	湖南教育出版社	杨再隋、曾国伟	全12册
初中	人民教育出版社	顾振彪	全6册
	中华书局	郭预衡、章培恒、陈平原	
	北京师范大学出版社	孙绍振	全6册
	江苏教育出版社	洪宗礼	全6册
	河北大学出版社	王富仁、傅中和	全6册
	语文出版社	史习江	全6册
	湖北教育出版社	王先霈、徐国英	全6册
高中	人民教育出版社	袁行霈、顾之川、温儒敏	必修5+选修15
	人民出版社	童庆炳	必修5+选修5
	山东人民出版社	谢冕、王景华	必修5+选修12
	广东教育出版社	陈佳民、柯汉琳	必修5+选修13
	江苏教育出版社	丁帆、杨九俊	必修5+选修16
	语文出版社	史习江、张万彬	必修5+选修14

（一）主要特色

现行语文教材，是新中国成立后第八次基础教育课程改革的产物。根据新课改的精神，按照《义务教育语文课程标准（2011 年版）》《普通高中语文课程标准（实验）》的要求，教材编者注重改革，大力创新，力求彰显人文性、突出主体性、增强实践性、强调综合性、体现开放性，努力诠释和体现新课程在语文教材建设上的改革理念。

1. 彰显人文性。

如前所述，人文性是这次语文新课改最大的亮点。为了落实《义务教育语文课程标准（2011 年版）》的课改理念，语文教材普遍重视彰显人文性，注重教材的思想文化内涵，富有时代气息，紧密联系学生实际，引领学生感受自然、认识社会、思考人生。在单元组合方式上，多数教材都是依据生活或文化的某一内容编排活动。如某版教材七年级上册，设置了“亲近文学”“金色年华”“民俗风情”“多彩四季”“关注科学”“奇思妙想”六个单元话题。其他版本的教材虽未冠以鲜明的主题词，也都在单元导语中点明单元课文内容的人文主题。如某版教材围绕“语文与生活”这一主题，确定了“人与自然”“人与社会”“人与自我”三大基本范畴，在这些范畴下进一步划分类目，析理出多层次、多种类、多方面的关系。这样编排，从学生个体发展的角度，关注他们的经验世界，关注知、情、意三者的统一，比较集中地体现了语文教学内容的整体性，尤其关注语文学习各内容要素之间的横向联系。教材各内容要素实际构成了模块结构，使知识、技能、情感各部分之间既相互协调、衔接，又互相交叉、融合，有利于促进学生融会贯通地学习语文、运用语文，从而获得语文素养的整体提升。

语文教材的选文普遍注重理解和尊重多元文化，有助于学生形成正确的世界观、人生观和价值观，表现出对世界多元文化前所未有的关注和重视。一大批世界著名思想家、文学家和科学家的作品入选语文教材，大大拓宽了学生的阅读视野。学生在读了这些新课文后，必然会在内心深处形成新的文化价值观，而这正是未来公民所必须具有的基本人文素养。

课后练习也注重从知识与能力、过程与方法、情感态度与价值观三维目标的角度进行有机整合，改变了过去由于片面追求语文训练的系统性而进行烦琐、机械训练的弊端。教材注意基于学生视角对教材内容的诠释，引导学生对相关问题提出多种设想，多方位、多层次、多变化地思考和解决现实生活中的语言文字运用问题，使学生从狭窄、单一、封闭的思维禁锢中解放出来，改变了过去学生只能按照教材给定的解读来理解课文、不能有其他想法或理解的教材编写思路，这对于学生解放思想，开拓思路，培养个性化阅读、创造性阅读乃至批判性阅读的能力，都具有良好的示范效应和引导作用。

2. 突出主体性。

与以往的教材不同，现行语文教材普遍关注人的价值，强调以学生为本，立足于学生的全面发展和终身发展，把学习者看作一个发展、能动的个体，尊重其个性与独立人格。从编写内容到活动形式，都着眼于突出学生的主体性。以学生为本的编写理念成为语文教材普遍的自觉追求。不论是单元导语还是课后练习的叙述语言，不论是情境图还是课文中的对话框，编者大多采用“蹲下来”的姿态，努力运用指引、鼓励、商量的口吻，循循善诱地进行启发诱导。如“人生，是一个令人深思的话题。新学年开始了，你的人生翻开了新的一页。追求美好的人生，是我们共同的目标”，这样的单元导语就改变了过去常见的那种指令性语气和高高在上的权威姿态。

选文更加关注学生的经验、兴趣和认知特点。语文教材注意淡化说教意味，贴近学生的经验世界和想象世界。儿童文学作品在小学语文教材中所占比例达到50%以上，成为主流课文类型。尊重童心、激发童趣，成为小学语文教材编者的共同追求。不少选文，内容都侧重于表现儿童的观察力、想象力，以及儿童成长过程中的喜怒哀乐，从而与学生产生共鸣。革命传统题材类课文也注意强调时代性和艺术性，有助于帮助学生树立社会主义核心价值观，传递正能量，弘扬主旋律，为学生健康成长打下精神的底子。

写作教材摈弃了过去功利化的价值导向，关注学生的学习态度，提倡个性化写作与自由表达，赋予作文教学以生活的现实意义。小学语文教材中的习作直接指向学生真实的生活体验，引导学生说真话、说实话、说心里话，不说假话、空话、套话、大话，如表4-2所示。

表4-2 部分教材习作类型分布

内容角度		A版	B版	C版
写实作文	写人	6	9	6
	记事	25	20	24
	写景状物	10	10	16
	抒情议论	5	7	9
	应用文	16	12	14
想象作文		10	8	10
自由作文		5	0	0
合计		77	66	79

3. 增强实践性。

过去的语文教材，往往脱离学生实际，重知识轻能力，强调死记硬背，讲得多练得少甚至只讲不练等。针对这些弊端，现行语文教材由重知识传授变为重情景化的表达交流实践，努力激发学生说和写的欲望，为学生提供在具体的语言环境中开展言语实践的机会。内容设计注重事例示范，减少技法指导，结合事例讲述有关话题的知识、注意事项和要求，给学生做示范，让他们自然地进入交际情境，激发其表达的欲望和激情。如有的教材设计了“金钥匙”栏目，指导学生在语文学习习惯、学习策略、学习方法等方面进行思考和总结。有的教材力求体现“面向农村，服务农村语文教学”的宗旨，注重语文教学与农村生活的联系，重视开发农村语文教学资源，同时注重引导学生拓展视野，树立现代意识。

4. 强调综合性。

过去的语文教材，往往将听说读写、语文知识和实践活动分成若干个子系统，每个子系统分列若干个训练项目。这样做，虽然线索分明，照顾得比较全面，但是听、说、读、写自成系统，彼此之间缺乏相互联系和照应，只是罗列大量训练点，事实上肢解了语文，把语文搞得支离破碎，学生学起来索然寡味。现行语文教材注意简化头绪，加强整合，有的把阅读与写作进行整合，有的把习作与口语交际进行整合，有的把写作、口语交际与综合性学习进行整合，有的把课内学习与课外阅读进行整合，从而大大增强了教材的综合性，充分发挥知识与能力、过程与方法、情感态度与价值观三维教学目标的综合效应。有的注重设计体验性活动和研究性专题，关注学生的学习过程，重视学生的自身体验；有的以活动为线索，建立教材的体系结构，统整单元内容，让学生在综合实践活动中学习语文，体会汉语言文字的应用之妙和运用规律，着力于学生学习方式的转变。这些尝试，无疑有助于学生创造性地学习语文，全面提高语文素养。

5. 体现开放性。

有的教材以语文与生活的联系为主线组织单元，单元组合既有内容方面的相对一致性，也体现了灵活变化的原则。在各单元内部，阅读、写作、口语交际等语文要素则力求相互联系、相互沟通。有的注意引导学生开展语文课外活动，在生活中学习语文、运用语文，使语文学习由课内向课外延伸，形成课内外结合的、开放的、富有活力的语文教材体系。阅读由课文扩展到名著导读乃至课外阅读，引导学生开展整本书阅读。口语交际和习作练习注意挖掘社会现实生活中的教学资源，给学生搭建开展活动、走进现实生活的平台，把学生的语文学习引向校园、家庭和社会，让他们在接触社会、接触大自然的过程中，激发想象，引发思考，获取新鲜的写作素材，训练运用语言文字表达自己思想感情的能力。课后练习注意多角度地拓展、延伸，为个性化的语文学习提供了广阔空间，将学生在课内获得的知识、能力和情感体验迁移运用到他们的日常生活中，使语文学习与学生生活紧密联系。部分小学语文教材中的拓展类练习设计，如表 4-3 所示。

表4-3 小学语文教材拓展类练习

版本 内容	A版	B版	C版	版本 形式	A版	B版	C版
科技	1		1	阅读	5	2	
艺术	2	1		感受想法	2	1	1
风俗	1	1		观察生活	6	14	3
景物	2		2	活动	1		
文学	5	4	2	搜集	6	1	2
生活体验	7	8	3	演唱	1	3	
自然	2	2	1	艺术欣赏	3	1	1
想象	2	1	5	想象	3	1	5
课本剧	1	5		表演	1	5	
歌曲	1	3		积累			2
社会现象	2	1		合计	28	28	14
名人	1	2					
历史	1						
合计	28	28	14				

可见，语文教材的课后练习具有较强的开放性，活动领域较为广泛，既有本学科领域的知识，也有学科领域之外的知识。其中生活体验、文

学阅读是主要的拓展内容。活动方式也比较多样，演唱、艺术欣赏、表演、活动等形式，有利于把语文从听、说、读、写，以及观察、积累等活动中解放出来，使语文学习与学生的生活实际生发出更多层面、更有趣味的联系。

总之，现行语文教材大都能较好地体现新课改的基本理念和语文课程标准的目标要求，同时又有各自不同的特色和追求。

（二）存在问题

毋庸讳言，现行中小学语文教材也存在突出问题，主要表现在以下几个方面。

1. 语文本体有所缺失。

教材是教学内容的载体，语文教材无疑要服务于语文教育的根本目的和基本任务。语文教育的根本目的，就是要全面提高学生的语言文字素养，基本任务就是要培养学生正确理解和熟练运用祖国语言文字的能力。具体说来，就是培养学生的识字写字能力、阅读能力、写作能力、口语交际能力和综合运用语言文字能力。这就是说，学语文首先要学习识字写字，在识字写字达到一定量的基础上，再进入阅读与写作的实践。通过阅读一篇篇文质兼美堪称典范的文章，体会汉语言文字的应用之美；通过写作练习，掌握语言文字的运用之妙，进而把握汉语言文字运用的规律。叶圣陶说："'语文'……口头为'语'，书面为'文'，文本于语，不可偏指，故合言之。亦见此学科'听''说''读''写'宜并重。"[1]王宁认为："语言感觉是语言教学最初的凭借，语言修养是语文教学最终的目标。"[2]曹明海认为："语言文字构成语文本体，语文本体由语言文字构成。"[3]以此审视现行中小学语文教材，显然还没有切实落实语用观，导致语文本体缺失，这是一种普遍现象。具体表现为：小学语文中的识字教材安排比较随意，缺乏有效的语言能力训练，有些课文没有从语言文字的角度进行设计。初中教材的"写作·口语交际"部分"缺少必要的陈述、展开，操作性不强，缺少程序性知识的介绍，'过程和方法'维度

[1] 刘国正. 叶圣陶教育文集：第3卷[M]. 北京：人民教育出版社，1994：506.
[2] 王宁. 汉语语言学与语文教学[J]. 中国社会科学，2000（3）：169-178.
[3] 曹明海. 语文教学语用论[M]. 南宁：广西教育出版社，2016：22.

的设计比较单薄，对写作、口语交际训练过程的揭示与指导不足”[1]。

据北京师范大学语文学科调研组《〈普通高中语文课程标准（实验）〉实施现状调研报告》，有近57%的教师对目前高中实验版语文教材表示不满，受访教师反映教材质量下降，教材内容不符合学生的认知特点与认知规律。部分校长与教导主任直指学校无教材选择权。应引入竞争机制，才能有利于提高教材编写质量。[2]

2. 知识教学受到削弱。

知识是人们在社会实践中所获得的认识和经验的总和，也是形成能力的基础，基础教育要给学生打下各方面的基础，当然离不开知识的学习。问题是，学生应该学习哪些知识，以什么样的方式学习知识，值得进一步研究。按照认知心理学的理论，语文知识包括陈述性知识、程序性知识、策略性知识。陈述性知识回答“是什么”或“为什么”，如汉字的形音义，词语句子的结构单位和运用规律规则，作者布局谋篇的思路，语言文学文化常识等。程序性知识回答“做什么”或“怎样做”，如正确、熟练、有感情地朗读，体会含义丰富的句子，正确理解文中的精彩语句，理清作者思路，把握内容大意等[3]。策略性知识回答“怎样学习”“如何思维”等，是让学生“学会学习、学会创造”的核心。有人说，未来的文盲不是不识字的人，而是没有学会怎样学习的人。学会学习既是现代信息社会发展的需要，也是学生自我完善的需要。比如，用什么方法记忆所学内容，采用何种方法进行复述、转述，怎么修改自己的文章，等等。

但是，新课改以来，语文知识教学存在着严重的误区。一方面，过去语文知识教学确实存在“封闭僵化与随意性过大”的问题，影响人们对语文课程与教学目标的理解、贯彻与实施[4]。另一方面，20世纪80年代以来愈演愈烈的“应试教育”又使语文知识教学变得“面目可憎”。有课程专家认为，我国20世纪80年代以来对“应试教育”“应试学力”的批判，实质上就是对“学校知识”的批判。有关学校语文知识问题的讨论，

[1] 潘新和. 新课程语文教学论[M]. 北京：人民教育出版社，2005：126.
[2] 依据北京师范大学语文学科调研组《〈普通高中语文课程标准（实验）〉实施现状调研报告》，2012年。以下涉及高中课程标准实施现状的调研结果，均出自该报告。
[3] 韩雪屏. 语文课程知识初论[M]. 南京：江苏教育出版社，2011：301-303.
[4] 同[1]223.

充其量不过是拘泥于现有学科内部的局部知识的调整增删而已[1]。新课改为了破除“知识中心”,《全日制义务教育语文课程标准（实验稿）》指出：“语文是实践性很强的课程，应着重培养学生的语文实践能力，而培养这种能力的主要途径也应是语文实践，不宜刻意追求语文知识的系统和完整。”在这一导向下，语文教材普遍削弱语文知识教学也就是很自然的了。倪文锦于2009年发表的一篇文章中认为，六十年来语文教育“最大的失，如果撇开政治因素不谈，恐怕要数时下语文教学的去知识化、技能化的倾向了……我们对语文知识既不应该也不可能加以回避，因为任何一门成熟的课程都不可能没有知识”[2]。

一般说来，一套教材应由四大系统组成：选文系统、助学系统（学习系统）、知识系统、练习系统。考察现行中小学语文教材，共同的问题是都缺少比较完备的学习系统和知识系统，而知识系统尤其缺乏。2001年《全日制义务教育语文课程标准（实验稿）》颁布伊始，韩雪屏就指出，当前语文课程的陈述性知识比较陈旧，程序性知识比较贫乏，策略性知识存在空缺。她提出应为语文教师提供一个“语文知识清单”。这其实是对语文课程教材内容建设的痛切吁求。但由于课标对知识的弱化，使得现行语文教材几乎没有触及这些问题。

首先，陈述性知识零散而不完备。新课程实施以后，部分语文教师反映：不知道该教哪些知识，教多少，以及怎么教。20世纪五六十年代，语文教育界曾把语文知识分为字、词、句、篇、语（语法）、修（修辞）、逻（逻辑）、文（文章），被语文教师称为语文教学的“八字宪法”，足见其地位的重要。新时期以来，张志公提出语文知识教学要力求精要、好懂、管用，并为语文教学大纲所倡导。1991年义务教育语文教学大纲中，语文知识的种类仍然十分明晰，共有11种之多，即语音、文字、词汇、语法、修辞、标点符号、文言文基础知识、文学知识、读写知识、古代文化常识、工具书使用常识。新课改以后，老师们发现，在语文课程标准里，语文知识仅留下了语法和修辞，而且还将它们放在“附录”里，无异于聊胜

[1] 钟启泉.“学校知识”与课程标准[J].教育研究，2000（11）：50-54，68.

[2] 倪文锦.语文教学的去知识化和技能化倾向——六十年语文教育最大的失[J].语文建设，2009（Z1）：14-16.

于无，形同虚设，老师们更不敢教知识了。语文课程标准明确不宜刻意追求语文知识的系统和完整，表明了对待语文知识的态度。但是，教师应该教哪些知识，适宜教师教学的不“系统”和不“完整”的语文知识究竟有哪些，课标并没有明确规定。本来，无论什么学科，知识教学都有一个定向、定量与定序的问题，但新课改以来，语文知识却成了一笔糊涂账。尽管课改专家讲语文课程目标是根据知识与能力、过程与方法、情感态度与价值观三个维度来确立的，但由于课程标准没有建立明确的语文知识系统，一些语文老师总觉得语文知识的目标是虚的，是空泛的。这种“去知识化”倾向，在一些语文教材中表现得十分明显。有的教材即使安排了一些语文知识，由于缺乏具体的、统一的规定性，加上随文教学在实际教学中已被异化为随意教学，教材的编写者与使用者可以各取所需。

其次，程序性知识和策略性知识严重缺乏。语文教材大都是文选型的，文选型教材本质上是一种经验型或感受型教材。教材中的选文，对于作者来说，是一种语文经验；对于学生来说，则是一种阅读材料，选文是供学生阅读、体验、感受的。文选型教材的优势是为学生提供大量的各种情景的语文经验，尤其是书面语运用的经验，供学生感受、体悟。换句话说，文选型教材为学生提供了接触语言文字的机会，更便于学生“暗中摸索”。但如果教材仅仅满足于或停留在提供语文经验，那就只是“文选”或“语文读本”，而不具备教学的性质，也就不是真正意义上的语文教材。那么，这样的“文选”就与学生日常接触到的阅读材料没有多少区别，充其量只有“选”与“不选”的区别。因此，教材编者为了使教材中选的课文具有教学上的可操作性，让“选文”变成“课文”，就创设了教学单元，并撰写一些教学指引类文字，如“单元教学重点”、课文前的“阅读提示”与课文后的“研讨与练习”等。语文教材的变化往往只是“选文”的变化，其体例变化不大，教学指引（“提示”和“练习”）的侧重点、角度和内容变化也不大，主要是对阅读重点、课文内容理解和语言形式要点的提示。可见，教材编写者关注的重点是选文，而不是教材的教学形式和教学功能。

现行教材缺少应有的知识系统，似乎也不能全怪教材编者。因为适合中小学语文教学的知识有哪些并不十分清楚。很少有人关注中小学语文教学该教什么样的知识，高等师范院校也与中学语文教学脱节。正如王宁在《汉语语言学与语文教学》(2000)一文中说，“语文教学是以提高语言能力为主要目的的”，“语文教师应当通过语文教学养成学生从语料中发现语言现象、概括语言规律的敏锐性、兴趣和习惯；教给他们贮存语言材料的正确、有效方法，促使他们通过自觉的积累，逐渐丰富自己的语言；让他们在获得新知识的实践过程中，训练他们把已加工成熟的思想用最得体、优美的语言表述出来的能力；最后，还要以语言为桥梁，培养他们的人际交往意识、创造思维意识和文化修养意识”。“从中文系的两大类课程来说，语言学比文学对中学语文教学的理论和实践的指导作用应该更直接一些。但是，高师语言学教学往往脱离中学语文教学实际，而中学语文教学对语言学的应用又常常处于不自觉的状态，这使语言学和语文教学都蒙受了一定的损失。”[1]

3. 内容选择比较随意。

教材编写毫无疑问要体现新课改的精神，要符合课程标准的要求，而语文课程标准虽列有“课程目标与内容”，但实际上只有“课程目标”而无“课程内容”。这里以七至九年级为例，列出各部分的“课程目标与内容”第一条，可见一斑。比如，“识字与写字”是“能熟练地使用字典、词典独立识字，会用多种检字方法。累计认识常用汉字3500个左右”，“阅读”是“能用普通话正确、流利、有感情地朗读”，“写作”是“写作要有真情实感，力求表达自己对自然、社会、人生的感受、体验和思考”，“口语交际”是“注意对象和场合，学习文明得体地交流”，“综合性学习”是“自主组织文学活动，在办刊、演出、讨论等活动过程中，体验合作与成功的喜悦”，等等[2]。

语文课程标准在教学内容事实上的付诸阙如，使得教材编者有了自由发挥的余地，这就必然导致语文教材在内容选择上比较随意，有些难度过大，脱离教学实际。北京师范大学《普通高中语文课程标准（实验）》

[1] 王宁. 汉语语言学与语文教学[J]. 中国社会科学，2000（3）：169-178.
[2] 中华人民共和国教育部. 义务教育语文课程标准(2011年版)[S]. 北京：北京师范大学出版社，2012：14-18.

实施现状调研的结果（2012），就充分说明了这一点。方智范认为，总体上说，现在的教材比过去是要难一点，有些教材难度很大，很难推广。顾振彪认为，因为审查时要求紧扣课标，广度和深度的“度”没有把握好。深度有点深，因为主编多是大学老师，比如某版高中语文有选修教材《外国小说欣赏》，完全是创作论，对高中生来说明显太深了。不少教师反映，有些教材选文偏繁、偏旧。如《宇宙的未来》和《作为生物的世界》内容偏难，《离骚》《逍遥游》，散文《门》《窗》太深奥，高一学生理解起来有一定难度。语文老师普遍感觉教材的难度比较大，有些篇目超出了学生的理解水平，比如《铸剑》《西西弗的神话》《墙上的斑点》《游侠列传》等课文，从思想理解方面来说远远超出了中学生的接受能力。有的教材高一第一篇就是《勾践灭吴》，学习难度太大，课堂气氛很沉闷，学生普遍难以理解课文。《五蠹》《滕王阁序》从字句阅读而言，也不能算作中学生可以读懂的浅易文言文。

现行语文教材还有一种倾向，即为了与原人教版教材区别开来，有些选文一味求新，显得很偏、很怪。比如鲁迅的文章，有的故意回避《药》《祝福》等传统经典篇目，而选择《铸剑》《范爱农》等教师较生疏的作品；沈从文的作品，也从《边城》变成《箱子岩》；柳宗元的《段太尉逸事状》、欧阳修的《与高司谏书》也不是作者最具代表性的作品。

选修课的开设和选修教材建设是这次高中课改的一个亮点，但教师普遍反映语文选修课教材难度偏大。一些教师表示，选修课教材内容过多、难度偏大，教师难以胜任。主要原因，一是课程门类太多，二是选修课教材要求过高。一些老师反映，感觉教材深不可测，要讲的内容特别多；很多问题缺乏可操作性，有些课后练习的编排指向性也不是很明确。老师们感觉上课很累，备课也很困难。比如，现在高中的选修课比以前大学中文本科所学的内容还要全，还要专业和系统。另外，现行教材还存在经典选文偏少、实用性文章偏少、选文在学段上的安排不合理等缺陷。[1]

4. 教材编排缺乏梯度。

作为教材，要符合学生年龄心理特点，有一个合理的编排顺序，即

[1] 参考北京师范大学语文学科调研组的《〈普通高中语文课程标准（实验）〉实施现状调研报告》，2012年。

叶圣陶所说的"次第"。每一学段、年级，甚至一个学期的前、中、后期，课文、知识点和练习的安排，都要依照深浅顺序通盘考虑，循序渐进。现行教材为了突出人文性，多采用人文主题的结构方式，有些编者费尽心思，凑出几十个单元主题。有的高中必修课教材甚至把初中已有的主题再重复一遍。这种用主题划分教学单元或板块的方式，往往顾此失彼，深一脚浅一脚，势必难以照顾到各单元之间本来应有的逻辑递进关系[1]。再如小学识字教学，先认识哪些字，后认识哪些字，不仅要遵循汉语汉字的特点，还要遵循小学生识字的认知规律。但由于缺乏深入细致的研究，往往是"效率决定生命"，教材中作为语文学习基础的识字教材，只能由所选课文来决定，即选到什么课文，就以课文中出现的汉字作为教学内容，学生通过语文教材接触到的汉字是各自分散的，不可能考虑到汉字本来就具有的系统关联、类聚群分等特点。这样不仅增加了学生识字的记忆负担，也使学生识字的过程拉得很长。

缺乏梯度还表现在不同学段之间的衔接上。小学与初中、初中与高中、高中阶段的必修与选修等，均缺乏衔接与照应。比如，有57%的教师、49%的教研员和专家认为，尽管高中课程内容与义务教育课程内容在理念、能力要求方面是衔接的，但在具体要求上则出现了一些比较突出的问题，影响了学生在高中阶段的语文学习。造成这种现象的主要原因：一是初中有意淡化语法知识教学，造成高中阶段语法基础知识的缺失；二是文言文评价要求与初中阶段的要求差距过大，对文言文阅读的要求，初中阶段偏低，高中阶段陡然升高，跨度太大；三是高中现代文阅读没有体现出在初中基础上的进一步提升；四是与初中相比，高中写作教学的目标不够具体、明确，两者衔接不紧密。有近80%的教师和65%的教研员和专家在访谈中表示，必修课程与选修课程衔接不够紧密。尽管课标提出选修课程是在必修课程基础上的拓展与提高，但实际上缺乏应有的梯度。在选修阶段，课标也没有提出写作教学的具体要求。[2]

很多教材自身的内容安排也缺乏合理的梯度。不少老师反映，某版

[1] 温儒敏. 温儒敏论语文教育（二集）[M]. 北京：北京大学出版社，2012：60.

[2] 依据北京师范大学语文学科调研组的《〈普通高中语文课程标准（实验）〉实施现状调研报告》，2012年。

高中语文教材必修 5 的散文单元,《想北平》和《归去来兮辞》单独看都是很好的散文，但两者之间缺乏内在联系。外国诗歌集中在一个模块里，学完这个模块，高中三年就再没有诗歌了。有的教材，写作专题间缺乏内在联系，没有形成有机的整体序列，给教学带来很大困难。至于学生基本能力的训练缺乏应有的层次和梯度，甚至在文体上的区别也没有，则是许多教材中比较普遍的问题。如果从小学到初中，从初中到高中，将 12 学年 24 个学期的语文教材内容进行整体审视与分析，即使不考虑学生会在三个学段中使用不同版本的教材，其混乱无序之严重，也会让人非常吃惊。

5. 教材设计脱离实际。

教材是教学的凭借，既是“教本”，又是“学本”，是教师教语文和学生学语文所依据的基本材料。但现行教材的不少设计脱离实际，没有做到两个“本”的统一，而更多体现出“读本”的特征。

从教的角度看，教材提供的基本还是文本和罗列的知识；至于怎么教，各版本教材均缺少应有的重视和必要的引领。既无清晰的理念指导，也无具体的方法呈现，甚至基本没有怎么教的材料准备。从学生的角度看，各版本教材都没有建立起立足于引导学生怎么学的、比较完备的学习系统，在帮助学生学会学习、引导学生自主学习、促进学生创造性学习方面，尽管有所努力和体现，但实际效果并不明显。

有些教材的导学模式简单化，重结果而轻过程。导学设计模式大多还停留在目标模式的思路上，强调目标先导和结果反馈。表现在教材设计中，大都采用单元学习目标或课文学习目标（一般出现在单元主题词或课文导读等位置）+ 课文 + 课后练习的模式。这种模式虽然能够发挥目标的导向作用，能够将课程目标具体地呈现在教材中，却忽视了对学习过程的有效指引，因而对学生学习和教师教学的指引、帮助作用也就十分有限，既不能引起师生的充分重视，也使很多师生处于暗中摸索之中。另外，多套语文教材将选文区分为精读课文和自读课文，其用意无非是想通过对精读课文的学习，将学法迁移运用到自读课文的学习中，收到举一反三的效果。但精读课文和自读课文的导学设计几乎是雷同的，看不出二者的区别，有些自读设计只剩下选文后的几个问题，有的则甚至没有任何导学设计。其理念可能是先进的，但由于导之无方，放之无度，落实的程度如何不得而知。

有些教材导学方法显得平庸，找不到指引学生学会学习的有效思路。教材中“写在前面”“单元主题词”“课文导读”等内容，大都突出了激发学生的学习兴趣，关注学生日常生活世界和经验世界等功能，但也明显淡化了提示学习目标、指引学习方法等重要内容。从提示学习目标的角度来看，这些内容总体上显得空洞、模糊、难以捉摸。从教材使用的角度来看，教师和学生对这些内容大都泛泛应对，不做过多琢磨和深究。不仅使这些内容达不到应有的设计目标，也势必挫伤学生学习语文的积极性。从促进学生有意义学习的角度来看，泛泛而谈的导学内容根本不能在学生头脑中建立起新旧知识之间的联系。有的甚至完全取消导读或提示，这固然摆脱了各种框框的束缚，但这种将课程开发的责任完全推给教师和学生的做法，就目前多数地区的实际来看，显得操之过急。语文教材要有利于教学，制订合理的学习目标，设计必要的教学程序，这是十分必要的。从呈现方式上来看，大都是主观性陈述，很少用激发思考的问题形式来呈现。这必然导致学生对课文理解的浅表化，既不利于探究，也引不起学生的学习兴趣，尤其缺乏对学生思维广阔性、深刻性、独立性、敏锐性、灵活性、创造性等方面的指引。另外，有些导读文字往往直接表达了编者自己的观点，很少表明有争议的看法和观点，这也容易束缚学生的思路，不利于培养学生质疑探究和批判性阅读的能力。

导学功能缺乏还体现在课后练习的设计上。课后练习设计作为教材编写中的一个重要环节，也是引导学生学习的重要形式。上文肯定了现行教材在提高练习质量方面所做的努力，但只强调了人文性，对工具性却关注不够，存在去知识化、技能化和淡化训练的倾向，着眼于基础知识和基本技能训练的练习明显减少，有的课文后面完全取消练习题，仅仅列出探讨的问题，显然不利于语文目标的落实，不利于培养学生语言文字运用的能力。

据教育部基础教育课程教材发展中心发布的《义务教育课程标准实验教材使用情况调查》，对“学生对教材的整体评价”的调查结果如图4-1[1]所示。

[1] 出自教育部基础教育课程教材发展中心的《义务教育课程标准实验教材使用情况调查》，2011年3月。

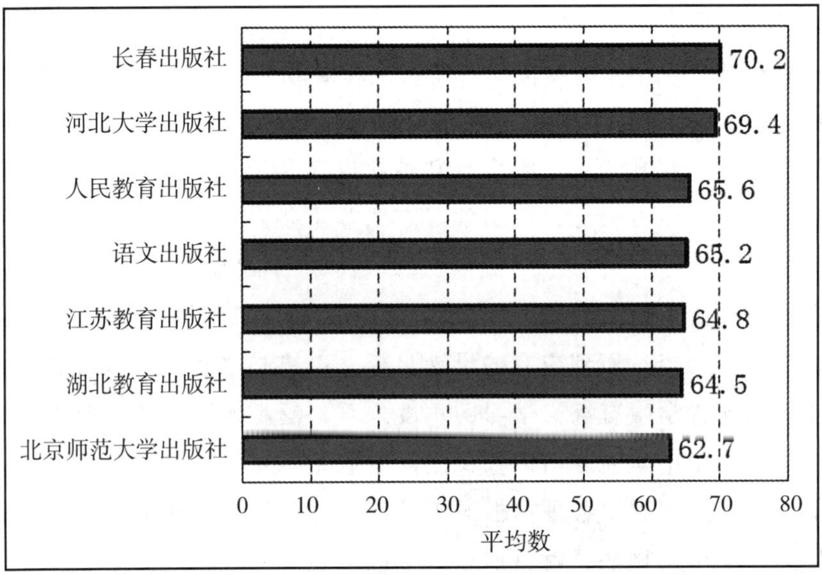

图 4-1 学生对教材的整体评价

综合性学习内容设计过多，缺乏可操作性，必修教材与选修教材结构不合理，选修课教材过多，这些都严重脱离教学实际。

6. 同质化倾向严重。

我国从 20 世纪 80 年代开始实行“多纲多本”的教材建设方针，这一政策的初衷是为了实现教材的多样化，鼓励教材编者大胆创新，编写出有特色的教材，便于不同地区和学校选用。所谓多样化，就是指基本思路能够符合教学大纲或课程标准的要求，文章组合编排各有各的风格，形成个性化。据《〈普通高中语文课程标准（实验）〉实施现状调研报告》表明，有近 70% 的受访者认为，教材在知识和技能上基本能够反映课标的要求，但教材的趋同化倾向严重，各套教材的个性特色不突出，充其量只是教材版本的多样化[1]。顾振彪认为，因为审查时要求紧扣课标，所以总体上教材大同小异。目前使用范围较大的初高中语文教材，其内容的基本组合模式，大多数是单元选文加语文活动。选编几篇主题相同或相近的文章组成不同的人文主题单元，单元后面设计一个语文实践活动（或曰“专题”，或曰“综合性学习”，或曰“梳理探究”等）。有学者批

[1] 依据北京师范大学语文学科调研组的《〈普通高中语文课程标准（实验）〉实施现状调研报告》，2012年。

评初中三套语文教材说："总体格局基本雷同，特色不突出，个性不鲜明，呈现方式单一，还未见完全突破传统'文选型'结构的大胆尝试。"[1]高中语文各版本选修教材共有上百种之多，但人们在深入比较后就会发现，这些林林总总的选修教材，有特色的品种少，大同小异的品种多。

如果我们从选文、读写活动等方面对教材进行更为深入的分析，就会发现各版本教材之间几乎没有差异。可以说，经济水平差异较大，文化教育基础差异明显，不同的地区都在使用几乎相同的教材。至于同一套教材，既能在北京、广州、江苏这样发展相对较快的地区使用，又能在新疆、宁夏等发展相对较慢的地区使用，这让人难以理解，也有悖于实行"多纲多本"的初衷。

我国中小学语文教材存在这些问题，主要有以下几个方面原因：一是教材编者对语文教育和语文教材缺乏深入研究，学术水平和编写经验参差不齐；二是作为实验稿的语文课程标准本身存在疏漏，对语文教材编写产生了误导；三是教材管理体制机制有待改进，留给教材编者研究编写的时间太紧，导致编写过程过于仓促；四是教材管理缺乏后续纠错完善机制，导致有些教材即使发现了明显的错误也不能及时纠正。语文教材建设任重道远，要编写出一套或多套理想的语文教材，还有很长的路要走。

有人说："电影是一门遗憾的艺术。"其实，语文教材编写又何尝不是如此呢？语文教育与社会现实生活联系非常密切。时代在发展，社会在进步，科技在不断创新，都向语文教育教学提出新挑战、新任务、新要求。从这个意义上讲，语文教材改革永远在路上。语文教材工作者必须审时度势，与时俱进，才能不断开拓创新。

三、关于语文教材改革的初步设想[2]

语文教材改革是中小学语文教育改革的重要内容，涉及面广，关注

[1] 潘新和. 新课程语文教学论[M]. 北京：人民教育出版社，2005：135.

[2] 这一部分参考了笔者主持的国家社科基金教育学重点项目"中小学语文教育改革研究"之四"语文教材研究"的部分成果，是与顾振彪、郑宇合作完成的，黄厚江也参加了部分工作。谨此向以上诸位和总课题负责人任翔教授致以诚挚的谢意。

度高，社会影响大，应在国家相关部门的组织领导下，集中全国的力量，包括语言学、文学、语文教育学（尤其是语文教材）、心理学等方面的专家，开展联合攻关，广泛深入调研，进行专题研讨，提出改革方案。这里根据我们的初步研究，从教材内容、选文和编排形式等方面提出改革设想与建议，勾画语文教材改革愿景，展望语文教育未来。

（一）教材内容

语文教材一般包括识字写字、阅读、写作、口语交际、语文知识运用等内容。教材内容的改革，首先要解决好两个问题：一是设计语言运用能力培养的项目。叶圣陶曾在与友人的通信中发出呼吁："语文教学诚须认真研究，且须从速而务求实效，否则必将妨碍四个现代化之进程……切实研究，得到训练学生读作能力之纲目与次第，据以编撰教材，此恐是切要之事。"[1] 30多年过去了，叶圣陶提出的这一问题至今没有得到很好解决。二是制订语言运用能力培养的规格、标准和要求。小学、初中、高中，每个学期、每学年，语音、汉字、词汇、说话、读书、作文等方面，都应当分别有明确规定。有的是量的规定，如汉字、词汇、阅读；有的是程度和速度的规定，如读和写；有的是熟练度和准确度的规定，如各种言语技能[2]。语文课程标准虽已有一些规定，但还远远不够，不仅需要补充完善，而且需要具体化，才便于编者编写教材。

下边按识字写字、阅读、写作、口语交际和语文知识分别提出语文教材改革设想。

1. 识字写字。

汉字教学是语文教育的基础，先集中认识两三千汉字后再教阅读和作文，是我国小学语文教材的优良传统。现代小学语文教材大多以儿童趣味为导向，以文章为凭借导入语文学习，多采用"随文识字"的编写方式。不仅识字过程分布时间长，而且识字量小，费时费力。汉字以象形字为基础，形声字多，常用字集中，缺点是形、音之间差异大，字形复杂，笔画多，形近字、多音字多，一字多用、多字同用等现象复杂。

[1] 中央教育科学研究所. 叶圣陶语文教育论集（下册）[M]. 北京：教育科学出版社，1980：774.

[2] 张志公. 再谈语文课几个问题[M]//张志公. 张志公语文教育论集. 北京：人民教育出版社，1994：30–35.

识字写字教材，应充分尊重汉语汉字的特点，继承我国传统蒙学教材编制的优良传统，总结吸收集中识字、归类识字、注音识字等教学实验的有益成果与成功经验，反思目前我国识字写字教学存在的突出问题，改进识字写字教材编写。

（1）识字优先，教材分编。先识后写，识写分离。为了使小学生尽快进入阅读，加快识字速度，也为了写字不拖识字的后腿，建议实行先识后写，识写分离的策略，即识归识，写归写，识字、写字各自形成系统。应鼓励编写专门的识字教材或写字教材。

（2）字量分布、字序选择要科学、合理。课程标准规定各年段的识字量、写字量，应统筹规划，合理安排。要考虑到社会用字与儿童用字之间存在的差别，科学安排课程标准规定的3500个汉字的先后顺序，努力满足小学生语言发展的需要。

（3）充分利用汉语言文字的特点，提高识字效率。识字教材应树立系统关联、类聚群分的字群意识，可以按形符、义符和声符对常用汉字归类识记，遵循汉字的系统性，提高识字效率。尽量避免汉字教学中形义关系的随意联想，以及汉字文化的牵强附会等现象。

（4）遵循写字教学的基本规律。从简单到复杂，从独立到合体，是写字教材编排的基本原则。但目前小学语文教材中，要求写的字几乎全部来自课文，随文出字，容易出现难易倒置的现象。应充分体现写字序列的渐进性，探索编写独立的写字教材。写字教材重在运用。不宜过分强调笔画、笔顺，淡化训练和纠错，突出汉字的实用功能。应想方设法激发学生识字写字的兴趣，让他们乐于识字写字，有快乐感、成就感、成功感。

（5）遵循国家相关规定。识字写字教材编写不仅要遵循《义务教育语文课程标准（2011年版）》所附《识字、写字教学基本字表》和《义务教育语文课程常用字表》的规定，还应符合《中华人民共和国国家通用语言文字法》和《通用规范汉字表》的相关精神和要求。

2. 阅读。

阅读教材分为四个系统，分别是课文系统、作业系统、导学系统和知识系统。

（1）课文系统。语文教材不同于一般的文章选本，首先要考虑教学的实际需要。对于选入语文教材中的现当代作品，有必要对选文进行适当的加工修改。当然，在加工修改的过程中，要充分尊重和保护作者权益。可以由作者按教材编写要求进行修改，也可由语文教材编者修改后请作者审阅认可。编者修改时，一定要严肃认真，一丝不苟。尊重原作风格，修改原作中确有毛病的地方。这就要求编者努力提高自身语文素养，力求避免对拟选原作以是为非，乱改一气。

（2）作业系统。作业系统应注意以下几点：一是要形成系统。一篇课文、 个单元、 册教材，乃至全套教材内课文的练习，都应在感知理解、积累品味、延伸拓展等方面分别形成系统。几个系统之间，大套小，成为“套娃式”结构。二是重在读法。过去的课后练习，往往局限于读懂课文。练习题的重心，必须从读懂课文转移到指导读法上来。三是要具有可操作性。现行语文教材在练习中频繁地要求学生“有感情地朗读”“结合上下文理解”“抓住关键词语”“整体感知课文”等，但是由于没有提供达到上述要求的路线图，使学生手足无措，更不能举一反三，触类旁通。练习设计应该给学生提供回答问题的抓手。四要注意联系生活。应尽可能设计各种生活情境，让学生在特定的生活情境中完成练习。把阅读练习与生活结合起来，使学生感到学习语文、运用语文是每个人日常生活的一部分。

（3）导学系统。导学系统要注意以下三点：一是要制订学习目标。根据课文和学生实际制订学习目标，使教师有所遵循，使学生学有方向。制订学习目标时，要注意留出空间，让师生在教学中有发挥的余地。二是要注意激发阅读兴趣，提供背景知识，指点阅读方法。三是要自成系统。阅读教材中单元和课文的导学部分，可以有不同的关联方式，比如形成语言运用技能训练系统、人文素养养成系统、语言知识传授系统等。一套语文教材质量的高低，往往从这些方面见出高低。

（4）知识系统。首先，要明确知识只能发挥辅助作用。阅读要讲究方法。从学习过程上来说，有翻查工具书、看注释、做标记、加批注、理层次、明大意、取精髓、写札记等；从学习方式上来说，有朗读、默读、精读、略读、浏览、速读等；从学习目的上来说，有操作性阅读、理解性阅读、欣赏性阅读、评介性阅读、探究性阅读等。阅读欣赏文学作品，也要讲究方法，比如以意逆志法、沿波讨源法、出入法。其次，要注意知识呈现的位置和方式。知识分为几类，有的能直接转化为能力，有的则要经过较长时间才能转化为能力，有的则不能转化为能力。能直接转化为能力的知识可以作为“先导”，除此之外的大量知识，只能“随文讲解”,甚至做隐性介绍。再次,要注意通过语文阅读实践把知识转化为能力。只有在反复实践中,阅读行为才能变成潜意识或无意识的“自动化”行为，形成习惯化的生活方式。

3. 写作。

（1）以写作主体为主。长期以来，我国中小学写作教材以写作客体为主，着眼于写作知识传授和技能训练，应转变为以写作主体为主，引导学生把学作文与学做人结合起来。作文最本质的功能是“对话”，通过作者用笔写下来的书面语言与他人对话，与社会对话，与自然对话，与自己对话。作文又是学生心灵的自然流露，在表达自己观点和情感的过程中，锻炼思维能力，提高写作素养，校正精神航向，提升人生境界。

（2）与学生身心发展有机结合。社会需要、学生身心发展和作文能力形成的规律，是制约写作教材的三大要素。写作教材必须以促进学生身心发展为着眼点，根据社会需要、学生身心发展和作文能力形成的规律设计。坚持写作与学生身心发展相结合，绝不是忽视写作知识技能。写作教材的设计，不妨以学生的身心发展和生活为经，以写作技能知识为纬。

（3）注重过程，突出思维训练。我国中小学写作教材向来注重文体训练和写作结果，对起草前的构思和起草后的修改均不够重视，因而严重影响了学生写作能力的提高。写作教材应以思维训练为核心，思维训练与语言训练一体化，注重写作的全程训练。

（4）读写结合，以读为写的基础。过去许多中小学写作教材的一大缺陷，就是没有充分发挥阅读对写作的促进作用。读写结合是古今中外语文教材编制的通行原则。学写作，必须先学会阅读。写作以深厚的学养为基础，而学养又必须以大量的阅读为前提。从某种意义上说，语文课就是阅读课，语文能力就是口头或书面表达能力。

（5）构建“一主四辅”式写作教材。写作教材应主辅结合。主系统是常规的整篇作文训练，每学期应不少于6次。辅系统包括四个方面：一是与生活结合，即指导学生练笔，把每天的所见所闻所感记下来，当自己生活的“书记官”。二是与阅读结合，应把写读书笔记，包括写读后感、读书报告、读书心得、札记、随笔、点评等，把改写、扩写、缩写、续写、补写等内容编入写作教材。三是与口语交际结合。特别是小学、初中阶段的写作教材，可以先说后写，这样不仅能减少写作的难度，增强学生写作的自信心，而且能发挥说话的长处，锻炼学生快速组织语言的能力。四是与综合性学习结合，一般以写研究报告、调查报告为主，有助于训练学生的独立思考能力、批判性思维能力和语言表达能力。写作教材对此应予以关注。

4. 口语交际。

从语言运用能力结构来看，口语交际与阅读、写作同等重要，不可或缺。中小学口语交际教材应该尽可能完整、全面和系统。

（1）设置情境。口语交际总是在一定的交际情境中进行的。即使同一个话题，因交际情境不同，往往言语表达方式也不一样。设置口语交际的情境，可以使学生懂得，任何口语交际，除了凭借正确的口头语言和体态语，交际双方还必须注意交际情境，具有在特定情境中进行口语交际的能力。

（2）形成互动。口语交际应以听说双方互动的方式进行，引导学生学会倾听，抓住对方说话的要点，领会对方话语中的意思，快速得出自己的结论。在此基础上，迅速组织好内部语言，快速进行语言编码。最后用外部语言和相关辅助手段表达出来，在互动中达到和谐、有质量的交际交流。

（3）联系生活。口语交际的话题，应注意联系学生的学习生活实际，或者联系社会热点问题，使学生带着问题参与具体的口语交际活动。口语交际教材还应把口语交际活动渗透到学校所有课程及学生日常生活的全过程。

5. 语文知识。

语文知识大致包括语言知识、文学知识、文化知识、文章知识和读写听说知识。目前语文知识教学所面临的主要问题是，培养学生的语言运用能力时，究竟需要哪些语文知识来辅助教学，对此语言学界并没有一致意见。这里仅以语言知识教材为例，提出一些建议：

语言知识教材，一是要改变教学重点，应把过去以语法为重点，转变为小学以字词为重点，初中以词汇为重点，高中以语法、修辞和培养语感为重点。二是要突出综合。语言知识不是文字学、语汇学、语音学、语法学、修辞学、逻辑学等学科的简编本，也不是从众多学科中各取一块拼盘，编成所谓“杂烩本”，而是根据需要，把相关知识经过改造、融会、重组，成为综合的有独立系统的语言知识教材。三是要形成系统。教材应通过分析、综合、比较、归纳等思维活动，将知识归类，形成系统，并能学以致用，分析和解决学生在学习、生活和日后工作中的语言运用问题。

（二）选文

1. 选文标准。

关于语文教材的选文标准，历来的语文教学大纲或课程标准都有明确规定，尽管表述不尽一致，但意思基本相同，即文质兼美，适合教学。

首先是“质”好。选文应体现我国教育改革立德树人的总目标，突出社会主义核心价值观、依法治国的理念和中华优秀传统文化。既要继承和弘扬中华优秀传统文化、革命传统文化和社会主义先进文化，有助于增强学生的民族自尊心和爱国主义情感，同时又要注重理解、尊重和吸取多元文化，包括外国进步文化和我国少数民族文化，具有鲜明的时代特点和现代意识，与时俱进，引导新一代公民扣好人生的“第一颗纽扣”。

其次是“文”美。语文教材的语言文字应力求准确、规范。杜绝那些文风不正的选文，比如说教味浓厚、标语口号式的假大空选文，以及感情虚假、矫揉造作的粗制滥造之作，应选那些具有深刻文化内涵的精品。当然，那些所谓“质”好而文字缺乏美感的选文，也不应该选入语文教材。

再次是适合教学。选文要避免成人化倾向，力求符合学生的心理特点和学习需要，具有可接受性。比如同样是选用文学作品，小学就应选用儿童文学，初中应选用少年文学，高中应选用青年文学。既要有一定的思想深度，同时又不能太难，脱离教育教学的实际。

除文质兼美、适合教学以外，选文体裁、功能和适合学段不同，选用标准也应有所不同。一般来说，文学作品应注重经典性，实用性文章应注重代表性和示范性，写作例文则应注重可模仿性。

在选文问题上，还应注意处理好以下几种关系。

一是语言标准和政治标准。语文教材无疑应该坚持语言标准，从语言的角度看确属优秀的作品，不能只考虑政治标准或只看作者的身份来选语文课文。王力在《谈谈提高语文教学水平问题》（1980）一文中曾说："教材应该着重选一些典范性的文章，就是说从语言角度看，这篇文章是好文章，才应该选。现在教材还是在赶潮流，看到现在宣传一篇什么文章，就把它选进去了，不管这篇文章从语言角度看到底怎么样，适合不适合当教材。这也是个毛病。应该选一些从语言上看是典范性的，不能根据潮流来选课文。老赶潮流，等到潮流一过，这篇文章就不能用了，语文课本的稳定性就没法保持。本来我们的教材就不能选很多文章，如果选文还不着重于语文，而着重于政治，对语文水平的提高是没有好处的。"[1]叶圣陶在《答刘国正》（1978）的信中，就不同意把郭沫若的《水调歌头》选进中学语文教材。他说："我以为郭老的《水调歌头》不宜选用。粉碎'四人帮'是庄严的题目，此作却是随便凑合，不甚得体。不能因这首词在电台广播和集会歌唱的时候经常听见，不能因作者的名氏是人所共仰，就把它选在课本里。"[2]在《答鲁宝元》（1980）的信中，叶圣陶提出"课文要站得住，没有病句，没有空泛的话"，"还要编入一些反面教材，训练学生的辨别力"[3]。

二是文学作品和实用类文章。有人主张多选文学作品，有人则主张多选实用类文章，以训练学生的语言运用能力。我们的看法是：小学教材的重点是识字写字、培养学生对母语的兴趣，应以学习语言文字为主；初中教材的重点是打基础，积累相关知识，应该语言、文学并重；高中教材的重点是使学生开阔视野，锻炼思维，培养独立思考的能力，应该

[1] 王力. 谈谈提高语文教学水平问题[J]. 中学语文教学，1980（8）：3.
[2] 叶圣陶. 答刘国正[M]//刘国正. 叶圣陶教育文集：第3卷. 北京：人民教育出版社，1997：524.
[3] 叶圣陶. 答鲁宝元[M]//刘国正. 叶圣陶教育文集：第3卷. 北京：人民教育出版社，1997：541.

以文学、文化论著为主。

三是传统经典与时文。随着近年来国学热的兴起，有人主张教材要增加古代经典作品的比例，让学生有计划、有步骤地诵读大量经典。也有人认为现代人就应该多读现代文。我们的看法是：语文教材应以经典为主，时文为辅。所谓的经典，也是相对的。经典作品应该包括中华优秀传统文化经典，也应包括中国革命传统经典和外国经典。时文也要切合学生实际，具有浓厚的时代气息，语言鲜活新颖，也应是公认的反映社会主义先进文化的优秀作品。

四是文言与白话。中共中央办公厅、国务院办公厅《关于实施中华优秀传统文化传承发展工程的意见》（2017）要求，围绕立德树人根本任务，遵循学生认知规律和教育教学规律，按照一体化、分学段、有序推进的原则，把中华优秀传统文化全方位融入思想道德教育、文化知识教育、艺术体育教育、社会实践教育各环节，贯穿于启蒙教育、基础教育等领域。以幼儿、小学、中学教材为重点，构建中华文化课程和教材体系。教育部《完善中华优秀传统文化教育指导纲要》（2014）规定，从小学到大学，都要系统学习古代文言诗文。我们的建议是：小学，文言文 20 篇，古诗词 100 首；初中，文言文 50 篇，古诗词 65 首；高中（必修），文言文 30 篇，古诗词 35 首。总计文言文 100 篇，古诗词 200 首。教材以白话文为主。文言所占比例，小学约 15%，初中约 35%，高中约 50%。

2. 选文范围。

选文的体裁、样式应该丰富多样，兼顾多种文体。建议借鉴国外母语教材的编写经验，从我国的国情实际出发，丰富选文的体裁和样式，以适应学生学习和生活的需要。

3. 选文数量。

西方发达国家一般都给中小学生按年级制订必读书目，必读书目一般囊括了本国有代表性的经典作品和国外部分名作，其中有些作品的主要章节编进教材，不编进教材的部分也同样列入考试范围。我国中小学语文教材一向字数较少。语文课程标准虽有课外阅读的要求，但部分学生的阅读量不仅低于外国，而且连这个低标准也未落实。语文教材必须统筹兼顾精读与略读、课内与课外，将整本书阅读纳入教材内容，引导学生大量阅读。建议教材按年级列出必读书目，有计划有步骤地扩大学生的阅读量。

（三）编排形式

教材编排形式可分整套教材编排和单元编排两个层面。

1. 整套教材编排。

整套教材的编排分为两步，第一步，确定是合编还是分编。

合编型教材的特点是：语言文学合在一起，文言白话凝成一块，读写听说集于一体，语文知识融入读写，课文、知识、导学、作业、图表、附录六个系统高度综合。这种编法的长处就在于综合性。它把所有的内容编排在一起，有明确的教学目标；由易到难，螺旋式上升，波浪式发展；各项内容相互联系，容易发挥整体效应，便于师生教与学；分量相对较小，有利于减轻学生负担。但其缺点也在于综合。由于把繁杂的内容糅合在一起，弄不好会顾此失彼，条理不清，线索不明，混乱芜杂，成为“大杂烩”。

分编型教材能够较好地弥补合编型教材的不足。它的长处就在于分编，各种内容按各自的系统编排，头绪分明，系列清晰，严整而有条理。内容较丰富，文化含量高，训练力度大，学生从中可以多方面受益。其缺点也在于分编，由于各种内容自成系统，各自为政，相互之间往往缺少照应和联系，不利于相互渗透、协调发展。如果教师同时教两种以上的教材，需要自己挖掘教材之间的联系，从而加重教师的负担。学生学两种以上的教材，往往负担太重，不胜其烦，不堪其苦。

显然，这两种类型教材的改革方向很明确，即应各自吸取对方的长处，克服自身的局限性，尽可能互相渗透，找到综合与分编的平衡点。目前使用的分编合册的编排方式，在某种程度上就找到了这种平衡点。就合编型教材来说，要使各部分内容保持相对独立，自成系统，所谓“合则相互为用，分则系列清楚”。第一，要找准各部分内容的结合点。或用语文能力，或用人文主题，关键是要找准这个结合点，真正能把各部分内容整合在一起。第二，正确处理各部分内容之间的关系，使之协调与均衡。各部分内容应有主有次，或以阅读为主，或以写作为主，或以知识技能为主，要有所依据，安排适当，使之和谐。第三，从横向来说，各部分内容联结在一起；从纵向来说，各部分内容又自成系统，纵横交错，构成一个整体。就分编型教材来说，要使各个系列的内容尽可能互相补充，相辅相成。比如文学与语言，即使是文学欣赏，也应突出作品的语言因素，首先是欣赏语言。文学与语言不仅不是对立的，而且能相互促进。又如文言与白话，二者相同之处甚多，学习文言联系白话，既有利于学习文言，又有利于学习白话，应使二者协调发展。又如阅读与写作，阅读现代思辨类文本、实用类文本、文学类文本和文言文，这些阅读都要与写作训练结合起来，比如可以安排扩写、缩写、改写、续写训练，可以写读后感、读书报告、读书评论、随笔等。我国现行的中小学语文教材，除高中选修教材以外，基本上都是综合型教材。这也是造成教材同质化倾向严重的主要原因，以后可以尝试或鼓励编写分编型教材。

整套教材在确定是合编还是分编以后，接着就要考虑用什么编排线索把合编或者分编的内容贯串成一个整体。这是第二步工作。按编排线索分类，大体上有以下五种编排类型。

知识主线型 以语文知识为线索，把整套教材串联在一起。这种教材的特点：一是知识比较系统，在全套教材中能够形成一个序列，成为教材的主体；二是语文知识统领教材各部分内容，引导读、写、听、说等语文实践活动。

方法引导型 以学习方法为线索，把整套教材整合在一起。这种教材的特点：一是学习方法自成系统，单元安排有序，便于学生学习把握；二是用学习方法统领教材各部分内容，有利于学生在读、写、听、说等语文实践中运用这种学习方法，形成语文关键能力。

技能训练型 以技能训练为线索，把各个部分连贯成一体。这种编排形式突出了语文的工具性，有利于学生提高语文关键能力。

人文主题型 以人文主题为线索，使全套教材各个部分成为一个有机整体。这种编排形式追求工具性与人文性的统一，有利于学生融会贯通地学习语文，使知识、技能和情感态度、价值观协调发展，整体提高语文素养。

活动板块型 以活动板块为线索，各板块相对独立，也没有前后顺序。这种教材给教师提供了更大的发挥空间。教师可以根据教学条件和学生情况，灵活安排学习内容和进度，可以利用教科书的范例，自行设计练习形式，也给学生开辟了更为广阔的自主学习天地。

上述五种编排类型，各有利弊，都需要改革。其中知识主线型的改革尤为迫切。应精选能够作为“先导”的知识，形成序列，用精要、好懂的语言加以表述，引导学生在言语实践中归纳、梳理与积累知识。方法引导型应精选学习方法，形成系列，用精要的语言加以阐述，引导学生在言语实践中正确运用学习方法，最终形成适合自己的学习方式。由于学生具备一定语文基础后再学方法容易见效，这种编排类型主要适用于中学教材。技能训练型目前基本上已经不再采用，但语文课程标准还主张“注重基本技能的训练”。其实，只要还需要技能，技能训练就是不可或缺的，技能训练型教材仍有其生命力。只是除技能训练以外，还应兼有过程与方法、情感态度与价值观的培育。人文主题型是现行语文教材普遍采用的编排类型，但部分人对这种编排方式责难颇多，原因在于它过于青睐人文性，而怠慢了工具性，导致学生语文能力下降。显然，以人文主题为主线，必须同时兼顾语文素养，包括语言建构与积累、思维发展与提升、审美鉴赏与创造、文化传承与理解。活动板块型教材目前只有德国的一种，其板块类似于我国教材中的专题学习或综合性学习，要求教师发挥创造性，根据当时当地的条件改编教材，教师成为教材编者。虽然显得过于超前，但活动板块型教材的编写理念仍值得借鉴吸收。

2. 单元编排方式。

单元的编排是由整套教材的编排所决定的。单元编排要正确处理单元内容各要素之间的关系和呈现方式。大致说来，有以下三种类型。

多元组合型 即确定一定的知识和能力训练点，配以适当的范文，编入相应的作业练习，把读、写、听、说等内容组合成一个整体。这种单元编排，一是要有整体观。在纵向上，以知识和能力训练点确定学习目标；在横向上，把学习语文知识、掌握学习方法、进行语文训练、提高语文素养整合在一起，形成具有整体效应的“集成块”。二是要以恰当、明晰的教学目标为核心，把各项内容组合成一个整体。三是要以知能转化为依归，按照知能转化的要求设计教材。

主题-情境型 根据学生的身心发展和生活实际来确定语文学习主

题，而情境则是围绕主题设计的一系列语文实践活动的背景。这种单元的主体不是课文，而是语文实践活动，课文只是作为引发阅读活动的材料。其长处，一是把语文实践活动置于情境之中，缩短学生与教材之间的距离，便于激发学生的学习兴趣；二是依据情境呈现学习内容，便于加强语文与生活的联系；三是便于师生在语文学习中开展平等对话，也便于开发语文课程资源，使语文学习内容丰富多彩。

专题型　专题型单元具有以下优点：一是综合性，体现为语文知识的综合运用，听、说、读、写能力的整体发展，语文课程与其他课程的有效沟通，书本知识与生活实践的紧密结合；二是实践性，联系学生生活中的实际问题开展语文学习活动；三是自主性，重视学生积极主动参与的精神，主要由学生自行设计和组织活动，注重自主学习；四是探究性，从培养创新能力着眼，力求开放、多元、跨领域、跨学科、跨媒介，构建富于创造性的广阔空间，有利于学生建构探究的语文学习方式。

多元组合型是单元编排的传统类型，但自新课改以来事实上已被教材编者所摒弃。其实，多元组合型自有其长处，不宜一概抛弃。如果把作为单元目标的知识点和能力训练点改为项目，围绕项目编排单元内容，尽可能把知识与能力、过程与方法、情感态度与价值观结合起来，同样能够进行科学的语文技能训练。主题-情境型在提高学生语文运用能力上饱受诟病，而语文技能训练正是多元组合型的强项，可以吸收其优点，突出工具性。当然，专题型教材单元在实施过程中，应注意克服泛语文、去语文的弊端。

理想的单元编排类型应具备以下四个条件：一是注意设计情境。这种情境最好是生活中的真实情境。但是生活情境不可重复，不能搬进教室，教科书只能虚拟生活情境，关键是要想方设法使虚拟的情境与真实的生活情境尽可能一致。二是注重遴选话题。怎样把头绪纷繁的内容组织成一个集成块，是单元编排成败的关键。应选准话题，使其有利于听、说、读、写等种种内容的融会贯通，使整个单元成为一个有机整体。三是注重制订程序。单元编排要注重制订语言运用实践活动的程序，说明做什么，怎么做，达到什么目的，切实引导学生有计划、有步骤地开展语言运用实践活动。一个单元实际上是一次语言运用实践活动的操作程序说明书。

四是扩大空间。以语言运用实践活动为主体，立体、多元地安排单元内容，引导学生在生活的广阔天地里学习运用语文，随时随地学习语文、运用语文，成为具有较高语文素养的现代公民。

四、对语文教材编写机制的思考

笔者1994年从中国社会科学院研究生院语言系（即语言研究所）博士研究生毕业后，即到人民教育出版社工作，主编过多套人教版初中、高中语文教材，亦做过语文教材研究，参与过国家社科基金课题“中小学语文教育改革研究”，任子课题“语文教材研究”负责人；主持过北京大学语文教育研究所科研课题“中学语文教材研究”，自然对人民教育出版社及语文教材的编写机制有一些思考。

（一）关于人民教育出版社

人民教育出版社是一家以研究编写中小学教科书为主要业务的专业出版社，成立于1950年，至今已有68年历史。首任社长兼总编辑是著名教育家、文学家，时任教育部副部长的叶圣陶。在长期的计划经济时代，国家历次基础教育课程改革，包括课程计划的制订、教学大纲的研制、教材的编写，以及教师的培训等工作，实际上都是由人民教育出版社具体组织实施的。它既有出版、发行的功能，又有其他出版社所没有的研究编写教材、培训教师的功能。所以，1983年，为了适应对外交流的需要，教育部成立了课程教材研究所，与人民教育出版社合署办公。大多数出版社的图书出版首先是策划选题，然后约请作者（有的是作者自动投稿），书稿交到出版社，出版社进行编辑加工、出版发行，基本上是“来料加工”的性质。而人民教育出版社的主要产品都是靠自主研发出来的。换句话说，这里的编辑，既是书稿的编辑，又是书稿的作者，所以，人民教育出版社作为一家专业出版机构，具有“前店后厂”的性质。另外，人民教育出版社还有培训教师、组织相关教研活动的工作职能，这也是一般出版社所不具备的。

（二）关于教材编写机制

中小学教材既要体现民族文化，又必须体现国家意志。2016年，中央决定，道德与法治、语文、历史三科教材将实行国家统一编写、统一审查和统一使用。国家对语文教材的要求更高了，语文教材所承担的责任更大了。面对新的问题、新的挑战，语文教材的编写必须转变观念，主动作为，大胆改革，开拓创新。

1. 组建一支高水平的教材研究编写队伍。

语文教材实行统编后，有必要组建一支高水平的专业化语文教材研究编写队伍，能够真正代表国家最高水平。必须按照政治立场坚定、专业造诣深厚、教学经验丰富、熟悉教材建设规律的要求组建教材编写队伍，把好入口关。其中既要有以高校为主的专家学者队伍，又要有长期从事语文教育研究和语文教科书编写的专业人员队伍，还应吸收一部分一线优秀语文教师和教研员参加。这样，才能保证语文教材编写既有较宽阔的汉语、文学、语文教育学的学术视野，又符合当前我国中小学语文教学的实际需要。每一个编写环节，都要力求充分发挥各自的优势，集中大家的意见，精诚合作，集思广益，同时注意广泛征求和吸收社会各界尤其是意识形态、民族宗教、国家主权等领域的专家对语文教材的意见和建议。在具体的编写过程中，应从调查研究入手，认真分析时代和社会对新一代公民在语文素养方面的期待和要求，借鉴国外母语教育的经验，结合我国中小学语文教学的实际，研究我国当前语文教学的特点和存在的主要问题，调查当今中小学生在语文学习方面的兴趣、实际需要和主要困难，以及我国现阶段中小学语文教师的师资状况，使语文教材编写做到守正出新，既注意继承我国语文教育和语文教科书编写的优良传统，又体现国家对语文教育教学改革的基本要求。

2. 充分发挥专职教材编写队伍的优势。

在由计划经济向市场经济转变的转型期，语文教材研究、编写、出版发行和使用环境（包括外部社会环境和内部工作环境）都发生了根本性的变化。人民教育出版社作为一家具有 60 多年历史的教育出版社，在中小学语文教材编写出版方面的优势，主要表现在以下几点：

第一，科研先行的工作机制，即语文教材的编写开发建立在比较扎实的科学研究基础上。

第二，有一支具有一定水准的研究编写队伍。人民教育出版社涉及语文教材编写的编辑室，有小学语文、中学语文、对外汉语及少数民族汉语教材编辑室，拥有一支经验丰富的教材编写队伍。教材编者不仅具有一定的专业基础，也有一定的教学实践经验，还经常参加相关语文教育教学研讨活动。人民教育出版社与中国教育学会各专业委员会保持密切联系，每年都要拨出专项经费资助其开展工作，因而通过小学语文教学专业委员会、中学语文教学专业委员会这两个平台，与一线中小学语文教师保持密切联系。

第三，有一套相对完善的研究编写机制。从教材结构体系到选文的确定、助读系统的设计，都要经过反复研究讨论后才能确定，要求有一套相对严格的教材研究编写工作程序。人民教育出版社具备这样的编写机制。

第四，相对完善的教学辅助配套系统和教师培训机制。为了配合新课程实施，解决教师教学中的困难，人民教育出版社研究开发制作了包括录音带、录像带、电子光盘在内的电子音像资料，编写有学生课外自读课本、教案、学案、同步练习等教辅材料，还有用于语文教师发展提高的自修读物等。另外，还通过人教网、期刊、试教通讯、教师培训、试验课题等手段为教师教学提供服务。

（三）关于理想的语文教材

要建立、健全有助于提高语文教科书研究编写质量的工作机制。从队伍的组建，到编写质量的审查，都需要吸收各方面力量，开展广泛而深入的调查研究，征求社会各界，包括语言学、文学、教育学界的专家学者，特别是一线教师、教研员和学生的意见和建议，不断完善教科书的内容，对师生反映较大的问题及时调整。建立语文教材的编写、审查工作机制。目前，语文教材正处于新旧替换时期，教材进入相对稳定期以后，怎么进一步提高教材编写质量，建立一套更加灵活务实的教材编写机制，就是非常重要的事情了。

笔者认为，理想的语文教材应该具有以下特征。

（1）首先是要让学生通过阅读语文教材，逐渐热爱我们中华民族的母语，热爱祖国的语言文字，最大限度地激发学生学习语文的兴趣，使学生满怀激情地学习语文，得心应手地运用语文，充满乐趣地享受语文，进而热爱中华民族的优秀传统文化。宋文翰在《一个改良中学国文教科书的意见》(1931)中说:“教材是用以达到目的的工具，其选择标准，应以儿童是否有兴趣与需要为定;因为兴趣与需要可以吸引学生的注意，而增加教学的效能……这可以拿两件事为证:(一)凡为学生感觉有趣或需要的必为学生所注意，一经学生注意，必定于教学时会发生一种反应;(二)凡为学生所注意的文字，时能引起其爱好心，教材中的语句常被采用到文课中去。”[1]

(2)有利于全面提高学生的语文核心素养，打下比较扎实的语言、思维、文学、文化方面的知识基础，形成较强的语文应用能力(识字写字能力、阅读能力、写作能力和口语交际能力)、一定的审美能力和探究能力，具有良好的语感，能够正确理解和运用祖国语言文字。

(3)有利于发挥语文课在育人方面的独特功能,通过文质兼美的选文,让学生受到人文素养方面潜移默化的熏陶和感染，为学生打下良好的精神底子。

(4)还应该有利于促进语文教师专业素养的提高，为教师的不同发展方向提供更大的施展空间，有助于语文教师教学个性的形成，使语文教学的过程成为他们享受美好人生的过程。

[1] 宋文翰. 一个改良中学国文教科书的意见[M]//李杏保，方有林，徐林祥. 国文国语教育论典(下). 北京：语文出版社，2014：462-463.

第三节 教学实施

教学是一种实践性活动，教师素养也只有在教学实践中才能得到逐步积累、发展和提高。现在教师的学历大大提高，越来越多的硕士、博士加入中小学教师队伍。但我们也必须清醒地认识到，学历并不等于能力。据说著名数学家陈景润当年大学毕业后，到北京某中学教数学并不受学生欢迎，后来调到中科院数学所，其特长才得以充分发挥，成为著名数学家。这些年来常有博士、博士后到中学任教，他们也有很长一段时间不适应，这种现象不足为奇。相反，不少名师学历并不高，但他们勤于学习、善于实践，很受学生欢迎。于漪说："学历水平不等于岗位水平。""教要教在学生不知道的地方，教在他似懂非懂之处。""备课要'目中有人'。"当然，全国各地教育教学情况千差万别，教师素质有高有低，教育环境与条件各异，学生情况不同，显然难定于一尊。笔者虽有在中小学从教的经历，但时间既短，感受也肤浅。虽也经常观摩名师课堂，但毕竟浮光掠影，难窥全豹。这里只能就自己研读语文先贤的相关论著、观摩语文名师课堂教学的体会，从语文教学的指导思想、教师如何使用教科书、树立语文工具论意识等方面谈谈自己的看法。

一、语文教学的指导思想

1. 教师的"教"要服务于学生的"学"。

衡量一名教师的教学成效，主要不是看教师自己的知识有多么丰富，学识有多么渊博，读了多少书，研究的学问多么高深，口头表达能力有多强（这些当然都有助于语文教学），关键还是要看学生的语文关键能力和核心素养有没有真正得到提高，提高的速度是不是多快好省，教学效果是不是明显。陶行知曾分析过教师和学生之间既对立又统一的关系，提出"教学合一"主张。1925年，陶行知到南开中学做演讲时，听从张伯苓校长的建议，将"教学合一"改为"教学做合一"，主张教师变"教授法"为"教学法"，教学过程要充分体现"教学生学"，教师要为学生学习“服务”。陶行知说：“第一，先生的责任不在教，而在教学，而在教学生学……第二，教的法子必须根据于学的法子……第三，先生不但要拿他教的法子和学生学的法子联络，并须和他自己的学问联络起来。”“教学做合一的理论不是不要书；它要用的书的数目之大，比现在的教科书要多得多。它只是不要纯粹以文字来做中心的教科书，因为这些书是木头刀切不下菜来。过什么生活用什么书。做什么事用什么书。不用书，或用书而用得不够，用得不当，都非教学做合一的理论所允许的。”[1]

2. 善于激发、引导，让学生动起来。

教学，就是教学生学。教师应想方设法激发学生学习的积极性，充分调动他们的主动性、创造性，引导他们走进语文的世界，走进祖国语言文字，走进汉语文学优秀作品，在中华民族母语的美好意境中领略、欣赏语文。胡适在《中学国文的教授》(1920)中谈到“教授法”时，曾提出五条注意事项：“(1)千万不要在课堂讲书。(2)学生应该自己预备指定的功课，自己查字典，自己加句读。(3)课堂上做的事有三种：a. 质问疑难；b. 讨论内容；c. 教员引申这篇文章的意思，加以材料。(4)提倡自己看书。(5)注重句读的分析与章节的解剖。”[2]胡适在这里谈的，虽然“千万不要在课堂讲书”不无偏颇，但总的意思是不错的，那就是要让学生主动地学，让学生真正动起来。至于讲不讲，讲什么，讲多少，怎么讲，可以根据不同学生的需要来确定讲的不同的内容和方法。

3. 注意学生不同年龄心理特点。

中小学语文教学的目标应是一致的，即都是要提高学生的语文关键能力，培养阅读、写作、口语交际能力，发展学生的思维能力。所不同的只是学段的差异。但具体到小学、初中、高中不同学段，学生情况又有不同，他们的语文基础、对语文教师的期待也各不相同，甚至家庭背景、朋友圈，都会对其语文学习态度造成影响。语文教学要发挥更大效益，必须研究学生，根据他们的不同年龄心理特点，因势利导，因材施教。

---

[1] 陶行知. 教学合一[M]//李杏保，方有林，徐林祥. 国文国语教育论典（上）. 北京：语文出版社，2014：164-174.

[2] 胡适. 中学国文的教授[M]//李杏保，方有林，徐林祥. 国文国语教育论典（上）. 北京：语文出版社，2014：184.

4. 重视语文实践活动。

中小学生学习语文，除课堂有效教学、课外大量阅读以外，还需参加社会生活实践。不同学段的学生参加社会生活实践的内容和形式不一样。比如小学就可以多用游戏法。赵欲仁在《小学国语科教学的三种新趋势》（1930）中说：“儿童是具有游戏本能的。国语科的学习，最近很多利用游戏方法，使儿童在活泼愉快的活动里，把阅读、发表、书写的能力，自然地发展开来。我们如果披阅新出教育书报，关于识字游戏、默字游戏、阅读比赛、作文比赛等试验报告的文章，一定有很多可以接触到。游戏是手段，发展各种能力是目标。等到各种能力发展到相当的程度时，游戏的色彩，便一天一天地减少下去。低年级采用设计教学法，高年级采用问题教学法，分别的枢纽，便在此。”[1]他还举了一个因势利导练习作文的例子：

有一次，某地的教育会请某校举行成绩展览会。学生们得到了消息，都兴高采烈地写信去邀请来宾。后来开过了会，许多来宾大多写信来致谢，当时学生把来信讨论研究后，又决定各人写一封复信。学生两次写信，十分郑重，十分努力。这样练习，非常有意义，关于信的格式，在不知不觉中学习应用，没有勉强的痕迹。如果在特定时间，研究练习这种机械式的书信格式，不但学习时索然无味，而且时过境迁，实际需用时，反而完全忘却了。[2]

胡适认为：“作文的时间不必多，两星期一次足够了。平时应该鼓励学生作札记、写长信、办报。写的长信、札记、报纸文字，都可以代课艺；但学校出题目的课艺切不可在报纸上发表。”[3]

5. 重在点拨、启发与诱导。

不少老师习惯于给学生讲语文知识，包括语言知识、文学常识和文化常识，其实这是本末倒置的做法，教师的作用主要应在点拨、启发与诱导。正如罗庸在回忆其国文教师王老师时所说：“文学的功用本在陶冶

[1] 赵欲仁. 小学国语科教学的三种新趋势[M]//李杏保，方有林，徐林祥. 国文国语教育论典（下）. 北京：语文出版社，2014：459.
[2] 同[1] 444.
[3] 胡适. 中学国文的教授[M]//李杏保，方有林，徐林祥. 国文国语教育论典（上）. 北京：语文出版社，2014：185-186.

性情，最低的限度也应该知能并重。现在有些中学国文教师似乎只在灌输文学知识，甚至不惜以村言俚语取媚于学生，作文技术的训练尚且不注意，‘身教’更谈不上了。行与学离，学与文离，师弟相渎，教学交弊，天下所痛之事无有过于此者！在这里，我想，我们的王老师实在是最好的模范。”“有些教师似乎以能使学生抄黑板为得意，不知假令移黑板上的字为讲义，则他在讲堂上还能做点什么。我们的王老师是不大写黑板的，但同学们未尝感到空虚，反倒以为那些是材料，应该自己翻书的，不应耗费上课的时间。”[1]

批改作文不仅能显示出一个语文教师的功力，而且具有身教胜于言教的作用。罗庸在《我的中学国文老师》中说：“批改作文也是一套专门的学问，善改文者必须有点铁成金的手段，决不损伤原文，所以有时改一篇比作一篇尤难。有些教师改文并不顾及原作，只是添加一两段自己的话；有些人却又懒得改，只是胡乱圈圈点点，加一个‘清顺’或‘明通’的批。这种批改对学生毫无用处……我们的王老师真是善于改文，有时只增减一两个字便风神顿异；但这也不是容易事，必须教师自己的文章作得好，才能得心应手，勉强是作不来的。改卷的书法对学生的影响也很大，假如教师的字写得工整匀齐，学生先不敢存一个轻视的心，对于改笔，必须注意；否则潦草模糊，学生知道教师无诚意，自然轻师废学，不求进益，结果必致两败俱伤。”“凡事必无幸致，要学生好必须教师自己好，尤其是国文课，真是‘诚之不可掩如此夫’的。教师如能反躬自责，充实光大，则无形中‘身教’的收获，必较‘言教’为多，不必空谈教学法，而教学法自有水到渠成之妙。”[2]

6. 培养语感。

陆俭明在《语文教育的一个目标是培养语感》（2017）一文中，从语文教育的任务出发，认为应注重培养学生对汉语书面语的语感。他指出：

关于语文教育的任务，以下三项似得到大家的认可：一是帮助学生学习、掌握好汉语书面语，以逐步培养提高学生全面综合的语文素养与

[1] 罗庸. 我的中学国文老师[M]//李杏保，方有林，徐林祥. 国文国语教育论典（下）. 北京：语文出版社，2014：727-728.
[2] 同[1] 729.

能力。二是让学生获得一定的文学素养，并逐步养成以健康的审美情趣和文化品位来鉴赏文学艺术作品。三是使学生不断受到真善美的教育与熏陶。

这三项任务最后是否完成，其衡量的标尺具体在阅读与写作两方面。阅读包括读和听，这是“输入”，要能达到不断增长新知，不断提高鉴赏力，不断接受真善美的效果。写作包括写和说，这是“输出”，文字和话语要能达到文从字顺、言之有物、条理清晰、言简意赅、得体到位。

怎样才能使学生具有这样“输入”“输出”的能力？

我们考虑，其前提条件是对汉语特别是汉语书面语有丰富的语感。因为，只有掌握了书面语，孩子才能不断地接受包括历史文化、科学技术和思想品行在内的高素质教育……在语文素养上，能自如地、高水平地“输入”与“输出”，靠的是语感——凭语感能感知说话、文字之高下好坏，能不但知其然还知其所以然，能知道如何纠错，能知道如何画龙点睛……这种语感并不是主观揣摩，而是对语言感性认识与理性认识的结合。语文教育的目标，应该定在培养学生对汉语特别是对汉语书面语的丰富语感上。

那么，怎样培养学生的语感呢？陆俭明进一步明确指出：

我们在引导学生阅读、朗读、写作的同时，需适当讲解。但这种讲解，得少讲甚至不讲理论，少做知识性的介绍，重在对课文进行恰如其分的点拨，以帮助学生在积聚语感的基础上，能体会到好文章之妙处，能体会到如何根据文章主题和上下文情景选词炼句。总之，老师的讲解，一定要讲出文章所具有的精妙之处，起到点拨、启迪的作用，让学生恍然大悟、茅塞顿开。

要让我们的孩子能有较好的语文素养、较强的语文能力，要让我们的孩子能传承中华文化，不是单靠给他们讲大道理所能达到的，就得阅读和背诵一定量的古今中外名篇，就得养成读和写的习惯。

建议在小范围内进行语文改革试验，将小学语文课一分为二——“国文”和“写作”。国文课，就是读经典、学写字；写作课，写白话作文，看白话故事。这样既能打好扎实的语文功底，同时接受中华优秀传统文化。

当然，该读哪些经典文章与段落，得好好讨论。[1]

二、教师如何使用教科书

叶圣陶说："教科书，工具也，工具自当期其尽善，而如何使用工具，以达到所悬之目标，则视工具尤为重要。"[2]"课本是一种工具或凭借，但不是唯一的工具或凭借。"[3]教材编出来是供教师在教学中使用的，但教材毕竟只是一个工具，是被动的，而使用教材的教师却是主动的。对于教科书这个工具来说，如何使用比工具本身更重要。那么，对于语文教师来说，尤其是青年教师，语文教材应该如何使用呢？

（一）用教材教语文，不是教语文教材

范祥善在《国文教授革新之研究》（1918）中说："善用教科书而不为教科书所用。教科书，死物也。教授国文舍而弗用固不可，用之不当其害立见……故以教科书为文字之借径则可，以儿童为教科书之奴隶则不可。"[4]叶圣陶说："教科书好比一张旅行的路程单，你要熟识那些地方，必须亲自到那些地方去旅行，不能够单单记住一张路程单。"[5]教材只是教学的线索或路程单，语文教师必须树立一种观念，用教材教语文，而不是教语文教材。

1. 课程不等于教材。

语文教学大纲或课程标准对语文学科的课程性质、基本理念、设计思路、课程目标、教学内容及实施建议等都做了规定，是教材编写、教学实施、教学评估和考试命题的重要依据。但是，课程并不等于教材，教材只是课程的一部分。课程不只是课程标准、教学计划、教材等"文本课程"，更是需要教师与学生教与学的"实践课程"。拿语文课程来说，它不仅仅是汉语知识、文学知识、文化知识和文体知识的载体，也不仅

[1] 陆俭明. 语文教育的一个目标是培养语感[N]. 光明日报，2017-04-30.

[2] 董菊初. 叶圣陶语文教育思想概论[M]. 北京：开明出版社，1998：382.

[3] 叶圣陶. 如果我当教师[M]//叶圣陶. 叶圣陶集：第11卷. 南京：江苏教育出版社，2004：131.

[4] 范祥善. 国文教授革新之研究[M]//饶杰腾. 民国国文教学研究文丛：总论卷. 北京：语文出版社，2016：85-86.

[5] 叶圣陶. 读教科书不是最后目的[M]//叶圣陶. 叶圣陶集：第12卷. 南京：江苏教育出版社，2004：102.

仅是阅读、写作、口语交际能力训练的载体，而是要在教师的引导下，学生在阅读鉴赏、表达交流的语文实践中，感受中华母语的博大精深，打下精神底色的过程。

2. 教材不等于教学内容。

叶圣陶说："教学不能不从课本入手，可是绝不能限于课本里的语言文字，课本里的语言文字原是实际的反映，必须通过它而触及实际的本身。"[1]教学需要教材，但又不能局限于教材。教材不是教学的全部内容，教学内容应该远远大于教材的内容。语文与生活的外延相等，生活中处处有语文，适合用作语文教学的材料是广泛的、丰富多样的。中国传统语文教育的一个成功经验，就是"多读多写"，读写结合。当然我们也要讲究多快好省。但要想学好语文，就必须鼓励学生多读书，把课内学习与课外学习结合起来。学生如果只死守着一本语文教科书，哪怕再加上一些教材详解、练习册之类的教辅书，那也是学不好语文的。

3. 教材不可能适用于所有学生。

编者在编写语文教材时，固然会力求把课程标准的相关内容和要求具体化，但正所谓"百密一疏"，这一"疏"就表现为不能适用于所有地区、所有学校的所有学生。教材充其量只是提供了一条教学的线索或凭借。编者只是按照自己对课程标准和对语文学科的理解编制教材，不可能全面地考虑到不同地区、不同学校、不同班级或不同学生的实际需要。教材所编选的内容是否合适，助读系统是否合用，这些都需要经过教学实践的检验。教材只是提供了"教学素材"，没有也不可能告诉我们"怎样教"。想要用这些"教学素材"烹制出一道道语文教学的美味佳肴，就需要发挥教师的人文素养、专业功底、教学艺术与教育智慧的作用。

（二）使用语文教材要具体分析

首先，不同学段的教材，其使用的方式、方法不同。比如，小学、初中、高中的教师，面对不同年龄、学段的学生，他们对语文教材的感受不同，对语文老师的期待和要求不同，教材的使用方式、方法当然也就不同。

其次，语文教材的编法不同，教师使用教材的方式、方法也不同。比如，

[1] 叶圣陶. 教师怎样尽责任[M]//叶圣陶. 叶圣陶集：第11卷. 南京：江苏教育出版社，2004：223.

综合型教材和分编型教材对教师的要求就是不一样的，使用起来当然也不一样。一般说来，综合型教材难编，但教师使用起来相对比较容易掌握，也比较容易推广。分编型教材需要教师做出取舍和进行综合，使用难度相对较大。正因为难度大，对教师的要求高，因而有利于教师的专业发展。如诺贝尔文学奖获得者莫言说，他的文学之路得益于20世纪50年代那一套汉语、文学分科教材，当时他还小，他看到的是他哥哥用的那套教材。语文名师程红兵也说他曾得益于周正逵主编的人教版重点高中语文实验教材。

再次，语文教师的基本素养和教学能力不同，使用教材的方式、方法也会不同。魏书生曾要求学生在开学之初，对新发下来的全套初中语文教材进行分析，画出"语文知识树"。假期里让学生通览下学期的教材，写清生字表、生词表、单元文章分布情况、知识短文，统计习题种类及类别，分析书后附录等[1]。还有不少语文名师都曾自己动手编教材，如上海的段力佩、辽宁的欧阳代娜、江苏的洪宗礼、北京的沈心天、四川的颜振遥、浙江的王尚文等，在语文界传为佳话。正如叶圣陶在《语文教学二十韵》（1962）中所说：

教亦多术矣，运用在乎人，孰善孰寡效，贵能验诸身。
为教纵详密，亦仅一隅陈，贵能令三反，触处自引申。
陶不求甚解，疏狂不可循。甚解岂难致？潜心会本文。
作者思有路，遵路识斯真。作者胸有境，入境始与亲。
一字未宜忽，语语悟其神，唯文通彼此，譬如梁与津。
学子由是进，智赡德日新。文理亦畅晓，习焉术渐纯。
操觚令抒发，二事有可云，多方善诱导，厥绩将无伦。
一使需之切，能文意乃申，况复生今世，交流特纷纭。
一使乐其业，为文非苦辛，立诚最为贵，推敲宁厌频。
常谈贡同辈，见浅意殷勤。前途愿共勉，服务为新民。[2]

[1]《新中国中学语文教育大典》编写组. 新中国中学语文教育大典[M]. 北京：语文出版社，2001：1128-1129.
[2] 叶圣陶. 语文教学二十韵[M]//中央教育科学研究所. 叶圣陶语文教育论集（上册）. 北京：教育科学出版社，1980：7.

（三）要善于创造性地使用教材

叶圣陶说："教材只能作为教课的依据，要教得好，使学生受到实益，还靠老师的善于运用。""如果不得其法，只照着课本宣讲，学生很可能什么也得不到。"[1]张志公也说："教师不是纯然处于被动状态使用教材，而是能动地使用它……教材终于产生什么样的效果，在相当大的程度上取决于教师怎样使用它。"[2]

1. 整合。

整合即对教材整体把握，融会贯通，要求教师由"教学准备"到"教材研究"，研究教材"为什么"这样编排，具有怎样的"学理"依据，在摸清"教情"与"学情"的基础上，确定适合自己的教学策略。

（1）前后衔接。即注意前后不同学段的联系。比如，七年级教师不妨看看学生在小学阶段都学了什么，学得如何，还存在哪些不足，他们在八年级将要学些什么。这样胸有全局，瞻前顾后，才能明确教学目标、内容，确定适当的教学方法。

（2）左右联系。即教科书内部各学习要素之间的联系。语文教科书的编制，从教学内容来说，包括阅读鉴赏和表达交流；从呈现方式来说，是一篇篇选文（例文）和助学系统；从教学目的来说，是要培养学生的语文关键能力和核心素养。教师要善于把这些必备知识、关键能力和学科素养加以整合，统筹考虑，融会贯通。

（3）内外沟通。即语文学科与相邻学科的沟通。比如，语文与英语、历史、地理、信息技术等学科都具有天然的联系与密切的关系。教师要树立"大语文"观念，善于沟通语文学科内外的联系，基于学科，超越学科，贴近时代，面向社会，立足现实。始于课堂，走出课堂，融入社会生活。需要教师具有深厚的专业基础，更需要其具有广博的学养根底和丰富的教学智慧。

2. 取舍。

取舍就要求教师在读懂教材，明确"教什么"的基础上，对教材内容"有

---

［1］叶圣陶. 关于探讨教材教法的几点想法［M］//叶圣陶. 叶圣陶集：第11卷. 南京：江苏教育出版社，2004：306.

［2］张志公. 张志公文集：第5卷［M］. 广州：广东教育出版社，1991：50-51.

所为有所不为”。教材的内容只是就一般情况的“抽象”，而不可能考虑到一个个的“具体”，不可能照顾到教师所教班级的每个学生的具体情况。这就需要教师发挥自己的能动性、主动性与创造性，根据不同学生的“学情”特点，确定适当的教学内容，选用合适的教学方法。教材上的内容并不是都要教给学生，教师要研究哪些内容是学生通过自读能够完全理解，哪些内容需要同伴之间相互启发才能逐渐解决，哪些问题确实需要教师讲解或点拨才能解决，以便有的放矢，因材施教。

3. 补充。

教师不仅是教材的使用者，更是课程的创造者和开发者。所以，教师不只是教材的被动使用者，更应该成为教材主动的建设者和编制者。教师对教材“补苴罅漏，张皇幽眇”[1]，也是创造性使用教材的重要一环。不少高明的老师常常在教材之外，还自己动手给学生补充一些学习材料，或推荐一些阅读篇目。教师通过研究教材的选择与制作，确定给自己的学生补充哪些内容，与教科书中已有的内容做因势利导的相关链接。至于补充的内容，则需要教师平时有针对性地积累和选择，可以是自己阅读、写作或参与其他社会实践的理解与感受，也可以从影视、网络等多媒体得到启发，还可以是学生感兴趣的话题。只要教师明确了语文教育课程理念，意识到自己在语文课程中能够做些什么，可以做些什么，愿意做些什么，并有自己的教学思想，自然会对“用什么来教”有更深刻的理解与把握。

4. 纠错。

对于教材的编者来说，当然首先要有高度的责任心、严谨求实的态度，力求教材尽量少出差错，最好不出差错。但教材也是人编出来的，是人都会犯错。事实上，完全没有差错的教材是很少见的，只是差错的多少问题。那么，如何对待教材中可能出现的错误呢？

第一，要有实事求是的精神，取其精华，去其糟粕，既不盲从，也不怀疑一切，“是其是而非其非”。“尽信书则不如无书”，任何教材都有局限性甚至错误，教师不能盲目地迷信教材，发现错误后，应向学生指出，

[1] 出自韩愈《进学解》。

不能刻意回避，更不能以讹传讹，把错误的知识教给学生。

第二，还要分清所发现的错误是不是真正的错误，如果确实是教材的错误，不管是科学性错误，还是语言表达上的不规范，正好可以用作“反面教材”，没有必要遮掩搪塞，强词夺理。当然，也应注意避免把古诗文作品不同版本造成的文字歧异，或教材所用的不同解读误认作错误。

总之，教师使用语文教材，要以培养和提高学生正确理解和熟练运用祖国语言文字的关键能力和核心素养为目的。用教材教语文，而不是教语文教材。课文无非是个例子，教是为了达到不需要教。要善于创造性地使用教材。

三、树立语文工具论意识

洛寒在《不要把语文课教成文学课》（1963）中说：“语文课究竟应该怎样进行教学呢？我认为应该明确，语文是一种工具，要按照学习掌握工具的规律进行教学，也就是说，要真正把语文课教成语文课。掌握任何一种工具，都必须从最简单的技能学起，扎扎实实地下功夫。掌握语文这个工具也不能例外。”“在中小学语文教学中，必须突出识字、写字、阅读、作文这四个方面的基本训练。在教学方法方面，要认真吸取我国传统的教学经验。”“总之，要本着教人掌握工具的态度来教语文，要教育学生多下基本功，同时要严格要求，树立勤学苦练的风气。”[1]

在新课程实施初期，因为语文课程标准指出“语文是最重要的交际工具，是人类文化的重要组成部分。工具性与人文性的统一，是语文学科的基本特点”，老师们对工具性自然已耳熟能详，但对人文性究竟该怎样落实，尚不清楚，不知道应该怎样在课堂上贯彻人文性教学目标。2003 年在大连举行的全国性中学语文课堂教学大赛上，笔者承乏担任高中组评委，观摩过一名老师上《赤壁赋》。这名老师从苏轼的身世，讲到他的各方面成就，从哲学思想、书法绘画讲到文学成就，甚至对东坡肘子、东坡肉都做了详细介绍，但一堂课下来，就是没有让学生读课文。在总

[1] 洛寒. 不要把语文课教成文学课[M]//顾黄初，李杏保. 二十世纪后期中国语文教育论集. 成都：四川教育出版社，2000：341-343.

结评课时，除肯定这名老师积极学习新课改理念以外，笔者也指出这节课一味追求人文性，忽视语文能力基本训练，即工具性不足的缺陷。其实，培养学生正确理解和运用祖国语言文字的能力是中学语文课最重要也是最基本的任务。不能因为过去语文教育存在某些偏颇，就否定或削弱语文课的工具性。不能把工具性与人文性对立起来，二者应该是辩证统一、相辅相成的。教学中，要注重培养学生的阅读、写作和口语交际能力，即教会学生熟练掌握和运用祖国语言文字这个基本的交际工具，培养学生的语文运用能力和语感。在落实好语文工具论教学目标的基础上，适当用好用足语文课本的选文，引导学生走进文本，用古今中外的优秀作品发挥语文课在育人上的功能，提高他们的思想认识、道德修养、文化品位和审美情趣，培养创新意识和创新能力，提高人文素养，发展健康个性，形成健全人格。温儒敏说，要为语文课减负，减轻语文老师和学生的心理负担，不要把什么东西都交给语文课来承担。如果把人文性搞得很玄乎，工具性又不明确，不敢理直气壮抓基本训练，那么情况会很糟[1]。

张志公在《说工具》（1963）中曾举过一个例子。三名教师教同一个成语“破釜沉舟”，用了三种不同的讲法。第一种讲法是：“破釜沉舟”表示坚决的意思。做事一定要坚决。无论做什么，只要是正当的、应该做的事，就必须抱定只许前进、不许后退，只许胜利、不许失败的决心，只有这样才能取得成功。如果前怕狼后怕虎，工作还没有开始就准备好失败的退路，碰到一点困难就向后转了，那样一定不会成功。当然，前进的目的必须正确。在这一点上，古人和我们不同。由于时代的局限，古人，尤其是封建统治阶级，做事的目的在今天看来很多是成问题的。下定决心做好事是应当的，如果坚决做坏事，那就不应当了。

第二种讲法是：“釜”就是锅，“舟”就是船。“破”和“沉”都是动词。“破釜”是“使釜破”的意思，也就是把锅砸碎；“沉舟”就是“使舟沉”的意思，也就是把船凿沉。这种用法的动词叫作“使动词”。釜是做饭的家具，古代叫“釜”，现代叫“锅”；舟是水上运输工具，古代叫“舟”，现代叫

[1] 温儒敏. 温儒敏论语文教育[M]. 北京：北京大学出版社，2010：32.

“船”。这是古今词汇的演变。像古代叫“冠”,现代叫“帽子”,古代叫“履”,现代叫“鞋”,都是这种情形。曹植的《七步诗》里有“豆在釜中泣”的句子,柳宗元的《江雪》里有“孤舟蓑笠翁”的句子,这里的“釜”和“舟”跟“破釜沉舟”里的“釜”和“舟”意思相同。

第三种讲法是：项羽渡河进攻秦国的军队，渡河之后，把造饭的锅砸碎，把船凿沉，断了自己的退路，以示有进无退的决心，终于把秦军打败了。后来大家就用“破釜沉舟”这个成语表示下定最大的决心，不顾任何牺牲的意思。[1]

应该肯定，这三名老师的语文基本修养都很好，讲的内容也都是正确无误的。第一名老师重在突出思想教育，而且讲到今天如何看待古人的思想，但是没有注意到“破釜沉舟”这个成语本身，新课改以来不少所谓落实人文性教学目标的课大约类此。第二名老师只注意了“破釜沉舟”这个成语本身，突出了汉语知识教学，但这名老师却忘了这个成语所负载的思想内容。可以说，这两种讲法都没有落实语文工具性的教学目标，不符合语文工具论的要求。第三名老师既讲了“破釜沉舟”这个成语的来历，又讲到“破釜沉舟”这个成语的意思，最重要的是讲到现在怎样运用这个成语，工具性与人文性兼顾，而且言简意赅，要言不烦，这才是语文的讲法，符合语文工具论的教学要求。当然，用一个成语来说明语文工具性教学，可能还不十分确切，不过可以作为参考。

关于阅读教学,张志公曾提出三个原则,即“语言—思想—语言”“整体—局部—整体”“语文—生活—语文”。在笔者看来，如果能在阅读教学中贯彻落实这三个原则，也就能大致落实语文工具论的教学目标了。

第一，语言—思想—语言。

就是说，首先把语言文字弄清楚，从而进入文章的思想内容，再从思想内容走出来，进一步理解语言文字是怎样组织运用的。从一篇文章来说，思想内容与语言文字是统一的，也就是过去常说的“文道统一”。我国著名美学家朱光潜认为，语言与思想是同时成就的，“思想是实体，语文是投影。语文有了完整的形式，思想绝不会零落错乱；语文精妙，

[1] 张志公. 说工具[M]//张志公. 张志公语文教育论集. 北京：人民教育出版社，1994：21-22.

思想也绝不会粗陋”[1]。洪堡特也说：“没有一种思维，即使是最纯的，能不借助于我们的一般感性形式而进行，只有在这些感性形式中我们才能理解和把握住思维。”[2]所以，在阅读教学中，必须把二者有机结合在一起，才能使学生既提高了语言文字运用能力，又受到思想感情的熏陶。1986年颁布的《全日制中学语文教学大纲》在“教学中应重视的问题”中指出：“语文训练必须重视思想教育；思想教育必须根据语文的特点，渗透在教学的过程中，起到潜移默化的作用。”[3]1992年颁布的《义务教育初中语文教学大纲》进一步提出，阅读教学要因文悟道，因道悟文，潜移默化，熏陶渐染，循环往复。2000年颁布的《全日制义务教育语文课程标准（实验稿）》明确指出，语文教育要重视情感、态度、价值观的正确导向，“应该注重熏陶感染、潜移默化，把这些内容贯穿于日常教学中”。那种离开语言文字架空分析课文思想内容的倾向，显然是违背语文教学规律的，也不符合语文课程标准的要求。

其实，离开语言文字架空分析课文思想内容的倾向，早在20世纪30年代就已存在。朱自清曾在为《文心》写的序中指出：“读的方面，往往只注重思想的获得而忽略语汇的扩展，字句的修饰，篇章的组织，声调的变化等。”“只注重思想而忽略训练，所获得的思想必是浮光掠影。因为思想也就存在于语汇、字句、篇章、声调里；中学生读书而只取其思想，那便是将书里的话用他们自己原有的语汇等重记下来，一定是相去很远的变形。这种变形必失去原来思想的精彩而只存其轮廓，没有什么用处。”周振甫在《文章例话·仔细理会》中也指出：“有一个时期，中学老师讲语文课时，强调这课书的主题或主旨是什么。因此学生对课文的主题或主旨可以讲得头头是道。可是学生对于课文中较难理解的字或句子却不懂，那么他所讲的主题或主旨，不是从理解整篇课文中得来的，而是从老师那里听来的。因此，这个主题或主旨还不能够跟全篇中有些不懂的话联系起来，那样读书就不是朱熹说的仔细理会，而是他所说的‘空言

[1] 朱光潜. 文学与语文（上）：内容、形式与表现[M]//李杏保，方有林，徐林祥. 国文国语教育论典（下）. 北京：语文出版社，2014：841.

[2] 方智范. 语文教育与文学素养[M]. 广州：广东教育出版社，2005：169.

[3] 中华人民共和国国家教育委员会. 1986年全日制中学语文教学大纲[M]//《新中国中学语文教育大典》编写组. 新中国中学语文教育大典. 北京：语文出版社，2001：447.

无实，不济事’。”教一篇课文，当然要引导学生透彻地把握全篇思想内容，并且从中获得精神上的提升、感情上的熏陶，不这样做显然是不行的，然而办法只能是引导学生逐字、逐句、逐段读懂文本，通过语言文字进入作品，才能让文章的思想内容教育感染哺育学生。教一篇课文，要突出工具性，就必须引导学生从语言文字学起，积累文中的字、词、句、段，培养语感，增强语言能力，不这样做也是不对的，然而办法只能是引导学生理解、感悟课文的思想内容，在这个过程中学习到字、词、句的运用。换言之，就是在“语言—思想—语言”原则下，强调语言与思想的结合，才能落实语文工具论的教学目标。

第二，整体—局部—整体。

张志公说：“看一篇文章，先读一遍，得其大要，再读，才知道文字结构层次的安排，又读，才能体会哪些词、句子用得准确生动，从而对全文的理解也就加深了一步。也就是说，理解的全过程是从大到小，从整体到局部，又从小到大，从局部到整体，走这么一个来回。”[1]一般来说，由于文化背景和思维方式的不同，就阅读理解一篇文章来说，一般而言，我国以善于整体把握著称，西方以善于局部分析见长。但也不是绝对的。我国古代也有注重局部分析的主张，西方有的阅读理论也注重整体把握。问题在于，整体把握与局部分析各有利弊，应该使二者有机地结合起来，使它们优势互补，兴利除弊。如果只强调语文的工具性，离开文章整篇的思想内容，去孤立、烦琐、机械地讲词义，讲句子结构，搞局部的所谓训练，不仅使学生无法把握整篇文章的思想内容，而且使其连语文工具也掌握不了。在封建社会，有些人读书，只是死抠一字一句，不能融会贯通，不能把握文章主旨，最终寒窗苦读数十载，成为一窍不通的“冬烘先生”。新课改一强调人文性，不少老师又走向另一个极端，不敢搞字、词、句的局部训练了。实际上，整体—局部—整体这条原则的要义在于，局部的字、词、句、段的训练，要从整篇文章出发，最后归结到整篇文章，这个“局部”不是要不要的问题，而是怎么实施的问题。事实上，局部训练得越彻底，越有利于学生把握整体。它是不可缺少的，关键是要始

[1] 顾黄初. 顾黄初语文教育文集外集（上）[M]. 南京：江苏教育出版社，2013：416.

终把它置于整体之中。叶圣陶在《〈孔乙己〉中的一句话》（1941）中阐释了《孔乙己》里“孔乙己是这样的使人快活，可是没有他，别人也便这样过”这句话的含义。文章最后说：“有些人说语体文没有什么讲头。像这里提出的《孔乙己》中那句话，单调明白，当然更没有什么讲头。殊不知如果把那句话轻易滑过，就会毫无所得。细心研读，却有以上几层意思可说（而且未必就此说尽）。从这几层意思看，就会明白那句插进去的话并不是可有可无的，它在结构上是必要的，在作用上是能够增加效果的。”[1]像这样联系整体做局部分析的例子，在许多教师的课堂教学实录中，可以说屡见不鲜。语文教学不能丢弃这个优良传统，只有通过随文灵活、科学的局部训练，才能使学生更深入地理解整篇文章的思想内容；只有把握了整篇文章的思想内容，才能进一步理解和正确运用相关字、词、句。在这循环往复、不断加深的过程中，使学生的语文素养得到提高。

第三，语文—生活—语文。

这里说的生活是广义的，包括人与社会、人与自然、人与自身等诸多方面。语文来源于生活又服务于生活，语文学习的外延与生活的外延相等。学生读一篇文章，从根本上说，是由于生活的需要；在阅读中，要凭借自己的生活体验和原有知识与作品对话，构建作品的意义；阅读的收获，又提高了自己的生活品位和言语能力。因此，阅读自始至终离不开生活。夏丏尊、叶圣陶在《文心》（1934）中指出，读书贵有心得，关键是联系生活，在“触发”上下功夫。“所谓触发，就是由一件事感悟到其他的事。你读书时对于书中某一句话，觉到与平日所读过的书中某处有关系，是触发；觉到与自己的生活有交涉，得一种印证，是触发；觉到可以作为将来某种理论说明的例子，是触发。”可见，这里的“触发”其实就是探究性阅读、创造性阅读的第一步。有人主张以“人文性”替代“工具性”，强调学生的自身生活体验在阅读中的决定作用，摆脱在语言文字上被动的、机械的、烦琐的训练。其实，如果能够站在语文联系生活的角度处理阅读教学，这个目的完全可以达到。语文联系生活，要求学生

[1] 叶圣陶.《孔乙己》中的一句话[M]//叶圣陶. 中国现代作家选集：叶圣陶. 北京：人民文学出版社，1985：53-54.

在阅读中充分发挥能动性，以自己的生活体验和知识积累积极主动地与文本对话，创造性地建构文本意义；绝不“只从文字去学文字”，而是把文字看作是生活的反映，结合生活学习文字，以生活的标准衡量文字优劣。这比教学中只是强调人文性要有效得多。

张传宗在《语文学科理论的两个“基本”和三个“带动”》中说：

整个语文教学，包括课堂里进行的系统语言教学以及课外语言学习活动和校外的语言实践，都应该从两个“基本”出发，以两个“基本”为出发点，还必须回到两个“基本”，把语言文字作为落脚点。这主要就是强调实实在在把正确理解和具体运用祖国语言文字工具的能力都培养好。

语文教学的教学内容是丰富多彩的，编选在语文课本里的一篇篇文章大都是从古到今的中外名家名作。有大量的文学作品，如诗歌、散文、小说和剧本，有不少科学文艺作品、描述名胜古迹的游记，还有一些反映当前改革创新的通讯报道以及立意新颖用语精辟的议论文等。这些都是语言教学的范例，学生不但能从中学好和用好现代汉语，并具有阅读浅近文言文的能力，还能在思想品德方面受到熏陶感染和潜移默化，在文学方面受到教育，增强美感和审美能力，在知识方面又能扩大眼界，更多地了解自然和社会。这些优秀作品通过语言教学的三个“带动”，进入语文学科的教学体系，各自进行相关的思想教育、文学教学或者科学文化知识教学，使语言教学内容更为丰富多彩。这是整个语言教学所不可缺少的，也促进了两个“基本”和三个“带动”自然融合在一起。[1]

对于语言教学总的教学原则，张传宗认为：

以语言教学为基础和核心的整个语文教学（包括课内、课外和校外），都必须引导学生从语言文字出发，领会所表达的思想意义、艺术形象和科学文化知识，再回到语言文字，进行严格的语言训练，深入体会和学习这些深刻的思想意义、生动的艺术形象和丰富的科学文化知识是用怎样优美的语言文字来表达的，并从中受到一定的思想教育、文学教育和知识教育。这样才能把语言文字的知识和能力真正学到手，为学以致用奠定坚实的基础。[2]

[1][2] 张传宗. 语文学科理论的两个“基本”和三个“带动”[J]. 课程·教材·教法，2017（4）：55-59.

第四节　考试评价

人们常说："高考是基础教育的'指挥棒'。"要真正落实语文工具论的教育理念，还必须在考试评价，尤其是在中考、高考命题中体现工具论的要求。再好的教育理念，如果没有评价体系导向的支持与引领，其效果必然大打折扣。必须在语文考试评价和语文能力考查方面深入研究，落实到对学生语文阅读写作能力的考查上，才能使考试评价的内容和形式改革更好地体现语文工具论的要求。

高考是我国特有的教育考试制度。从历史上看，我国古代经过"策问""察举""九品中正制"之后，到隋唐时期逐渐形成科举考试制度，并一直延续到清末。1952 年我国开始实行全国统一高考。"文化大革命"期间，废除高考制度，实行工农兵推荐上大学，结果造成我国人才断层、教育质量滑坡。1977 年，在邓小平的推动下，我国恢复了中断 11 年的高考制度，被认为"挽救了我们的民族和国家"，"改变了一代人的命运和前途"。我国高考制度恢复 41 年来，大致经历了摸索阶段（1977—1982）、成型阶段（1983—1987）、调整阶段（1988—1993）、稳定阶段（1994—1998）、新课改阶段（1999—2003）、开放阶段（2004—2006）、课标改革阶段（2007 年至今）[1]，已经形成了一套完整的人才选拔制度。

高考涉及面广，政策性强，意义重大，影响深远，社会关注度高。不仅关系到高校选拔合格的新生，更对中学教学有着直接影响。高考为国选才，推动着教育改革与社会进步；高考激扬梦想，凝聚着几代人的集体记忆与个人情感，饱含无数家庭的汗水与欢声笑语。高考目前在中国，不仅是一次举国大考，更是社会热点、社会焦点。高考在我国有着特殊意义，关系着广大人民群众的切身利益，关系着国家社会的和谐稳定。高考改革往往牵一发而动全身，所以高考改革也一直遵循"稳中求变""稳中求新"的原则。

[1] 北京天利考试信息网. 1978—2010中国高考真题全编语文[M]. 拉萨：西藏人民出版社，2010：前言.

我国基础教育实行新课改以来，教学内容和能力培养目标都发生了较大变化。在这样的背景下，深入研究语文高考的考试内容与形式、途径和方法，推进考试内容改革，科学设计考试内容，强化素养立意，加强能力主导，进一步提高命题质量，发挥语文“以文化人、以文育人”的教育功能，必须贯彻语文工具论的考查理念，加强考试内容的基础性、综合性、应用性，才能切实履行高考“有利于高校选拔新生，有利于中学实施素质教育”的使命，落实教育立德树人的根本任务。

2016 年，教育部相关部门先后公布了中考改革指导意见和 2017 年高考《普通高等学校招生全国统一考试大纲》（以下简称《考试大纲》），引起广大教育工作者乃至社会各界热议。那么，为什么要出台中考改革指导意见和修订《考试大纲》？我国考试改革的指导思想是什么？这将给未来语文中考、高考带来什么样的影响？换句话说，未来语文考试考什么、怎么考，成为广大语文教师和其他语文教育工作者密切关注的热点话题。

一、语文考试改革的背景

《国家中长期教育改革和发展规划纲要（2010—2020 年）》提出：“深化考试内容和形式改革，着重考查综合素质和能力。”党的十八大确定了我国教育改革的根本任务是“立德树人”，十八届三中全会决定提出教育领域深化改革的目标是推进教育现代化。其中，考试招生制度改革是推进教育现代化的重要内容。决定指出：“逐步推行普通高校基于统一高考和高中学业水平考试成绩的综合评价多元录取机制，探索全国统考减少科目、不分文理科、外语等科目社会化考试一年多考。”2014 年，国务院颁布《国务院关于深化考试招生制度改革的实施意见》（以下简称《实施意见》），为我国新一轮中考、高考改革指明了方向。

中考连接着义务教育和高中教育，既是对义务教育阶段学习成果的检验，也是对高中阶段实现学生分流的重要手段。因此，中考改革必须考虑以下因素：一是要与高考改革步调一致，因为在我国现阶段，高考对基础教育仍具有指引作用。二是要考虑我国基础教育新课改的实际，扬长避短，兴利除弊。新课改以来，不少地方在初中毕业生学业水平测试、综合素质评价、高中招生录取等方面进行了积极探索，积累了有益经验，值得总结推广。但是，高中招生录取还存在若干弊端，如唯分数论，影响了学生全面发展；考试内容偏重机械记忆、重复训练，加重了学生负担；一些加分项目不合理，影响了教育公平；等等。三是要主动适应我国未来大力发展职业技术教育的趋势，普通高中与职业技术高中大体相当，根据学生意愿，让不同的学生接受不同的高中教育。

关于高考考试内容改革，《实施意见》明确提出要“依据高校人才选拔要求和国家课程标准，科学设计命题内容，增强基础性、综合性，着重考查学生独立思考和运用所学知识分析问题、解决问题的能力”。按照这一思路，我国新一轮高考改革近几年一直在有序平稳推进：2014 年“拿图纸、出方案”，制订高考考试内容改革方案，决定部分实行分省自主命题的省份逐步改用全国卷。2015 年“打基础、抓施工”，高考命题强调“一点四面”。“一点”即立德树人，“四面”指社会主义核心价值观、中华优秀传统文化、依法治国和创新精神。2016 年“调布局、克难点”，大多数省份高考使用全国卷，成功实现“一纲多卷”的平衡过渡。2017 年已初步建立起“一核四层四翼”的高考评价体系。

语文教育在一个人的全面发展中具有重要地位，不仅关系到学生的终身发展，也是学生继承和弘扬中华优秀传统文化的主要途径。社会整体的语文素养关系到国家的软实力和文化自信。语文考试改革无疑要体现我国教育考试改革的基本原则和主要精神。

二、语文考试改革的指导思想

2016 年 9 月 20 日，教育部发布《教育部关于进一步推进高中阶段学校考试招生制度改革的指导意见》，指明了中考改革的原则、目标和内容。总的原则是“坚持育人为本，促进学生德智体美全面发展，培养兴趣爱好，为学生进一步发展打好基础”。“让学生选择适合自己的高中阶段教育。”“为学生创造平等升学的机会。”“坚持科学规范，遵循教育规律和学生成长规律，使学、考、招有机衔接，减轻学生过重课业负担。”改革目标是“到 2020 年左右初步形成基于初中学业水平考试成绩、结合综合素质评价的中考招生录取模式”。主要内容包括推行初中学业水平考试，完善综合素质评价，改革招生录取办法等，将学生的思想品德、学业水平、身心健康、艺术素养和社会实践等纳入评价要求，力求反映学生的全面发展情况和个性特长，注重考查学生日常行为规范养成和突出表现等。

我国高考改革在考试内容改革方面提出了新的考查理念，完成了考试内容的整体设计和科学构建，形成“一核四层四翼”的高考评价体系，从顶层设计层面，回答了高考“为什么考”“考什么”“怎么考”的问题（如图 4-2 所示）。

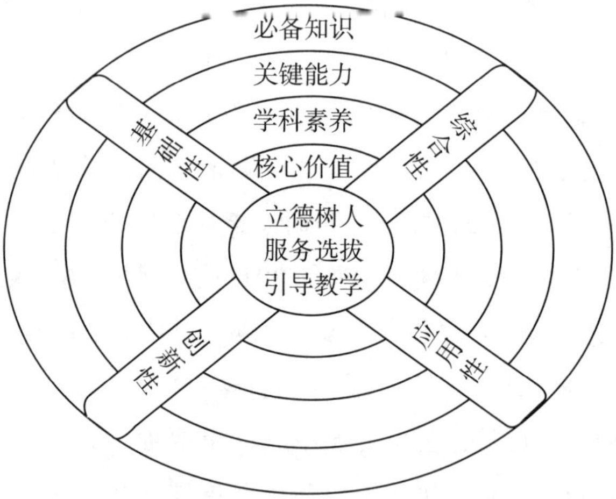

图 4-2

所谓“一核”，指高考评价体系，代表着我国现阶段高考改革的核心立场。“立德树人”是我国教育改革发展的根本任务；“服务选拔”意味着高考的基本功能是服务于高校选拔合格新生；“引导教学”则是希望对中学教学发挥正确引导作用，实际上是要解决高考的功能定位即“为什么考”的问题。“四层”指“必备知识、关键能力、学科素养、核心价值”四个层级的考查目标，实际上是要解决高考考试内容即“考什么”的问题。“四翼”是指“基础性、综合性、应用性、创新性”，作为高考的价值导向和考查要求，实际上是要解决“怎么考”的问题。

“四层”表现在语文上，要求必须结合语文核心素养和《普通高中语文课程标准（实验）》设定的语文高考考查目标。语文是母语学科，语文学科的“必备知识”应指学生在知识储备中的基础性、通用性知识，体现语文学科的工具性目标，如语言文字、文学审美、人文素养等，这是高中生今后进入大学学习及终身学习必须掌握的，绝不能离开语文知识空谈语文能力培养。“关键能力”既包括识字写字能力、阅读鉴赏能力、表达交流能力等语言文字运用能力，也包括逻辑思维能力、独立思考能力、分析问题和解决问题等创造性能力。“学科素养”要求学生能够在不同场合和情境下，综合运用所学语文知识和技能处理实际问题的基本素养，包括语文学习的适当策略、正确方法和良好习惯，对祖国母语的崇敬与热爱，丰富的想象力和强烈的创新欲望等语文综合素养。“核心价值”则要求学生能在语文知识积累、语文能力培养和语文素养形成的过程中，逐步树立正确的核心价值观，体现语文高考立德树人的使命，增强学生的社会责任感，充分发挥高考的育人功能和价值导向作用。

“四翼”则是从国家人才强国战略出发，结合高校人才选拔需求提出的要求。既是对未来发展所需应用型和创新型人才的基本要求，也是高校选拔合格新生的共性需求。“基础性”要求学生具备适应大学学习或社会发展需要的基础知识、基本能力和基本素养，包括全面合理的知识结构、扎实灵活的能力要求和健康健全的人格素养。“综合性”要求学生能够综合运用语言、文学、文化知识，思想方法，多角度观察、思考，发现、分析和解决问题。“应用性”要求学生能够善于观察现象、主动灵活地运用所学语文知识分析和解决实际问题，学以致用，具备较强的理论联系实际能力和阅读写作实践能力。“创新性”要求学生在阅读和表达方面具有独立思考的能力，具备批判性和创新性思维方式。创造力的基础是要站在前人的肩膀上用自己的头脑思考。

《考试大纲》是依据高校人才选拔要求和国家课程标准制定的，既是高考命题的标准，也是高三学生复习备考的依据。新修订的2017年《考试大纲》，努力贯彻落实新一轮高考考试内容改革的精神，结合学科特点和核心素养的要求，完善考查目标和考试内容，增强科学性和规范性。与以往相比，语文《考试大纲》最大的变化是文学类文本阅读与实用性文本阅读由选考改为必考，增加对古代文化常识相关内容理解能力的考查要求。针对少数民族考生的汉语文《考试大纲》增加文言文、传统节日、民俗等内容。这些修订，显然是为了满足高校选拔合格新生的要求，与教育部最新颁布的普通高中语文课程标准保持一致，同时结合语文学科特点和语文核心素养的基本要求，加强对信息筛选能力、审美鉴赏能力、分析与解决问题能力的考查力度，符合高校对合格入学新生必备知识、关键能力、学科素养和核心价值的要求，也符合现行《普通高中语文课程标准（实验）》在必修课程中“能阅读论述类、实用类、文学类等多种文本”的要求。

三、美国ACT测试的启示

1.ACT考试及ACT公司概况。

ACT考试是“American College Test”的简称，为“美国大学入学考试”，由美国ACT公司主办，其成绩为美国3000余所高校（包括常春藤名校）及英国、加拿大、爱尔兰、澳大利亚、新西兰等英语国家所认可，也是各校发放奖学金的重要依据之一。ACT考试与美国大学理事会（College Board）主办的SAT考试（Scholastic Aptitude Test）并称为“美国高考”，一向为人所看重。

ACT公司专门从事针对学生综合能力测试标准的科研、命题、测评与数据分析等，其宗旨为“帮助人们取得教育和职业发展的成功”。经过近60年的发展，现已成为在世界范围内具有广泛影响力的独立非营利性测评机构。ACT公司为140多个国家提供学习、考试与评价服务，其产品覆盖小学、初中、高中、大学与职业发展，致力于世界范围内的教育、人才培养、劳动力及经济发展。

2.ACT考试的主要理念。

（1）重视实用与创新。

在阅读测试中，ACT考试非常重视实用与创新，强调考查学生运用所学知识解决实际问题的能力，包括解决方案、程序及具体步骤等，如要求“对一座废弃仓库如何使用，给镇长写一封信，陈述自己的解决方案”。有时话题也不限于学校，但会与学生的生活息息相关，比如“高中生边看电视边玩电脑是否会影响日常学习与生活”。ACT考试过去比较强调用自己的观点说服读者，现在更强调多种观点的比较和交流，要求学生将自己的观点与文中所给的几种观点加以对比，进行有逻辑、有支撑的论述。

有的提供同一主题的两段文本，可以是两个作者的，也可以是同一作者的两篇文章。文中的观点可以相似，也可以相反，通过比较阅读，考查学生整合文中信息的能力。有的要求学生从一个新的角度对文本所述的内容进行界定。有的则需要打破固定思维，重新组合，从而体现创造性。

ACT 考试的写作题目设计，主要考虑三个方面的因素：一是贴近生活，创造真实语境；二是针对复杂问题，激发学生从不同角度探讨；三是符合美国课程标准的要求。如“随着机器在很多领域取代人的作用，我们渐渐损失了什么，比如礼貌、尊重和宽容”，“智能机器人会使人受到什么影响？”，等等，要求简单明了，简约而不简单。

（2）强调考查批判性思维。

批判性思维（critical thinking），又称“审辩式思维”。批判性思维能力是基于充分的理性精神和客观事实进行思考与评价的能力，包含质疑、反驳、比较、鉴别、判断的过程，即通常所说的独立思考能力，其核心在于分析与论证，能运用已有知识解决实际问题。因此，批判性思维能力是创新的基础，甚至被看作是推动未来知识社会前进的动力。

ACT 考试在强调考查学生掌握学科内容的基础上，考查其判断推理和独立思考的能力，考查的形式既可以把批判性思维融入阅读中进行考查，也可以直接考查批判性思维的具体运用。比如，有的题目在设计时就留有某种论证上的缺陷，要求考生发现并补充修正；有的则直接以证据为中心设计写作任务，如针对“教育对每个人都是公平的”这一观点，要求考生描述一种情景进行反驳。“文本材料所提供的观点有什么不足，你的观点是什么”之类的题目，不仅要求学生提出自己的观点，还要阐明理由和论据。至于所提观点可以与材料一致，也可以不一致。

（3）注重试题的公平性与导向性。

美国是个移民国家，考生来自不同的国家和地区，种族、民族、宗教、信仰各有不同，ACT 考试面向全世界不同国家和地区的考生，要求试题必须尊重所有群体，避免某些特定群体可能因觉得受到歧视，而影响他们答题。选材既要避免给考生带来负面影响，也尽量避免出现诸如车祸、父母离异、性之类的话题。另外，试题选材也强调导向性，注重传递正能量，尽量反映人类社会中美好的感情，如感恩、爱，尽量避免不好的情绪，如贪婪、复仇等。

（4）注重命题程序与技术规范。

经过长期研究与命题实践，ACT 已逐渐形成一套严格的命题流程与技术规范。每道题都需要通过严格的设计、试测、分析、校准，以提高试题的效度、信度和区分度，确保测量的准确性、有效性和可靠性。所选文本，可以是已发表的文章，也可以请人专门撰写。前者一般用于阅读题的命制，后者则只用于英语考试，约占三分之一。选已发表的文章，优点是能够保证试题质量，效度和权威性较好，缺点是不能灵活修改，如需修改，必须得到原作者的许可。命题专家设计好题目后，还要请审题专家审阅并打分，4 分为最好，3 分的需要进一步打磨，2 分的则不能使用。

3. 中美高考母语测试之比较。

对比中美高考母语学科的测试，可发现有同有异。其中相同的地方，比如都是由专业考试机构组织，都具有相当的权威性，公信力强，影响力大，具有明确的选拔目的等。但不同之处也很明显，主要表现在以下几个方面。

（1）测试性质不同。

ACT 考试只是作为高校录取的依据之一。因为美国除了 ACT，还有 SAT[1]，而且其成绩在各州各高校录取时所占的权重也不一样。相比而言，中国高考语文测试权威性强，影响也更大，在高校录取中所占权重大，尤其是全国卷，对中学教学的导向性更加突出，社会对试卷的关注度、认可度也更高。

（2）考查理念不同。

ACT 公司重在考试和学习评价领域的权威性，提供个性化测评和学习体验，整合解决方案和一体化服务，包括不同学习阶段教学和标准配套的测评、作业系统，甚至包括视频、游戏和学习计划等。ACT 考试是以考查学生核心学术能力为主的标准化大学入学考试。中国高考则坚持立德树人、服务选拔、引导教学的核心立场，考查内容为必备知识、关键能力、学科素养和核心价值，试题则更加强调基础性、综合性、应用

[1] Scholastic Aptitude Test，是由美国大学理事会主办的考试。

性和创新性。

（3）考试内容与形式不同。

ACT 考试共 215 道题，总分 36 分，考试时间为 175 分钟。其中英语 75 题，45 分钟；数学 60 题，60 分钟；阅读 40 题，35 分钟；科学 40 题，35 分钟；另有写作（选作）1 题，40 分钟。其中，科学是将高中物理、化学、生物等内容整合在一起，题目较为灵活，考查学生对相关知识的掌握与推理能力。由于国情不同，ACT 考试没有对古代英语与民族传统文化的考查，写作也只是选考（尽管名校一般都要求有写作成绩）。中国高考目前多数地方仍是实行“3+X”科目设置，即语文、数学、外语和综合科目（文综 / 理综）。语文学科试卷更加重视全面考查学生的语文核心素养，其中阅读 70 分，占 44%（现代文阅读与古代诗文阅读各 35 分，各占 22%）；表达 80 分，占 56%（语言文字运用 20 分，占 16%；写作 60 分，占 40%）。强调对中华优秀传统文化素养的考查，对考生语文综合素养尤其是阅读写作能力的考查更加全面，也更加细致。

（4）命题组织机制与关注点不同。

ACT 考试在命题流程上比较科学，对评分环节的指导也比较细致。比如，他们制订了详细的《命题指导手册》，对命题范围、考查内容、题目形式、指导语、命题流程、评分标准、评分误差控制，以及对命题人员的要求，都规定得比较详细，便于操作。评分标准包括观点分析、结构论据、论证过程和语言表达。命题人员需参与阅卷评分人员的培训等。中国高考命题依据教育部统一颁布的《考试大纲》《考试说明》《命题手册》，题目命制更多的是靠命题教师多年积累的经验。评分则由各省（区、市）考试机构自行组织，包括阅卷评分人员的培训基本上也是各自组织的。

4. 对我国高考语文测试的启示。

（1）语文学习显得更加重要。

ACT 考试中的英语科目相当于我国高考语文试卷中的“语言文字运用”，主要考查语法、修辞，包括词语的增删与调换，关键词语的选择，文章的修改和编辑等。阅读包括人文科学、社会科学、自然科学和文学。即便是数学和科学，也不是单纯考查数学、物理、化学、生物等方面的知识与能力，而是考查怎样运用科学的思维方式解决相关问题，所以

ACT考试中的“科学”又常被翻译为“科学推理”。所不同的是，阅读试题只考查考生的阅读能力，不涉及背景知识。科学试题虽涉及相关学科知识，也主要考查学生运用科学思维方式解决问题的能力。有的考查对文章写作目的的理解；有的要求阐述作者的立场或观点；有的要求提取文中的关键信息，分析作者使用的论据；有的涉及对词义或语境的理解；有的则要求找出文中的关键语句。这些考查与我国语文教育强调语文学科的工具性、基础性、综合性，语文学习必须注重读写训练等价值导向是完全一致的。

（2）客观题与主观题的比例问题。

ACT考试以客观题为主，主观题为辅。其中英语、阅读、数学、科学全部使用客观题，只有写作采用主观题的形式。我国高考语文则以主观题为主，客观题为辅，更加符合我国语文测试的特点。以2017年高考语文《考试大纲》和教育部考试中心命制的全国卷（含Ⅰ卷、Ⅱ卷、Ⅲ卷）为例，全卷共22题，150分。其中客观题14题，48分，占总分的比例不足1/3；主观题8题，102分，占总分的比例超过2/3。应该说，这两种题型各有利弊。一般来说，客观题信度较好，可以采用机器阅卷，效率也高，缺点是题目容易出得零碎，命制难度较大；主观题可检测考生的思维过程，有利于提高考试的效度，缺点是评分误差不易控制，受评卷人主观因素影响大。ACT公司已经意识到，对考生来说，混合题型可能更显公平，所以他们正在研发混合题型。我国考试是否应该进一步减少主观题型而增加客观题型，是否引入混合题型，这值得进一步研究。

（3）选材应更加注重公平。

试题选材要面向所有考生，才能保证公平。所选材料不能使某些特殊群体产生负面情绪，诸如民族、信仰、性别、地域、家庭背景等。由于各种原因，我国东部与中西部、沿海与内地、城市与乡村，甚至同一地区的重点学校与非重点学校之间，都可能存在巨大差异，这些因素都有可能影响考生答题时的情绪和效果。以往的题目在这方面注意不够，今后应高度重视，尽量避免出现诸如容易引发不同区域、层次等公平性问题的内容。

（4）选材应贴近时代、社会现实与考生实际。

ACT考试强调选材的时代性，贴近现实生活，为考生所熟悉等。比如有一道题，列举报纸、广播、电视等媒体的不同功能，让考生判断哪一种传播形式受众更广，并阐述自己的观点。语言、文体要接近现代人的使用习惯，尽量避免选用陈旧过时的材料，尤其要避免取材于公众人物或电影明星的文本。试题指导语要求语言平易，容易理解。特殊信息要加注释。试卷版式设计，左边是阅读材料，右边是题目，类似于批注的排版方式，显然也是为了方便答题。这与我国高考语文测试在选材上强调“三贴近”（即贴近时代、贴近社会现实、贴近考生实际）的原则是一致的，说明我国高考语文的考查理念符合国际测评大趋势，应予以坚持并完善。在当今这个科学技术、社会结构、时尚观念都快速变革的时代，作文题目应进一步突出问题导向，引导考生理性思辨，独立思考，关注社会现实问题。

鲁迅在《拿来主义》中说，我们要“运用脑髓，放出眼光，自己来拿”。对于我们的传统文化如此，对于来自美国的ACT测试更应该如此。中美国情不同，文化教育基础不同，母语测试各有特点。中国是文明古国，也是考试大国，科举考试历史悠久。高考语文经过几代语文教育工作者的不懈努力，从考试内容到考查形式都相对较为成熟，我们应有足够的文化自信、教育自信、语文自信。只是在信息化、全球化、国际化的今天，我们也更迫切需要多与国际同行交流研讨，取长补短，不断充实完善，找到自己的创新发展之路。

四、2017年高考语文改革

2017年全国高考，除北京、上海、天津、浙江、江苏、山东仍实行分省自主命题以外，其余26个省（区、市）均使用全国卷。预计以后将有更多省（区、市）高考使用全国卷。全国卷由教育部考试中心命制，2017年共有三套语文试卷，分别称为Ⅰ卷、Ⅱ卷、Ⅲ卷。其中，Ⅰ卷供安徽、广东、福建、河北、河南、湖北、湖南、江西、山西9个省份的考生使用；Ⅱ卷供甘肃、青海、西藏、黑龙江、吉林、辽宁、宁夏、新疆（含新疆生产建设兵团）、重庆、陕西、内蒙古、海南12个省（区、市）的考生使用；Ⅲ卷供广西、云南、贵州、四川4省（区）的考生使用。三套试题的命制，均严格遵循教育部修订颁布的《2017年普通高等学校招生全国统一考试大纲　语文》，既体现修订后《考试大纲》的精神，同时又尽量保持与往年试题的衔接照应，以体现稳中求新、稳中求变的命题原则。在命题思路上，努力体现立德树人、服务选拔、引导教学的核心立场；在考查内容上，体现基础知识、关键能力、学科素养、核心价值的考查目标；在考查形式上，体现基础性、综合性、应用性和创新性的考查导向。

1. 试卷结构稳中求新、稳中求变。

2017年全国卷3套试题均包括四部分内容:（1）现代文阅读（35分）;（2）古代诗文阅读（35分）;（3）语言文字运用（20分）;（4）写作（60分）。其中，现代文阅读又分为三类，分别是：论述类文本阅读（共3题，9分），文学类文本阅读（共3题，14分），实用类文本阅读（3题，12分）。与往年不同的是，文学类文本阅读和实用类文本阅读由选考变为必考。古代诗文阅读又分为文言文阅读（4题，19分），古代诗歌阅读（2题，11分），名篇名句默写（1题，5分）。6套分省自主命题试卷，整体设计方面与全国卷基本保持一致，并有所调整和创新，形成了各卷标准相对统一而又各具特色的评价特色。

2. 高考语文的价值导向。

2017年全国高考语文9套试卷，特点突出，导向明确，时代感强。从材料选择到试题设计，都很好地贯彻了党的教育方针，坚持正确的政治方向和价值导向，彰显高考立德树人、服务选拔、引导教学的核心立场，注重考查学生的必备知识、关键能力、学科素养与核心价值，考查形式注重基础性、综合性、应用性和创新性，体现了语文学科考查的工具性特点。

高考语文通过选取合适的阅读写作材料，唱响主旋律，凝聚正能量，树立文化自信，不仅是题中应有之义，更是语文学科的优势所在、职责所系。2017年的高考语文试题，以厚重感与鲜活性兼具的材料、新颖而灵动的形式，切准时代脉搏，彰显主流价值观，突出思想性、科学性和公平性，具有很好的育人功能。所选材料多来自报章杂志，涉及面广，贴近学生，聚焦社会热点，展现时代风貌。比如，全国Ⅰ卷作文材料的

“中国关键词”，引导学生正确把握当今中国特色和国际大势，树立正确的世界观、人生观、价值观和文化自信，讲好中国故事，传播中国声音，阐释中国智慧，展现中国魅力。北京卷作文“说纽带”“共和国，我为你拍照”，秉承其一贯的命题立场，即弘扬社会主义核心价值观，引导考生深入认知中华优秀传统文化的生命力，增强民族自豪感和自信心；同时引导考生关注生活，感受生活，思考生活，热爱生活。上海卷作文题“预测”，坚持其注重考查思辨能力的立场，不仅能考查学生的作文水平，而且有利于培养他们的理性精神，增加他们生活中的理性因素。浙江卷作文材料取材于《光明日报》上的一篇文章，人生要读好三本大书，即“有字之书”“无字之书”和“心灵之书”，引导学生把读书、思考与实践紧密结合起来，抒写理性思辨，展现理想信念，表现青春活力，讴歌生命激情，有利于考查学生的独立思考能力和文字表达能力，促进他们的全面发展和人格养成。山东卷作文材料“书店”，通过灵活巧妙的设计，把情感态度、价值观蕴含于对事实现象的客观描述中，不仅呼应了全民阅读、书香社会的时代主题，也反映了追求真善美、提升文化品位的社会氛围。

3. 注重考查中华优秀传统文化素养。

在高考语文中，突出中华优秀传统文化的考查重点，全面彰显文化自信，这不仅是语文科的题中应有之义，更是高考语文的优势所在。如全国Ⅱ卷作文题，选择内蕴丰厚的中华名句来作文，不仅对中华优秀传统文化形成了全程的、全方位的鸟瞰，并且有意识地引导考生关注传统文化的传承不息与递进转化，以大规格、大气魄正面引导考生重视优秀传统文化的历史价值与时代精神。此外，全国卷在古诗文阅读、论述类文本阅读、名篇名句背诵默写及其他题型中也大量采用、渗透优秀传统文化。江苏卷考查适合悬挂在杜甫草堂的对联，让考生找出与丰子恺的漫画里的情境最吻合的古诗句，设题巧妙，创新了考查优秀传统文化的内容与形式。这些努力，必将在很大程度上对基础教育形成积极正面的引导。

4. 实用类文本阅读考查更接地气。

2017年高考语文《考试大纲》对实用类文本阅读的要求是：“阅读和评价中外实用类文本。了解新闻、传记、报告、科普文章的文体基本特征和主要表现手法。阅读实用类文本，应注重真实性和实用性，准确解读文本，筛选整合信息，分析思想内容、构成要素和语言特色，评价文本的社会功用，探讨文本反映的人生价值和时代精神。”随着科学技术的发展，新闻传播媒介多元化，传播手段现代化，新闻对社会和个人的影响越来越大。2017 年高考语文《考试大纲》说明，特意选取有关全民阅读的新闻材料作为“题型示例”，该题选用有关“垃圾分类”的新闻材料考查实用类文本阅读能力，考生能够从容应对。

按照高中语文课程标准对实用类文本的分类，新闻、传记属新闻传媒类，报告属社会交往类，科普文章属知识读物类。自从 2007 年全国卷开始命制高考课标卷以来，实用类阅读一直考传记。科普文章在以前的自然科学论文中也经常出现。2017 年全国卷 3 套试题，实用类阅读均不再考传记，改考实用性更强的新闻和报告。全国Ⅱ卷实用类文本阅读题共有两段材料，材料一《垃圾变资源！这不是魔法，而是垃圾分类》属新闻报道，材料二《垃圾分类应自扫门前雪》属新闻评论，取自新华网和《人民日报》等权威主流媒体，以保证材料的真实性。垃圾分类是当今我们每个人在生活中都需要面对的实际问题，现实感和实用性强。根据命题需要，试题对原材料做了摘编处理。题目命制颇具匠心，不仅有意在难度上与往年试题保持一致，在考查能力点上也只考查学生对材料的理解、分析、综合和评价能力，不涉及鉴赏、探究能力，以使考生能够较快适应高考改革的变化，不至于因选考变必考和文体改变而感觉变化过大。

5. 创新语言文字运用题型设计。

2017 年的语言文字运用在内容和题型设计上都力求创新。全国卷和浙江卷都增设了语言表达得体和逻辑推断等方面的考查，有助于引导语文教学更加强化对学生的语言运用能力的培养。全国卷还将对语言运用能力的考查明确延伸到高考作文的写作要求之中，向中学语文教学释放出了明确而且强烈的信号：语言运用能力是语文学科的关键能力，是学生适应未来大学学习和社会发展需要的基础知识、基本能力和基本素养，也是学生应用所学知识分析和解决实际问题、学以致用的能力基础，是高考评价体系的重要方面。高考语文通过强化对考生语言运用能力的考查，势必对基础语言教学发挥积极的引导作用。这些试题都在考查考生语文素养水平的同时，传递一种考试理念，即要以敬畏之心对待我们中华民族的母语，通过汉语文学之美感受中华文化的博大精深，进而提高全社会的语文素养。

五、语文考试的发展趋势

1. 注重考查考生的综合素质和创新能力。

随着上海、浙江 2017 年试水"新高考方案"，未来高校招生将实行"两依据一参考"的录取方式。"两依据"即高考成绩和高中学业水平考试成绩，"一参考"即综合素质评价。高考语文将重点考查学生是否具有广泛的阅读视野、良好的表达交流能力和深厚扎实的语文核心素养。在试题材料的选择上，也将更加注重语言建构与运用、思维发展与提升、审美鉴赏与创造、文化传承与理解等，从而对中小学语文教学发挥良好的引导作用。

2. 中考将侧重全面考查学生的语文学业水平。

中考将向初中语文学业水平考试的方向发展，进一步强化考查学生对汉语言文字的正确理解和熟练运用能力。我国目前的中考以省或地市为单位组织，多数已实现初中毕业和高中招生"两考合一""一考多用"。未来将逐步实现初中语文学业水平考试，依据《义务教育语文课程标准（2011 年版）》，确定语文考试内容，进一步提高语文试卷的命题质量，单纯记忆、机械训练的内容将逐步减少，与学生生活、社会实际紧密联系的考试内容将增加，注重考查学生的阅读写作能力，实现从对学科知识的全面评价向学习能力的重点测量转变，重点考查学生的综合素质和应用能力，以及综合运用所学语文知识分析问题和解决问题的能力。如"班上准备召开名著阅读经验交流会，分享同学们名著阅读的经验。请以你读过的一部名著为例，写一段话，简要介绍你阅读名著的经验"，"学校校刊准备开辟《走进博物馆》栏目，分享同学们参观博物馆（或纪念馆）的收获。校刊主编向同学们征稿，请你写一篇稿件，简要写出参观某座博物馆（或纪念馆）后，你最大的收获是什么，是怎样获得的"，"请以'读书·实践·收获'为题目，写一篇文章"，像这样的中考题目，都有很好的价值导向。

3. 高考将侧重考查运用语文工具的能力。

高考将坚持能力和素养立意的指导思想，注重考查学生的语文关键能力与核心素养，包括语言文字运用能力、鉴赏评价能力、书面表达能力、创新思维能力和探究能力，突出语文的工具性、基础性、应用性和综合性，重点考查考生运用语文工具的能力。同时，拓展试题材料来源，创新试题设计。在材料选择上，除传统的文字文本以外，也包括图表、数据、非连续性文本等文本形式，考查学生正确运用语言文字的能力，激发其创新思维，引导其树立积极的价值取向，促进中华优秀传统文化的传承，提高学生的审美能力和人文素养。

4. 研究型高校更加注重创新精神和实践能力。

广泛的阅读视野、较强的表达交流能力和深厚的人文素养将成为语文考试的考查重点。研究型高校的培养目标是培养以天下为己任，具有健康体魄与健全人格、独立思考与创新精神、实践能力与全球视野的卓越人才。这些高校在选拔新生时，更加强调学生的综合素质和创新能力。除高中学业水平成绩和高考成绩等智力性标准以外，还要求具备若干非智力性标准。比如，远大的理想、宽广的知识面、敏锐的观察力和深厚的文化素养。对学生来说，要想方设法让自己心仪已久的高校的招生老师了解：我已经接受了良好的基础教育，具有强烈的好奇心、丰富的想象力和旺盛的创新欲望，具有远大的理想抱负、强烈的社会责任感和进一步发展的潜能。而这些在很大程度上都取决于较高的语文综合素养，取决于广泛的阅读视野、较强的思辨能力和语言表达能力。

5. 综合实践活动和学科类竞赛将发挥重要作用。

据媒体报道，某省近年来考取北大、清华的考生中，仅凭裸分录取的只占少数，绝大多数都是凭借自主招生和三位一体招生考取的。自主招生需要考生将自荐材料提交给相关高校，在审查合格后考生还要参加相关高校组织的自主招生考试，包括笔试和面试。三位一体招生包括高中学业水平考试、高考和综合素质评价。高校尤其是研究型高校，录取新生时已逐渐改变唯分数论的观念，不仅仅是看高考分数，更看重学生过硬的全面素质和综合能力，更加强调考查学生的综合素质和创新能力，以及分析问题和解决问题的能力。比如某高校自主招生时就有这样的面试题目:“哈佛大学图书馆墙上写有这样一句话:‘请享受无法回避的痛苦’,谈谈你的理解。”“母语对于学习和掌握一门外语有帮助吗?一个母语很差的人,他学外语能够精通吗?”要回答这类题目,靠“题海战术”训练的应试技巧显然是无法奏效的。近年来部分中学在国家规定课程之外,还注重开设拓展类课程或大学先修计划课程。有的组织开展文学社团、校园读书节、戏剧表演活动,有的组织学生参加全国性的人文社科类竞赛,如作文竞赛、读书征文比赛、演讲辩论比赛等,这些都是提升学生综合素养的有效途径。

当前,根据国际基础教育发展的最新趋势,我国基础教育课程改革提出构建学生核心素养体系的任务。核心素养指一门学科所蕴含的核心价值观念、关键能力和必备品格。语文学科的核心素养一般包括语言建构与运用、思维发展与提升、审美鉴赏与创造、文化理解与传承等关键能力和基本品格。语文高考自然要与基础教育课程改革同步发展,才能体现教与考的和谐统一。为此,全国卷除继续强调以往语文素养考查的基础性、综合性、应用性以外,还特别在语文核心素养的考查上做了一些创新性探索。如通过调整试卷结构,实现对考生“关键能力”与“学科素养”的均衡覆盖,对考生的信息筛选能力、逻辑分析能力及审美鉴赏能力、语言运用能力等考查目标提出了更为全面、综合性的要求,将对考生“基础性”“应用性”“综合性”“创新性”的考查提升到了新高度,突出了对基础语文教育的导向作用。

第五节 教师素养

1920年4月1日，叶圣陶在《新潮》第2卷第3号上发表《职业与生计》一文，以他8年小学教师的经历，谈到他对职业的见解，一是“有益”，二是“胜任”，三是“兴趣”，四是“理想的实现”。他给职业下的定义是：“职业是有益于人类的，自己所能胜任的，全体为兴趣所涵濡的，实现我们的理想的一种活动。”他对于职业的新观念是：“纯粹立足于创造的一方面，所以得增人类的幸福，促社会的进化。”[1]这对每一个以教书育人为职业的教师无疑具有深刻的启示意义。

百年大计，教育为本。教育大计，教师为先。有了正确的课程指导和语文教材，能不能在教学实施中真正落实工具论的教学目标，关键取决于一线语文教师的基本素养。有了比较理想的教材，还要有素养比较高的教师来教。如果教师素养过低，能力有限，再美好的课程设计，再精致的教材，恐怕都要大打折扣。因此，提高教师素养至关重要，促进教师专业发展就是一个非常必要，也是非常实际的问题。然而，教师素养如何提高？好教师是怎样炼成的？笔者认为，可以从人格修养、基本素养、专业发展和阅读等方面入手。

一、语文教师的人格修养

学科教学离不开课程标准（教学大纲）、教材和教师，但在这三个要素中，教师最为关键。毛泽东曾说：“教改的问题，主要是教员问题。”所以，首要的就是语文教师的人格素养与魅力。语文老师首先要认识到自己教的是母语，要对祖国语言文字充满敬畏与具有热爱的思想感情，并且要把这种敬畏与热爱的思想感情传递给学生，使学生受到熏陶与感染。

语文教师应具有特殊的气场、特殊的人格魅力，也就是人们常说的能够镇得住学生。著名文史学家罗庸在《我的中学国文老师》中，曾经深情地回忆了中学时期三位国文教师对他的影响。这三位老师相貌不同，

[1] 商金林. 叶圣陶甪直文集[M]. 北京：人民教育出版社，2017：340-341.

学识水平各异，教学风格也迥乎有别。其中最突出的是王璞如老师。王老师第一次来到课堂，背着手在台上左右踱着，目光注视着每一个学生。“就在这没有开口的一两分钟之内，同学们不约而同地被他的气象慑服了，不由得从心里赞叹一句：‘这才真是我们的老师！’那是一种说不出来的感觉，简易、率真、崇高、严肃、凝重、亲切、安和、慈祥，这许多印象在面前构成了一座苍山，一窗春日，一池清水，一味醍醐。就是平常最调皮的学生，这时也不由得欠心定气，静默无哗，讲堂里立刻换了一番景象。”后来，王老师上“文字源流”课，“仅仅上了一两堂，大家便觉得这门学问实在非王老师之所长，徒自让他费力，便要求停讲……这事在我们班上不能不算是一个奇迹，因为我们这一班是相当难对付的，常常会质问教师。假如换一位别的教师，那恐怕只有辞职走路之一法，但在王老师则大家只觉得‘此课不必有，而此师不可无’。人格的感化力显然是超过一切的，王老师便是最好的实证”。“教学的目的在成就学生，不在表现教师。有些国文教师似乎只为发挥自己，‘进而不顾其安，使人不由其诚，教人不尽其材；其施之也悖，其求之也佛’。学生既不能实际受益，教师的表现也落了空虚，这实在是很不聪明的办法。”[1]

丰子恺在《悼丏师》（1946）一文中回忆他的国文老师夏丏尊时说：

犹忆三十余年前，我当学生的时候，李（叔同）先生教我们图画、音乐，夏（丏尊）先生教我们国文。我觉得这三种学科同样的严肃而有兴趣。就为了他们同样的深解文艺的真谛，故能引人入胜。夏先生常说：“李先生教图画、音乐，学生对图画、音乐看得比国文、数学等更重要。这是有人格做背景的缘故。因为他教图画、音乐，而他所懂的不仅是图画、音乐；他的诗文比国文先生的更好，他的书法比习字先生的更好，他的英文比英文先生的更好……这好比一尊佛像有后光，故能令人敬仰。”这话也可说是“夫子自道”。夏先生初任舍监，后来教国文。但他也是博学多能，除了音乐以外，诗文、绘画（鉴赏）、金石、书法、理学、佛典，以至外国文、科学等，他都懂得。因此能和李先生交游，因此能得学生

[1] 罗庸. 我的中学国文老师[M]//李杏保，方有国，徐林祥. 国文国语教育论典（下）[M]. 北京：语文出版社，2014：723-727.

心悦诚服。[1]

王学泰回忆他在北京师范大学附属中学就读时的语文老师时雁行时说，时老师讲课能让学生如醉如痴，比听梅兰芳的戏都过瘾，令他几十年后回忆起来依然充满温暖和骄傲。

南开中学的国文老师在学业传授上更有独到之处，他们不拘泥于书本，没有成见，也没有现成的框架和整齐划一的答案。一名学生作文开头第一句写道："远远的东方，太阳正在升起。"国文老师陶光在"的"字后面加了个逗号，变成了"远远的，东方，太阳正在升起"。这样的作文讲评课让学生终生获益。南开中学自编的国文课本，首席语文教师孟志荪是主编之一。这套教材选文很有特色，比如，蒋介石所喜欢的王阳明的文章一篇也没有入选，曾国藩家书也只选了一篇。能够在权势面前不卑不亢，保持学府尊严，这些都显示了南开中学老师们傲然独立的精神气质。[2]

像这样的语文老师，在我国语文教育史上代不乏人。正如章熊在《语文教学沉思录（一）》中所说的那样："中国可以说是母语教学经验最丰富的国家，我们有着一批出类拔萃的语文教师。这些教师把语文教学引向了艺术领域，可以说达到了炉火纯青的境界……可以说，这些教师的成就，在国际上已处于领先的地位。"[3]

二、语文教师的基本素养

罗常培在《我的中学国文教学经验》中，讲到他初为人师的经历。那正是他"初生牛犊不怕虎"的年纪，又值新文化运动时期，受了新文化洗礼的学生，挣脱了封建礼教的束缚，眼界大开，往往把老师当作无所不知、无所不晓的通才，向老师提出的问题，有古今中外文学方面的，也有上至宇宙来源、人生究竟，下至社会内幕、家庭琐节，几乎无所不包，

[1] 转引自商金林. 夏丏尊教育文存[M]. 北京：人民教育出版社，2016：2-3.
[2] 傅国涌. 过去的中学[M]. 增订本. 北京：同心出版社，2012：2-11.
[3] 章熊. 语文教学沉思录（一）[M]//《新中国中学语文教育大典》编写组. 新中国中学语文教育大典. 北京：语文出版社，2001：281.

教师自己必须有深厚的修养、纯正的思想，才可以胜任。[1]

那么，“深厚的修养、纯正的思想”从哪里来呢？无疑要靠高等师范院校的培养，这又不能不令人反思我们当今的师范教育。我国现在的综合性大学和师范院校都设文学院或中文系，但似乎并无分别，尤其是近年来，不少师范院校都在努力“去师范化”，向综合性大学靠拢，比院士数量，比国家重大项目，比学科专业覆盖面，师范院校的办学特色遭到弱化。其实在西南联合大学时期，这二者是有着严格区分的。根据教育部制订的学制，文学院设“中国文学系”，简称“中文系”，修业年限为四年；师范学院设“国文学系”，简称“国文系”，修业年限为五年。罗常培同时兼任这两个系的主任，他在《师范学院国文系所应注意的几件事》一文里，不仅论述了二者的区别，而且着重论述了国文系的教学任务，指出其任务实际上就是培养未来的国文教师，也就是我们今天所谓师范生的培养问题。他说：

国文系偏重培植中等学校的国文师资，以改善国文科的教学；它所注意的问题，是怎样训练讲解清晰、批改精细的国文教员，怎样提高中等学校的国文程度，并增益一般国民读书作文的修养。[2]

基于这一基本认识，罗常培认为，国文教师应具备以下四个方面的基本素养：

一是“知”“能”并重。阅读是知，表达是能，也就是说，国文教师必须读写并重，自己要能读会写，不能光说不练。“假如他不去教书，即使文章做不好，充其量也不过在著作里增加一些瑕疵，纵或自误，尚不至于误人。但在国文系的学生就不然了，他们本来以训练中学生的国文工具为职责的，‘知’的不真切固然难望讲解清晰，‘能’的不到家，改文时更容易发生错误。我并不希望他们‘文必秦汉，诗必盛唐’，我也不希望他们媲美鲁迅，追步茅盾；我只希望他们无论作文言白话，最低限度得要明畅通达，用一字造一句都得彻底懂得它的意义和功用，每段

[1] 罗常培. 我的中学国文教学经验[M]//《罗常培文集》编委会. 罗常培文集：第5卷. 济南：山东教育出版社，2008：27.

[2] 罗常培. 师范学院国文系所应注意的几件事[M]//《罗常培文集》编委会. 罗常培文集：第5卷. 济南：山东教育出版社，2008：18-23.

每章都得有清楚明白的意旨，万不可不辨平仄而高谈贾岛、卢仝，别字连篇而争论‘八家’‘选学’。”[1]因此，罗常培主张国文学系的学生必须“知”“能”并重，“应该增加各体文习作的次数，并且先让他们自己互相批改，然后再由先生范改”[2]。用今天的话说，就是要加强师范生的语文读写基本功训练，能读会写，以便将来毕业后能够适应教学的需要，教会学生阅读和写作。

二是读书须“博”先于“精”。如果说中文系的学生为了日后做学术研究，治学必须求“精”的话，那么，作为师范专业的学生，也就是未来的中学国文教师则必须向“博”的方向发展，力求当个“杂家”。罗常培认为，“国文系学生虽然未见得人人可做通才，但切不可在常识还没有广博的基础以前，先硬钻牛犄角尖儿，走上了专门的途径。这样一来，纵使能造成所谓专家，却绝不适于做中学的国文师资。因为中学国文教师必须博而不陋，然后才可以有问斯答，因势利导。所以国文系学生读书的步骤，应该先务博，而后求精”[3]。“必须极力矫正浮光掠影、以耳代目的毛病，然后才不至于孤陋寡闻，自欺欺人。”[4]当然，中学教师日后成为某方面专家的比比皆是，但要当好中学教师，必须“先务博，而后求精”，先当个“杂家”，即具有广博的知识素养。相反，如果只“专”不“博”，他可能会成为某一方面的专家，但未必能当好一个称职的中学语文教师。

三要研究中学教学法。罗常培的朋友伍叔傥曾说：“我不知什么是国文教学法，我只晓得自己做通了能叫学生通，自己看懂了才能叫学生懂！”[5]罗常培却不以为然，认为这种说法“有些过分”[6]。他认为，中学国文教师常犯两种毛病：一种是每讲一篇文章，恨不得把他所知道的都灌输给学生；另一种是敷衍塞责，不负责任，不认识的字不肯查，不懂得的典故不肯问，上课信口开河，下课任意荒嬉，饱食终日，无所用心。“要免除这两种毛病，得要从师范学院国文系的学生严格训练起。在教法研

[1] 罗常培. 我的中学国文教学经验[M]//《罗常培文集》编委会. 罗常培文集：第5卷. 济南：山东教育出版社，2008：19.

[2][3][4] 同[1] 20.

[5][6] 同[1] 29.

究班上应该时常讨论练习，在教学实习的时候，从登讲坛到下课都得动由规矩地合乎法度。”[1] 因为教书的对象是“人”而不是“我”,必须以学生为本，循序渐进，因材施教；不可矜奇炫博，卖弄学问。罗常培非常推崇高步瀛在北平师范大学教国文时详细注释每篇文章的做法，他希望国文系的学生应该发奋做两件事情：一是“在教授领导指示之下分头笺注拟选的教材，作为集团预备功课”；二是“统计历年大学新生入学国文试卷和中学国文课卷里的错误，依照夏丏尊《文章病院》、朱自清《文病类例》的办法加以整理，作为将来对症下药的方案”[2]。笺注教材是讲好课文的基础，整理文章病例是训练语言文字运用的基本功。

叶圣陶在《如果我当教师》（1941）一文中，表明自己如果做小学、中学和大学教师所应采取的三种态度。如果当小学教师，“将特别注意，养成小朋友的好习惯”，并将“养成好习惯”视为小学生语文教育的主要目标。在这一目标下，教识字和教读书不是小学教育的终极目的，而“只是手段,养成他们语文的好习惯,也就是思想的好习惯,才是终极的目的”。如果当中学教师，他决不将这一行业叫作“教书”，而是“帮助学生得到做人做事的经验”。在这一目标下，他不向中学生盲目灌输抽象的道德理念，不教学生做有名无实的事情，“不专做讲解工作”。他认为：“国文教师的工作只是待他们自己尝试之后，领导他们共同讨论：他们如有错误，给他们纠正；他们如有遗漏，给他们补充；他们不能分析或综合，替他们分析或综合。”如果当大学教师，也不盲目教书，而是传授“心得”,“帮助学生为学”[3]。总之,教师的主要目的不在于“教书”与讲解,而在“教育”这个总目标。教师的角色在于帮助学生成长。这在今天看来，无论对教师的专业发展，还是对青年教师的成长，都具有很强的现实意义。

四是改进国语国音的教育。罗常培说：“国语和国音是全中华民族共同抒情达意的工具，国语教育推行的得法，对于整个中华民族的‘意志

[1] 罗常培. 我的中学国文教学经验[M]//《罗常培文集》编委会. 罗常培文集：第5卷. 济南：山东教育出版社，2008：21.

[2] 罗常培. 师范学院国文系所应注意的几件事[M]//《罗常培文集》编委会. 罗常培文集：第5卷. 济南：山东教育出版社，2008：22.

[3] 叶圣陶. 如果我当教师[M]//叶圣陶. 叶圣陶集：第11卷. 南京：江苏教育出版社，2004：129-140.

集中，力量集中’上有莫大的帮助。国文系的学生是负有推行语文教育的使命的……要想融和边疆各族，增加全民族的团结力，尤其非积极推行国语文教育不可。要想认真树立国语教育的根基，首先必得从国文系的学生严格训练做起。”[1]显然，罗常培已经充分认识到国语教育对于促进整个中华民族凝聚力的重要性。今天，推广普通话，推行规范汉字，仍然是中小学语文教育的重要内容。

三、语文教师的专业发展

当今中国，创新成为时代主题。语文教育如何创新？如何更新语文课程观念，创新语文教材、教法及考试评价，促进语文教师专业发展？这是每一个语文教育工作者都在思考的问题。何兆武在《上学记》里，曾这样描述我国20世纪30年代的教育情形：

旧社会没有标准教科书，考试没有“标准答案”，各个老师教的不一样，各个学校也不同，有很大的自由度。我觉得这有一个最大的好处：教师可以在课堂上充分发挥自己的见解，对于学生来讲，至少比死盯着一个角度要好得多。“转益多师是汝师”，学术上独尊一家，其余的都一棍子打死，那就太简单化了。[2]

何兆武认为：“如果大家都按一个思路去想，科学怎么进步？包括爱因斯坦的理论也不应该成为标准，否则永远不可能超越。”[3]“学术自由非常重要，或者说，学术的生命力就在于它的自由。”[4]“老师各讲各的见解，对于学生来讲，至少比死盯着一个角度要好得多。学生思路开阔了，逐渐形成自己的判断，不一定非要同意老师的观点，这是很自然的事情，而且可以公开反对。”[5]“有个学术气氛，可以充分发挥自己的思想；如果什么都得听老师的，老师的话跟训令一样，那就不是学术了。”[6]

---

[1] 罗常培. 师范学院国文系所应注意的几件事[M]//《罗常培文集》编委会. 罗常培文集：第5卷. 济南：山东教育出版社，2008：19-23.

[2] 何兆武，文靖. 上学记[M]. 修订版. 北京：生活·读书·新知三联书店，2008：封四.

[3] 同[2]108.

[4] 同[2]109.

[5] 同[2]110-111.

[6] 同[2]112.

这说明，创新语文教育研究离不开相对宽松的教育生态，要为语文教育工作者营造一个自由发挥的空间。我们今天有统一的课程标准，有经过层层审定的统编语文教科书，有大致统一的考试试卷，这是教育进步的表现，也有利于完成立德树人的教育根本任务。但毋庸讳言，教育领域在某些方面管得太细太死，并不利于创新，不利于创新型人才脱颖而出，确实是一个不争的事实。教育创新，首先要构建“自由的教育生态”，反思我们今天的教育管理体制机制，应改变教育行政部门对学校和教师的管理现状，实行管、办、评分离。应充分相信我们的校长和教师，给他们更多的自由、更大的空间，最大限度地发挥其主动性。只要教师明确了语文教学的目的、意义，对教材的处理，对教科书和课外读本的使用，完全可以“各听其便”，甚至老师高兴教哪篇就教哪篇，今天选几首李白、杜甫的诗，明天选《史记》里的一篇文章，比如《刺客列传》，或者选庄子的《逍遥游》来讲，只要能够提高学生的语文素养，都应该是被允许的，而且应该受到鼓励。

一个人要做出成绩，个人的天赋、努力和环境缺一不可，即古人所谓天时、地利、人和。天赋和努力取决于自己，环境则取决于社会。青年教师的专业成长，更需要这种“自由的教育生态”。

青年语文教师的专业成长，固然需要传承，需要老一辈传、帮、带，但更需要的是信任、鼓励与包容，相信长江后浪推前浪，一代更比一代强。“学术上不应该论资排辈，不然学生只局限在老师的圈子里，一代不如一代，那就没有进步了。”[1]从青年教师本身来说，也要有超越前人的勇气。牛顿说，他之所以比前人高明，是因为他站在巨人的肩膀上。杜甫诗云“转益多师是汝师”，老师也并不限定是这一个或那一个，而应该请教很多的老师。不能独尊一家，其余的都一棍子打死[2]。成才的路有很多条，条条大路通罗马，不是规定死了一定要这样或者那样走，适合自己的就是最好的。其实，放眼古今中外，任何事情都应该，而且也必然是后胜于前的，尤其是那些有才华的人，他们的眼界应该比前人更高，假如只是亦步亦趋地跟在老师背后，那是没有出息的表现。语文名师的成长也是如此，

[1] 何兆武，文靖. 上学记[M]. 修订版. 北京：生活·读书·新知三联书店，2008：112.
[2] 同[1] 215.

要想超越前人，必须先找出前人的不足，或者发现他们的局限性，要是拜倒在前人的脚下，那就永远也超不过前人[1]。

四、阅读与教师专业发展

在2017年全国“两会”上，李克强总理在政府工作报告中，第四次提到“全民阅读”，并且由往年的“积极倡导”变为“大力推动”。推动全民阅读，教师理应发挥引领作用，责无旁贷。阅读对提高教师素养至关重要，尤其是对一个有追求的语文教师来说，阅读更是必需的。

1. 教师为什么需要阅读？

中小学教育是为国家民族未来奠基的事业，决定着社会发展的方向，代表着中华民族的希望。中华民族几千年文明之所以能够生生不息，代代传承，教师发挥着重要作用，教师的“传道、授业、解惑”厥功至伟，功不可没。2014年教师节，习近平总书记视察北京师范大学时，曾提出优秀教师的“四有标准”，即有理想信念，有道德情操，有扎实学识，有仁爱之心。教育部部长陈宝生提出教育要回归常识。教育的常识就是读书，要围绕着读书来办教育，积极引导广大师生读“国情”书、“基层”书、“群众”书，读优秀传统文化经典、马列经典、中外传世经典和专业经典，杜绝浮躁，理性思考。笔者认为，这是对教师阅读与教育实践的当代表达，对教育界近年来流行的浮躁风气也具有纠偏作用。

教育大计，教师为本。教师承担着立德树人的神圣使命，是传播知识、播撒光明的启蒙者，是点亮学生心灯与激情的火炬手，是锤炼品格、创新思维的引路人。唯有教师自己底蕴深厚、视域宽广、心灵纯净、情趣高雅，才能给予学生最深厚的滋养和最有力的引导；也只有志存高远、知识丰富、悟彻人生的人，才能真正悟出培养人才、促进人生成长的教育真谛，也才能在教育领域中开拓创新。教师的扎实学识从何而来？只能从阅读中来，从学习借鉴中来，从教学实践中来。教师应是读书人。语文教师阅读不仅仅是为了充实、提高自己，积累扎实学识，实现专业进步与发展，更是教学生学会阅读、掌握语文工具、提高语文核心素养

[1] 何兆武，文靖. 上学记[M]. 修订版. 北京：生活·读书·新知三联书店，2008：129.

的必然选择。

尽管都是阅读，但教师阅读不同于一般读者的阅读。一般读者的阅读，固然也可以与古今中外伟大的思想家、文学家、艺术家倾心交谈，把人类创造的精神财富、智慧瑰宝占为己有，像孔子说的“学而时习之，不亦说乎”[1]，像苏轼说的“腹有诗书气自华”[2]，像于谦在《观书》中说的“书卷多情似故人，晨昏忧乐每相亲。眼前直下三千字，胸次全无一点尘”。但是，教师的阅读无疑还有其独特的价值与意义。通过阅读，可以走近古今中外的优秀教育家与教学名师，与他们对话，拜他们为师，以他们为友，领略其教育教学风采，感受其充满智慧的教学实践，学习其激情洋溢的教育思想，从而加深我们对教育的理解，扩大知识积累，提高阅读、思考与写作的能力，锤炼创造性思维能力和创新精神。优秀的语文教师总是善于学习，并以此为乐的，所谓“知之者不如好之者，好之者不如乐之者”[3]，他们无不是把读书学习当作一种崇高的精神追求。

那么，什么样的人可以当教师呢？孔子在《论语·为政》中说：“温故而知新，可以为师矣。”温习已有的知识，并且有自己新的独到体会与发现，这就可以当老师了。用今天的话说，教师不仅要有知识，更要有智慧，有自己的独立思考，善于守正出新，与时俱进。所以苏霍姆林斯基说：“读书，读书，再读书，教师的教育素养正是取决于此。”

语文教育是国家语言战略的重要组成部分，社会整体的语文素养体现着国家的软实力和文化自信。语文不只是中小学的一门学科，是中考、高考的必考科目，更是我们的民族之魂、文化之根、精神之源，是实现国家认同、国际理解的基础，所以联合国教科文组织提出“学习母语是一种权利”。语文教育的根本任务，就是要教学生学会运用自己的母语，为他们的终身学习和可持续发展打下坚实的基础。学生提高语文素养的主要途径：一是课堂有效的教学，二是大量的课外阅读，三是社会生活实践。语文教师要有教育理想、教育情怀和教育追求，要用中华优秀传统文化帮助学生树立文化自信，培育出具有中国气质、中国精神、中国

[1] 出自《论语·学而》。
[2] 出自《和董传留别》。
[3] 出自《论语·雍也》。

思维、中国气派的新一代中国人。学生的关键能力和核心素养决定着一个民族的核心竞争力，基础教育的任务就是要为学生打开一个广阔的认知空间，引导他们读书、思考、创新、实践。人文素养是中小学生的核心素养，语文是实施素质教育、提升核心素养最有效的学科之一。语文是纯正的中国话，语文是流利的方块字，语文是举手投足间的书卷气，语文是字里行间的家国情。语文教师要善于引领学生，说铿锵有力的中国话，书端方平正的中国字，读文采飞扬的中国书，写挥洒自如的中国文，做顶天立地的中国人。

2. 语文教师应该读什么？

教师应该读什么书，既没有统一的阅读标准，也不可能有统一的阅读书目。教师只能根据自己的学术基础、专业发展志向及兴趣爱好来制订阅读计划，选择阅读书目。当年胡适曾拟订“一个最低限度的国学书目”，共有 189 部；梁启超后来又拟订“国学入门书要目”，共 132 部；周予同《中学国文学习法之商榷》附“几部重要的书籍”，共有 92 部。这些书目都被认为“或太高深，或太漏略”[1]。叶圣陶说：“天地阅读室，万物皆书卷。”毋庸讳言，就总体而言，当前我国的国民阅读确实有浅表化、碎片化、娱乐化、功利化倾向，而教师阅读应尽量选择读经典名著。

具体说来，一是最好能够结合自己所任教学科的需要来读，通过图书、报刊甚至网络，了解本学科发展的新动向、新进展、新知识、新成果。二是要有意识地选读一些与教育教学有关的内容，包括教育学、心理学等方面的论著，教育改革新理念，语文课程标准，语文教学的方法技巧、语文名师教学成果等方面的论著，不断改进自己的教学，提高教学效率。读书的目的在于运用。

除以上两点以外，教师还应由自己所教的学科拓展开去，有意识地选读一些非专业书，不能把眼光只限定在自己的“一亩三分地”上。有些书看起来与自己任教的学科没有直接关系，但能有效提高教师的人文素养，增强教师的人格魅力。优秀的语文教师往往阅读视野广阔，博观约取，内外兼修。作为语文教育工作者，语文教育经典论著，语文教育

[1] 林铁西. 初中国文科读书问题之研究[M]//李杏保，方有林，徐林祥. 国文国语教育论典（上）. 北京：语文出版社，2014：359-362.

大家如叶圣陶、吕叔湘、朱自清、黎锦熙、朱德熙、张志公、刘国正、顾黄初等人的著作，语文教学名师如于漪、章熊、钱梦龙、孙绍振、韩雪屏、陈日亮、洪宗礼、李吉林等人的著作固然要读，但也不妨根据自己的兴趣爱好，选读一些哲学、经济、教育、文化、军事、科技等方面的著作，不求"走火入魔"，但求"略窥门径"。语文教学涉及方方面面，语文教师要做"杂家"，正如孙权劝吕蒙读书时所说"但当涉猎，见往事耳"。语文教师既是经师，也是人师，在立德树人的伟大事业中肩负着重要使命，因为语文教师不仅是教语言文字，还传播价值观和信仰。要当好语文教师，必须对人生、社会有着丰富而深入的体验，语文教师必须广泛阅读、深入思考、创新实践。

就笔者近年来的阅读体验来说，以下图书曾使笔者深受教益与启发，这里不妨公诸同好。一是顾明远、钱理群、江晓原主编的"现代教师读本"丛书（广西教育出版社，2006 年版），包括"人文卷""科学卷""教育卷""艺术卷""生活情趣卷"五卷。"人文卷"着眼于教师人格、独立思考、人道精神、责任操守等教师素养，"科学卷"着眼于科学精神、科学思维的启迪，"教育卷"着眼于现代教育理念与教师专业发展，"艺术卷"着眼于审美趣味与艺术修养，"生活情趣卷"着眼于教师的心灵世界与精神追求。二是任翔主编的"教师素养读本"丛书（济南出版社，2016 年版），按照哲学、教育、文学、艺术、科学、文化六个方面，精选古今中外文质兼美的名家名作，分编为《哲学的星空》《教育的智慧》《文学的旅程》《艺术的韵味》《科学的奥秘》《文化的印记》六卷。三是人民教育出版社近年来出版的一些语文教育类图书，如刘征主编的《叶圣陶教育文集》，商金林的《叶圣陶全传》（著）、《夏丏尊教育文存》（编），朱永新编的《叶圣陶教育名篇选》，董宝良主编的《陶行知教育名篇选》，张志公著的《张志公语文教育论集》，刘征著的《刘征文集》，于漪著的《我和语文教学》，钱梦龙著的《我和语文导读法》，蔡澄清等著的《蔡澄清中学语文点拨教学法》等。

3. 教师怎么阅读？

教师怎么阅读？正如读什么没有统一标准一样，怎么读也不宜一刀切。诸葛亮读书"独观其大略"，陶渊明"好读书不求甚解"，朱熹强调熟读精思，华罗庚提出书要“越读越薄”。笔者的阅读体会主要有以下几点：

第一，读书宜采取“拿来主义”。当然并不是提倡带着功利目的去读书，也不能纯粹为了读书而读书，而是说要读有用之书，能够为我所用，最理想的状态就是把阅读与自己的教学工作或研究兴趣结合起来。杨绛说读书是为了遇见更好的自己，读书是一种“借力”，即借助别人的经验智慧充实自己。笔者读书基本上既是工作需要，也是自己的研究兴趣之所在，读书与写作紧密结合在一起，阅读的过程同时也是搜集写作素材、整理提炼自己思想的过程。比如，作为语文教材编辑，选文时就不能“捡到篮里就是菜”，到哪里“捡”、捡哪些“菜”大有讲究。叶圣陶说，语文教材无非是个“例子”，要举就得举那些最典型的例子，最能说明语言文字运用规律的例子，以便学生通过这些例子，在阅读、写作方面能够增长知识，受到启发，获得教益，提高语文素养。这就必须有敏锐的“衡文”眼光，练就一双火眼金睛，能够慧眼识珠。老师们常常需要出题目考学生，尤其是中考、高考试卷，也是这个道理。语文试卷所选用的语料，一要能够体现立德树人、服务选拔、引导教学的核心立场；二是要便于考查考生的必备知识、关键能力、学科素养和核心价值；三是方便命题，即要有所谓“题眼”，并且要努力体现基础性、综合性、应用性、创新性。

第二，阅读方法可以“各随所愿”，即根据自己的需要采用适合自己的阅读方法。读书这事儿其实并没有什么固定章法，没有一定之规，完全可以“八仙过海，各显神通”，想怎么读就怎么读，想什么时候读就什么时候读，想读多少就读多少。精读细品亦可，浮光掠影亦可，挑灯夜读亦可，见缝插针亦可。正襟危坐可以读，躺着、站着都可以读。所谓饱读诗书，学富五车，博览群书，其实现在看来，也并不一定越多越好，关键是读书时要运用自己的智慧，有自己的独立思考，取其精华、去其糟粕。每读一书，不一定要记住多少内容，更不需要记住书中的每一句话，但每读一次，总要力求更接近本质，理解内涵，掌握要领。人们之所以嘲笑那些“书呆子”或“两脚书橱”，就是因为他们读书时往往食书不化，没有将书中的东西变成自己的东西。

第三，读书最好能“雁过留声”。读书的过程就是不断吸收书中营养、借鉴别人知识智慧的过程，阅读时可能会受到感动，得到启发。作者的某一个观点，可能正是自己想过但没有想得那么明白，或者虽然想到却没有表达出来的，正所谓“与我心有戚戚焉”。这种感动或启发，常常稍纵即逝，随风而散，这时就要善于抓住这灵光乍现的一瞬，及时记录下来，形诸文字。否则，一旦时过境迁，即便想要再写，也已印象模糊、无从写起了。据江苏省教研室的统计，阅读能力和写作能力是语文教师最核心的专业能力，读书写作对语文教师的专业成长往往能起到至关重要的作用，读写生活是构建自我职业身份的关键所在[1]。一个语文教师专业发展很大程度上取决于他的阅读与写作能力。

教师阅读，永远都不会晚。从今天起，做一个幸福的悦读者。

何兆武在与他的挚友王浩讨论“幸福”时曾说：“幸福是圣洁，是日高日远的觉悟，是不断地拷问与扬弃。”如果我们语文教育工作者对未来怀抱美好希望，视语文为圣洁，以“苟日新、日日新、又日新”的态度对待我们的语文教材、语文教学与语文考试评价，反复思考其利弊得失，脚踏实地，奋然前行，我国语文教育的明天必定会越来越美好。

[1] 任翔. 语文教育新论[M]. 北京：北京出版社，2016：221.

结　语

一、本书的基本结论

基于以上所述，本书关于语文工具论的基本结论是：

第一，语文是最重要的交际工具，是学好其他各门功课的基础。语文素养是一个人工作、学习、生活中必不可少的基本素养。语文素养主要表现为正确理解和熟练运用祖国语言文字的能力，这是一个人最重要的基本能力，语文教育是一种“生计教育”。作为国民基本教养的基础，语文教育的重要性，无论怎么强调都不过分。语文教学必须树立工具意识，工具只有在使用过程中才能发挥作用，因而语文教育又具有综合性、实践性的特点。提高语文教学效率，固然需要高屋建瓴的理论指导，但是，相对于理论研究，语文教育更迫切需要千百万一线语文教师的教学实践。任何有关语文教育的理论、理念也都必须接受语文教育教学实践的检验。

第二，工具论作为中小学语文教育的指导思想，是我国语文教育的优良传统之一，凝聚着几代语文教育工作者的心血和汗水，可以不断充实其内涵，但不宜轻易否定。工具论的核心在于，它明确指出语文教育教学的基本任务，即让学生掌握中华民族的母语——汉语这一基础工具，正确理解和熟练运用祖国的语言文字，在识字写字、阅读、写作、口语交际等方面达到合格的程度。同时，通过语文教学，丰富学生的精神世界，提高学生的文化素养。这一基本任务不能改变，改变了就不再是语文了。既不能把语文课上成语言课、文学课、文学创作课，更不能把语文上成政治课、人文课、活动课、表演课。语文永远是语文。我们要尊重历史，尊重传统。否定工具论，必然给语文教学造成混乱，削弱学生基础知识的掌握和关键能力的培养，将无法完成语文教育教学的基本任务。

第三，语文教育需要发展，需要与时俱进，不能背负历史的沉重包袱，食古不化。语文教育必须轻装前进。但发展和前进必须既尊重历史，又尊重现实，认真研究变与不变的内容、原则和方法。语文教育的基本任务应该是相对稳定的。也就是说，在确定这一基本任务不变的前提下，语文教育的理论和理念，语文教学的设计和方法等，要尽可能与时俱进，推陈出新。这个变，是为了让学生学得更有效、更便捷、更快乐，更能增进聪明才智，更有利于培养开拓创新的精神。不变，形同一潭止水;变，才能发展和前进。在强调不变的因素时，人们往往忽略变的因素；在强调变的因素时，往往又忽略了不变的因素。我们要自觉地把“变”与“不变”这两个因素统一起来，使之相得益彰，和谐发展。

第四，语文工具论不曾排斥对学生的政治思想教育和人文素养教育。语文课当然要注重人的发展和人格塑造，培养人的创新意识和创新能力，但人文性不是语文的特点，而是整个教育的总目标。语文工具论积极倡导学生在学习语文的过程中，通过优秀范文获得知识的积累，获得思维方法的启迪，获得人文精神的滋养哺育，获得中华民族精神和优秀传统文化的熏陶感染。“文道统一”不是“文”+“道”,而是“文”中有“道”，“道”中有“文”，水乳交融，难分彼此。人文性作为人类文化的一般价值，体现了以人为本、以学生发展为本的教育理念，固然有其独特的魅力，但人文论所体现的是教育理想，却不是语文学科独有的价值追求。工具性与人文性是包容与被包容的关系，不是并列关系，二者根本不在同一个层面上，因而不宜相提并论。

第五，新课改以来语文教学人文性泛滥的现象应该得到纠正。必须明确语文课是一门基础性、工具性学科，主要任务是培养和提高学生正确理解和熟练运用祖国语言文字的能力，即阅读、写作和口语交际的能力。当然，语文这个“工具”既不同于镰刀、锄头这样的工具，也不同于数学、计算机这样的工具，因为语文本身负载着思想、精神和文化，负有人文素养培育的任务。应以学习和掌握祖国的语言文字这个交际工具为“基本任务”。至于思想教育、文学审美教育、人文素养教育、科学知识教育，都是语文教育的“其他任务”。“其他任务”要为“基本任务”服务。“其他任务”的完成，要靠“基本任务”来带动，要靠语文学习中的逐渐积累、感染和熏陶，是一个春风化雨的过程。那种只顾人文性、弱化工具性甚至取消工具性的看法，是很不妥当的，也是十分有害的。

第六，语文作为我国基础教育中的一门独立学科，与其他学科不同，必须突出母语教育的民族性特点，不能简单照搬外国的东西。语文教育是中华儿女的母语教育，必须尊重中华民族语言文字的特点和规律。汉语汉字表意性强，这一特点决定了识字写字必然在语文教学中占有十分突出的地位；中华优秀传统文化的博大精深为语文学科提供了丰厚的教育资源，汉语言文字本身就是中华优秀传统文化的一个重要组成部分，重内敛、重涵泳、重陶冶感染的思维特性决定了汉语书面语的学习和掌握是语文教育的主要内容，培养学生较强的阅读能力和写作能力是语文教育的主要任务；当今信息技术的广泛应用，人与人交际交往日益频繁的时代特点，又决定了培养学生的口语交际能力与综合性学习的能力在语文教育中具有重要地位。

第七，语文教育研究固然需要放眼世界，需要吸收和借鉴世界各国母语教育的成功经验，吸收一切对我们有益的东西，但是中华民族母语教育的立足点应该是本国的语文教育传统和实际，必须尊重中国语文特殊的国情、语情，包括语文教育大家的理论、优秀语文名师的教学成果与经验。中国语文教育的改革发展，归根结底要立足在中华大地上，只能靠中国土生土长的语文教育工作者，而不是“外来的和尚”。中国语文教育是中华传统文化的重要组成部分，是一笔宝贵的文化遗产。中国现代语文教育建立百余年来，无数语文教育仁人志士积极探索语文教育教学规律，积累了丰富的经验，形成了中国气派和中国特色，值得我们深入挖掘整理，发扬光大。我们应有足够的文化自信、教育自信、语文自信，绝不能盲目照搬外国的东西，更不能食洋不化。

第八，语文教育是一项关乎千百万青少年健康成长的伟大事业，需要来自社会各界的关心、支持、爱护和理解，需要传递正能量。但这种关心、支持、爱护和理解只能是外因，外因必须通过内因才能发挥积极作用。中国语文教育教学改革，必须充分尊重我国语文教育的优良传统与规律，充分尊重语文教育教学实际，充分尊重语文教育工作者的创造性贡献。对语文教育最有发言权的是语文教育工作者，包括直接从事语文教育研究的理论工作者、语文教科书的编者、各级语文教研员和广大一线语文教师。中小学语文教育作为我国基础教育的一部分，有其独特的性质和规律。作为基础教育的语文教育，可以借鉴和吸收高等教育的特点和规律，但是绝不能用高等教育的眼光看待、规范中小学语文教育，必须深入研究中小学学生的年龄特点和心理特点，研究中小学学生学习语文的认知规律，以提高其学习效率为宗旨。语文教育与语言学、文学、文艺学、教育学、心理学等都有着密切关系，语文教育研究需要从这些学科中吸取养分，研究借鉴这些学科的理论成果和研究方法，但是，研究借鉴的目的是为了充实、完善和发展语文学科自身，切不可在研究借鉴中迷失了自我。因为语文教育具有自身的显著特点和独特规律，语文教育工作者必须充分尊重语文教育的实际，充分尊重语文教育的特点和规律，语文教育才能健康发展。

第九，新中国成立以来，我国语文教育历经挫折。20 世纪五六十年代，过多的行政干预，使语文教育经历了大喜大悲、大起大落，不仅使我国语文教育元气大伤，而且造成语文教育质量大滑坡。历史的教训值得注意，语文教育的“政治化”倾向，曾使语文教育工作者战战兢兢，如履薄冰，严重阻碍了语文教育的发展。“文化大革命”时期，语文课变成“政文课”，甚至一度被取消，使语文教育形同虚设，荡然无存。语文教育需要全社会的关心、支持和爱护，需要传递正能量。语文教育改革必须充分尊重语文教育教学的规律，符合语文教育改革发展的内在需要，而不能是强行外加的。任何不符合语文工具论要求的干预、干涉都将阻碍我国语文教育的健康发展。

第十，20 世纪末人文主义思潮成为一种世界性潮流，给我国中小学教育以深刻的影响。人文主义思潮与语文教育的结合，使人文论成为语文教育的指导思想。这反映了思想界、理论界和文化教育界等社会各界人士对语文教育的关心、支持、爱护，希望中国语文教育沿着正确的方向发展。但是，各种设想、建议、批评、意见，最终还是要靠广大语文教育工作者吸收、消化，理解、运用。来自外部的过多干预、干涉，可能在短期内会有一定的推动作用，但不可能成为语文教育改革发展的持续性动力。近20年来语文教育改革实践证明，人文论的泛滥混淆了语文教育的视听，不利于语文教育的健康发展。语文教育需要正本清源，返璞归真，重新回到工具论上来，才能健康高效、充满活力地发展。

二、未来语文教育展望

李杏保曾在《国文国语教育论典》的导论（2014）中深情地说："昨天,'国文''国语'教育平台,沟通的何止是几代人穿越时空的思想交流？今天，我们的'语文'教育平台，面临科技文明迅猛进步、人类文化迫切需要多元交流与发展的信息时代，怎样才能永葆光华、无愧五千年民族文化精神的积聚呢？尤其值得未雨绸缪、深入思考。"[1]

中华民族历来重视教育，始终把教育作为治国安邦的大事。这是中华民族繁衍发展、中华文明绵延不绝的一个重要原因。教育兴则国家兴，教育强则国家强。基础教育是一个国家发展水平和发展潜力的重要标志。放眼世界各国，无不把办好基础教育作为实现国家富强、增强综合国力的战略举措。我们正处在全面建成小康社会决胜阶段，我们比历史上任何时期都更加接近中华民族伟大复兴的目标。时代发展和社会进步对语文教育的需要更加迫切，对未来新一代公民语文素养的期盼更加强烈。

1. 文化自信与语文自信。

我国是拥有五千多年历史的文明古国，从孔夫子到叶圣陶，我们有着丰厚的语文教育文化遗产，有着大量的理论研究与实践积累，有着丰富而高效的语文教育教学经验，我们应当树立文化自信、教育自信和语文自信，这是我国语文教育的坚实基础。我国独特的历史文化，独特的国情、教情、语情，决定了我们必须坚定不移地走自己的语文教育发展道路，扎根中国，融通中外，立足当下，面向未来。中国语文教育只有扎根中国，才能更好地走向世界、走向未来。对我国语文教育的优良传

[1] 李杏保，方有林，徐林祥. 国文国语教育论典（上）[M]. 北京：语文出版社，2014：导论.

统、语文名师的先进经验，我们要理直气壮地讲，深入透彻地讲好中国语文故事，传播中国语文声音，帮助我们的下一代在国际比较中坚定信心，全面客观地认识当代中国，理性地看待外部世界。

2. 语文教育与立德树人。

《礼记·大学》说："大学之道，在明明德，在亲民，在止于至善。"韩愈《师说》说："师者，所以传道、授业、解惑也。"语文教育的核心在于立德树人，语文教育工作者理应在传道、授业、解惑中引人以大道、启人以大智，帮助学生成为栋梁之材。人无德不立，没有崇高理想和良好品质，即使掌握再多的语文知识、拥有再强的语文素养也无法成为优秀人才。今天我们的中小学学生，朝气蓬勃、好学上进、视野宽广、开放自信。要把社会主义核心价值观贯穿于语文教育全过程，弘扬以爱国主义为核心的民族精神和以改革创新为核心的时代精神，加强中华优秀传统文化教育，加强国家意识和法治意识教育、社会责任意识教育和科学精神教育。引导学生通过古今中外名家名篇的学习，发展学生在语言建构与运用、思维发展与提升、审美鉴赏与创造、文化理解与传承等方面的核心素养，培养识字写字、阅读、表达等关键能力。

陶行知曾说："学高为师，身正为范。"语文教师既是经师，又是人师；既传播语文知识，培养语文关键能力，提升语文核心素养，又塑造灵魂，丰富内心，帮助学生打下精神的底子。语文教师的教学活动贯穿于学生学习生活全过程，对学生思想、观念、言行的影响最直接。教师不能只做传授语文知识的教书匠，而要成为塑造学生品格、品行、品位的"大先生"；要把语文知识教学同语文能力培养和价值观教育有机结合起来，把思想引导和价值观塑造融入语文教育教学中；要坚持教书育人，言传身教，为人师表，以身作则，率先垂范，用自己的真才实学和人格魅力启发学生，引导学生；用高尚的人格魅力赢得学生的尊重，以模范的言行举止为学生树立榜样，不断把真善美的种子播撒到学生心中。

语文教育是母语教育，学习对象是祖国的语言文字，教学目标是教书育人。语文教育教学具有天然的意识形态属性。语文教师要本着对国家负责、对社会负责、对学生负责的精神，用古今中外的优秀作品引导学生热爱母语，热爱中华民族的语言文字。语言文字是人类文明代代相传的载体，是打开沟通理解之门的钥匙，是促进文明交流互鉴的纽带，越来越成为促进人的全面发展和社会进步的重要因素。语文教育工作者要自觉服务于学生的终身发展，服务于立德树人的根本任务，帮助学生掌握好语言文字这一交流交际、沟通合作的工具，在培养语文素养的同时积累知识、开阔视野、涵养心智、培育精神。

3. 语文教育与国家立场。

语文教育传授什么内容、倡导什么价值观，体现着国家意志，代表着国家事权。语文教育工作者要树立文化传承意识、国家战略意识和全球发展意识，立足于国家立场认识语文教育，认真研究语文教育“教给谁”“教什么”“怎样教”的问题。要尊重我国语文教育改革发展实践，挖掘新材料，发现新问题，提出新观点，打造语文教育的中国特色和具有国际视野的中国语文教育体系，形成无愧于时代的当代中国语文教育思想和学术成果。注重以文化人，以文育人，发挥语文教材滋养心灵、涵养德行、引领风尚的功能。在落实语文工具论目标的基础上，注重其文化浸润、感染、熏陶的作用。要注重调动学生学习语文的兴趣，开展形式多样、健康向上、格调高雅的语文实践活动。创新语文教学方式，拓展语文学习途径，为学生参与语文实践搭建平台，创造机会。

4. 语文教育与新兴技术。

互联网突破了课堂、学校、求知的传统边界，对学生的影响越来越大。从某种意义上说，谁赢得了互联网，谁就赢得青少年。语文教育工作者要主动适应这一变化，跳出语文看语文，善于运用新媒体新技术，推动语文教育传统优势与信息技术相融合，使语文教育资源联网上线，增强语文教学的时代感和吸引力。中小学学生既是网络新媒体的受众，也是改善网络生态的新兴力量。要发挥语文学科优势，一方面，利用互联网学习语文、运用语文工具；另一方面，鼓励学生利用自己的语文知识，正面发声，理性思辨，唱响语文“好声音”，传播语文正能量。

5. 责任担当与家国情怀。

我国知识分子历来有心忧天下、经时济世的志向，今天的语文教育工作者更应该充分认识到语文教育在当代的重要意义，明确自己的责任使命，以家国情怀关注社会现实，在实践中汲取养分、丰富思想。语文教师要热爱自己的职业，有“衣带渐宽终不悔，为伊消得人憔悴”的境界，耐得住寂寞，坐得了冷板凳，潜心研究语文，改进语文教学方法，创新语文教学方式，拓宽语文学习途径，为提高学生语文核心素养搭建平台，创造机会。

我国经过改革开放，已发生了翻天覆地的变化。经济总量已跃居世界第二，国产航母下水，大飞机首航成功。大众创业，万众创新已成为当今我国时代主题。当下中国，和平崛起已势不可当，社会主义现代化建设，重在人心相通，语言尤须先行。科学技术日新月异，信息交流日趋广泛，读写听说应用普遍，对新一代公民语文能力的要求越来越高。全面建成小康社会，“互联网 +”、云计算、大数据等科技进步，都对语文教育提出了新的任务与挑战。语文教育工作者要勇于担当，主动适应时代和社会变化，研究在新形势下如何改进语文教学，研究未知，探索新知，大胆假设，认真求证，树立学术争鸣与学术创新意识，敢于提出独到见解、创新观点。语文教育工作者肩负着神圣的使命，任重道远，理当对中华民族的母语心存敬畏，黾勉从事，自觉为实现中华民族伟大复兴做出我们应有的贡献。

参考文献

[1]中央教育科学研究所．叶圣陶语文教育论集[M].北京:教育科学出版社,1980.

[2]李伯棠．小学语文教材简史[M].济南：山东教育出版社，1986.

[3]吕叔湘．吕叔湘论语文教学[M].济南：山东教育出版社，1987.

[4]顾黄初，李杏保．二十世纪前期中国语文教育论集[M].成都：四川教育出版社，1991.

[5]张志公．传统语文教育教材论——暨蒙学书目和书影[M].上海：上海教育出版社，1992.

[6]张传宗．中学阅读教学概论[M].北京：人民教育出版社，1993.

[7]刘国正．叶圣陶教育文集[M].北京：人民教育出版社，1994.

[8]张志公．张志公语文教育论集[M].北京：人民教育出版社，1994.

[9]刘征．刘征文集[M].北京：人民教育出版社，1997.

[10]朱绍禹．中学语文教材概观[M].北京：人民教育出版社，1997.

[11]王丽．中国语文教育忧思录[M].北京：教育科学出版社，1998.

[12]孔庆东,摩罗,余杰．审视中学语文教育——世纪末的尴尬[M].汕头:汕头大学出版社，1999.

[13]钟晓雨．问题与对策——中小学语文教育改革[M].北京：人民教育出版社，2000.

[14]顾黄初，李杏保．二十世纪后期中国语文教育论集[M].成都：四川教育出版社，2000.

[15]张隆华，曾仲珊．中国古代语文教育史[M].成都：四川教育出版社，2000.

[16]顾黄初,顾振彪．语文课程与语文教材[M].北京:社会科学文献出版社,2001.

[17]顾黄初．中国现代语文教育百年事典[M].上海：上海教育出版社，2001.

[18]《新中国中学语文教育大典》编写组．新中国中学语文教育大典［M］．北京：语文出版社，2001.

[19] 课程教材研究所．20世纪中国中小学课程标准教学大纲汇编：语文卷［M］．北京：人民教育出版社，2001.

[20] 朱绍禹，庄文中．国际中小学课程教材比较研究丛书：本国语文卷［M］．北京：人民教育出版社，2001.

[21] 林治金．语文教育论文选编［M］．青岛：青岛出版社，2001.

[22] 李杏保，陈钟梁．纵论语文教育观［M］．北京：社会科学文献出版社，2001.

[23] 杨学为．中国考试改革研究［M］．北京：北京大学出版社，2001.

[24] 教育部基础教育司组织．全日制义务教育语文课程标准（实验稿）解读［M］．武汉：湖北教育出版社，2002.

[25] 顾黄初．顾黄初语文教育文集［M］．北京：人民教育出版社，2002.

[26] 章熊．思索·探索：章熊语文教育论集［M］．北京：人民教育出版社，2002.

[27] 王丽．我们怎样学语文［M］．北京：作家出版社，2002.

[28] 于漪．我和语文教学［M］．北京：人民教育出版社，2003.

[29] 王荣生．语文科课程论基础［M］．上海：上海教育出版社，2003.

[30] 钱理群．语文门外谈［M］．桂林：广西师范大学出版社，2003.

[31]《走进新课程》丛书编委会组织．普通高中语文课程标准（实验）解读［M］．武汉：湖北教育出版社，2004.

[32] 潘新和．语文：表现与存在［M］．福州：福建人民出版社，2004.

[33] 倪文锦．高中语文新课程教学法［M］．北京：高等教育出版社，2004.

[34] 崔峦．求是·崇实·鼎新：崔峦小学语文教育文集［M］．北京：人民教育出版社，2005.

[35] 钱理群，孙绍振．对话语文［M］．福州：福建人民出版社，2005.

[36] 潘新和．新课程语文教学论［M］．北京：人民教育出版社，2005.

[37] 教育部基础教育教材审定工作办公室．普通高中课程标准实验教科书概览［M］．北京：人民教育出版社，2006.

[38] 洪宗礼，柳士镇，倪文锦．母语教材研究（1—10卷）［M］．南京：江

苏教育出版社，2007.

［39］张蕾，张彬福．语文之道:《中学语文教学》30 年（1979—2009）文萃［M］．北京：首都师范大学出版社，2009.

［40］温儒敏．温儒敏论语文教育［M］．北京：北京大学出版社，2010.

［41］课程教材研究所．新中国中小学教材建设史（1949—2000）研究丛书：小学语文卷［M］．北京：人民教育出版社，2010.

［42］课程教材研究所．新中国中小学教材建设史（1949—2000）研究丛书：中学语文卷［M］．北京：人民教育出版社，2010.

［43］课程教材研究所．新中国中小学教材建设研究丛书．中学语文卷［M］．北京：人民教育出版社，2010.

［44］李斌．中学国文教科书研究（1912—1949）［M］．新北：花木兰文化出版社，2012.

［45］潘新和．语文：回望与沉思——走近大师［M］．福州：福建人民出版社，2012.

［46］傅国涌．过去的小学［M］．北京：同心出版社，2012.

［47］傅国涌．过去的中学［M］．增订本．北京：同心出版社，2012.

［48］柳斌．改造我们的教育［M］．北京：人民教育出版社，2012.

［49］顾黄初．顾黄初语文教育文集外集（上）［M］．南京：江苏教育出版社，2013.

［50］顾黄初．顾黄初语文教育文集外集（下）［M］．南京：江苏教育出版社，2013.

［51］顾之川．顾之川语文教育论［M］．福州：福建教育出版社，2013.

［52］李杏保，方有林，徐林祥．国文国语教育论典（上）［M］．北京：语文出版社，2014.

［53］李杏保，方有林，徐林祥．国文国语教育论典（下）［M］．北京：语文出版社，2014.

［54］商金林．叶圣陶全传［M］．北京：人民教育出版社，2014.

［55］于漪．教育的姿态［M］．太原：山西教育出版社，2014.

［56］于漪．语文的尊严［M］．太原：山西教育出版社，2014.

［57］曹明海．语文教学语用论［M］．南宁：广西教育出版社，2016.

[58] 顾之川．顾之川语文教育新论 [M]．西安：陕西师范大学出版社，2016.

[59] 饶杰腾．民国国文教学研究文丛：总论卷 [M]．北京：语文出版社，2016.

[60] 章熊．南大语言学（第二编）[M]．北京：商务印书馆，2005.

[61] 柳士镇，洪宗礼．中外母语教材比较研究论集 [M]．南京：江苏教育出版社，2001.

[62] 洛寒．反对把语文课教成政治课 [J]．人民教育，1961（8）.

[63] 试论语文教学的目的任务 [N]．文汇报，1961-12-03.

[64] 洛寒．不要把语文课教成文学课 [J]．人民教育，1963（1）.

[65] 张志公．说工具 [N]．光明日报，1963-10-10.

[66] 叶圣陶．大力研究语文教学，尽快改进语文教学 [J]．中国语文，1978（2）.

[67] 洪宗礼．论语文是基础工具 [J]．语文函授，1978（12）.

[68] 蒋仲仁．语言是工具——语文教学的一个基本观点 [J]．教育研究，1982（2）.

[69] 李海林．语文工具论批判 [J]．语文学习，1996（5）.

[70] 刘国正．我的语文工具观 [J]．课程·教材·教法，1996（7）.

[71] 王尚文．“人文说”和“工具说”的分歧 [J]．语文学习，1997（7）.

[72] 张良田．“语文工具论”辨正 [J]．湖南教育，1999（16）.

[73] 巢宗祺．关于语文课程性质与基本理念的对话（一）[J]．语文建设，2002（7）.

[74] 张厚感．归来兮！识字，读书，作文 [N]．中华读书报，2005-10-19.

[75] 葛红兵．中小学语文教育应是人文教育 [N]．中华读书报，2005-10-19.

[76] 查有良．新课程需要“软着陆”[N]．传播学论坛，2006-12-29.

[77] 钟启泉．一纲多本：教育民主的诉求——我国教科书政策述评 [J]．教育发展研究，2009（4）.

[78] 王世堪．人文性、工具性及其他 [J]．课程·教材·教法，2009（6）.

[79] 方智范．关于教材编写建议 [J]．语文建设，2012（4）.

[80] 陆俭明．语言能力事关国家综合实力提升［N］．人民日报，2016-02-17.

[81] 于漪．语文教学现状的思考［J］．语文教学通讯，2016（28）.

[82] 张传宗．论语文学科如何深化改革［J］．中学语文教学，2017（4）.

后 记

这本《语文工具论》从最初动议、酝酿到完成写作，前后已历十余个寒暑，最终被列入这套“中国语文教育研究丛书”。如果追根溯源，则源于我与福建教育出版社资深编辑、教育编辑室主任成知辛先生十多年前的一段机缘。

2005年10月19日，《中华读书报》以“先锋”的名义，在《中小学语文教育应重新回归工具性？》的标题下，发表两篇文章，一篇是人民教育出版社张厚感的《归来兮！识字，读书，作文》，另一篇是上海师范大学葛红兵的《中小学语文教育应是人文教育》。为了突出本期的主题，《中华读书报》还专门加了“编者按”：

第一批在小学中接受素质教育的孩子已经升上了初中。可是，编辑在和多位中学老师交流的过程中，惊讶地发现，老师们对这批孩子评价并不高：“说起来头头是道，写起来错字连篇。”老师们认为，这些孩子读写等基本功只相当于以前小学三四年级的水平。

有教育专家认为，目前国内中小学语文教育中人文性和文学教育强调过了头，出现了主次倒置、追求形式的倾向，严重削弱了语文基础。但也有学者认为，语文教育还是应超越技能教育、知识教育，达到一种价值观的教育和文学审美教育。

又一轮关于给中小学语文教育定性的争议在全国范围内掀起。

显然，《中华读书报》希望就此展开一场讨论，进一步明确语文教育的性质，即工具性和人文性问题。但是，一方面，当时新课程风头正劲，广大语文教育工作者，包括语文教材编者、语文教研员、语文教师、语文考试评价专家及语文教育研究者等，对语文新课程的理念，还在学习、领会阶段，并努力贯彻到自己的理论研究和教学实践中。另一方面，人文论到底能否成为拯救中国语文教育的一剂良方，还缺乏有力的证据，也需要语文教育教学实践的检验。显然，在当时的背景下，要开展工具性与人文性的深入讨论，条件还不具备，所以应者寥寥，《中华读书报》期望中的讨论也就不了了之。

福建教育出版社的成知辛先生，看到《中华读书报》发表的文章后，敏锐地意识到，工具性与人文性是语文教育中的一个重要问题，也是广大语文教师在新课程实施以后最感困惑与迷惘的关键问题。语文教育有必要正本清源，返璞归真，希望重新树起语文工具论的大旗。经与社领导认真研究后，他与我联系，希望我能写一本书，详细讨论一下语文工具论的问题。

说实话，接到知辛先生的电话，我是很费踌躇的，甚至可以说是顾虑重重、患得患失。这有两方面的原因。一是经过世纪之交那次语文教育大讨论，“工具性与人文性是语文教育的基本特点”已被写进语文课程标准，成为我国新时期语文教育改革的指导思想。随着新课程的逐步实施，人文论已经逐渐成为中国中小学语文教育主流思想。二是人文论的倡导者，既有不少知名作家、学者，也有不少语文教育界的新锐。在人文论异军突起、工具论受到置疑的过程中，也不是没有争论。只是不少语文界有识之士，尤其是一些老前辈，主张采取“宽容”的态度，提出“暂不争论”。在这种情况下，如果重提工具论，显然会有逆风而动、“走回头路”的学术风险。

经过一番认真思考，最终我还是答应写这本书，这有以下两个原因：

第一，我认为，所谓“宽容”固然可以暂时止息一时的理论之争，但解决不了广大一线语文教师教学中遇到的实际问题。语文教育界前辈“暂不争论”的告诫也并不意味着就此永远搁置。因为学术总要向前发展，语文教育也要不断前进。常识告诉我们，任何一种理论都来源于实践，同时也都要接受实践的检验。学术乃天下之公器，学术面前人人平等，真理总是越辩越明，实践是检验真理的唯一标准。语文新课程已经在逐渐深入、稳步推进，语文新课程的基本理念早已深入人心。因此，有必要重新审视工具论与人文论的关系，进一步明确语文学科的目的任务，即语文教育的工具性问题。

第二，工具论与人文论的问题既然产生于语文新课程的教学实践中，就是语文新课程在实施过程中不容回避，也无法回避的问题。相对于火热生动、丰富多彩的语文课堂，语文教育的理论研究总是苍白的。作为一个语文教育工作者，理应要具有实事求是、直面实践的学术勇气，自己既有责任，也有义务参与这样一种平心静气的讨论，为语文教学贡献自己的绵薄之力。

于是，很快就拟出了全书的结构提纲，与友人讨论，并开始查阅资料，撰写初稿。

一旦真正进入写作状态，才深深感到这是一块硬骨头。虽然只是语文教育中一个工具论问题，但因为它既是语文课程的性质问题，又是语文学科的目的任务问题，牵涉到语文课程的方方面面。而自己只是一个中学语文教材编者，理论素养欠缺，教学经验匮乏，尤其是对新课程实施以来的语文课堂教学更是缺乏深入了解。这就使得我在本书写作过程中，不得不随时停下来“补课”。有写作经验的人都知道，写作需要时间，更需要清静，才能集中精神思考问题。前人有言：“板凳要坐十年冷，文章不写一句空。”由于多方面的原因，这本书的写作常常浅尝辄止，思路总是时断时续，也就这样拖延了下来。

2013年，因为某种机缘，我将自己有关语文教育的论文编成《顾之川语文教育论》。当时也有别的出版社表示愿意出版，但我首先想到先前与成知辛先生的约定，便交由福建教育出版社出版。谬承教育出版界同仁不弃，该书入选当年《中国教育报》评选的“教师喜爱的100本书”，后又在第三十五届华东地区优秀教育图书评选中获三等奖。这给了我勇气和信心，使我得以在语文教材编写工作之余，继续从事语文教育研究。2016年又在陕西师范大学出版社出版了《顾之川语文教育新论》。

2013年10月，中国教育学会中学语文教学专业委员会在北京举行第十届年会暨学术研讨会。在这次年会上，承蒙各位同仁不弃，我承乏忝为新一届理事长。所谓在其位者谋其政，在研究制订中语会未来五年事业发展规划时，我提出要“编一套书”，希望这套书能够全面系统地总结我国改革开放以来语文教育理论与实践研究的成果，作为今后进一步发展创新的借鉴。2014年，时任广西教育出版社副总编辑黄力平先生邀请我主编一套“中国语文教育研究丛书”，我当然求之不得，欣然应允。既为中语会编一套书的设想得以实现，也让我得以把这本拖延已久的《语文工具论》列入丛书。感谢北京大学温儒敏教授和曹文轩教授的热情推荐，使这套“中国语文教育研究丛书”（第一辑）列入了2017年国家出版基金资助项目。这也成为我放下其他事务，优先完成本书写作任务的外在动力。感谢广西教育出版社黄力平编审和林春燕编辑为这套丛书出版付出的辛勤劳动，尤其要感谢黄力平编审为本书提出了很好的修改意见。

中国教育正在加速推进现代化，立德树人成为教育改革总目标。这给语文教育带来新的发展机遇。如何站在历史的高度，以严谨求实的科学态度，总结梳理中国语文教育教学改革所取得的成就，直面存在的困难和问题，深入剖析原因，为语文教育改革与发展献计献策，推进中国语文教育现代化，成为新一代语文教育工作者的神圣使命和义不容辞的责任。在这样的时代背景下，重新审视语文工具论，既是必要的，也是可能的。于是，我不揣谫陋，就把多年来自己对这一问题的思考成果刊布出来，以此求教于语文教育同行和广大读者。书中引述前修时贤论述甚多，正如罗常培在谈到他的《汉语音韵学导论》时所说：“一得之愚，全在于取舍之间。”至于取舍是否得当，那就只好交给同行与读者评判了。尽管自己在写作过程中，力求客观、辩证与理性，但限于自己的水平和视野，缺点错误在所难免。王国维所说“人生过处唯存悔，知识增时只益疑”，正是我此时此刻的心情。诚恳希望得到广大读者特别是语文教育方家的批评指正。

顾之川

2017年6月30日

于纽约森林小丘

图书在版编目（C I P）数据

语文工具论 / 顾之川著. —南宁：广西教育出版社，2018.6（2021.1 重印）
（中国语文教育研究丛书 / 顾之川主编）
ISBN 978-7-5435-8428-0

Ⅰ. ①语… Ⅱ. ①顾… Ⅲ. ①语文课—教学研究—中小学 Ⅳ. ①G633.302

中国版本图书馆 CIP 数据核字(2017)第 312005 号

策　　划	黄力平	装帧设计	刘相文
组稿编辑	林春燕　黄力平	责任技编	蒋　媛
责任编辑	满莎莎	封面题字	李　雁
责任校对	覃肖滟　陆嫆澄		

出 版 人：石立民
出版发行：广西教育出版社
地　　址：广西南宁市鲤湾路 8 号　　邮政编码：530022
电　　话：0771-5865797
本社网址：http://www.gxeph.com
电子信箱：gxeph@vip. 163. com
印　　刷：广西桂川民族印刷有限公司
开　　本：787mm×1092mm　1/16
印　　张：19. 75
字　　数：294 千字
版　　次：2018 年 6 月第 1 版
印　　次：2021 年 1 月第 4 次印刷
书　　号：ISBN 978-7-5435-8428-0
定　　价：50. 00 元